LICHT AUS – HIMMEL AN

...

EUROPAS BESTE REISEZIELE ZUM STERNESCHAUEN

KUNTH

Über dem Felskap Pointe de Pen-Hir in der Bretagne entfacht der nächtliche Sternenhimmel seinen ganzen Zauber, ein Meer aus Lichtern scheint auf die Erde herabzusinken.

Eine Reise nach Lappland ist oft mit vielen Sehnsüchten verbunden, die sich hier in einem magischen Augenblick erfüllen: Über den filigranen Silhouetten der Rentiere erstrahlen die Polarlichter.

VORHANG AUF! DIE ENTDECKUNG DES HIMMELS ...

»Wenn man den Sternenhimmel betrachtet, steht eine Schönheit vor uns auf, die uns entzückt und beseligt. Und es wird ein Gefühl in unsere Seele kommen, das alle unsere Leiden und Bekümmernisse majestätisch überhüllt und verstummen macht und uns eine Größe und Ruhe gibt, der man sich andächtig und dankbar beugt« (Adalbert Stifter, 1805–1886)

Was der Dichter und Schriftsteller in den Jahren um 1840 bereits derart kunstvoll in Worte fassen konnte, gilt heute für eine immer größer werdende Fangemeinde, die in dem Fall keinen angesagten Popstar anhimmelt sondern sich für nichts Geringeres als das unendliche Universum mit all seinen fantastischen Himmelskörpern, Planeten und Sternbildern begeistert.

Wenn andere Menschen langsam müde werden und nach einem anstrengenden Tag zu Bett gehen und den Schlaf herbeisehnen, beginnt für Astrofans und Hobbyastronomen die spannendste Zeit. Denn der nächtliche Himmel hat so viel mehr zu bieten als nur die in Kinderliedern besungenen Mond und Sterne. Es regnet Sternschnuppen, wenn kleinste Staubteilchen in der Atmosphäre verglühen. In klaren Nächten zeigt sich die wundervolle Milchstraße, eine eigene Galaxie, die mit ihren weißen Schleiern aus Milliarden von Sternen tatsächlich einen himmlischen Weg ans Firmament zu zeichnen scheint. Und vor allem in den nördlicheren Gefilden wie Island oder auf den norwegischen Lofoten sind Besucher wie Einwohner natürlich von einer ganz besonderen Erscheinung fasziniert, den Polarlichtern mit ihrem kaleidoskopartigen Farbspektrum von Grün zu Gelb bis zu Purpurrot und Orange.

Einige Verbände und Organisationen haben diese Zeichen der Zeit erkannt und die Infrastruktur, um solche Naturschauspiele zu erleben und nebenbei noch Wissenswertes von fachkundigem Personal zu erfahren, wächst auf diesem Gebiet des »Astrotourismus«. Es gibt nun ausgewiesene Sternenparks, die professionelle Teleskope zur Verfügung stellen oder die Dark Sky Association, die sich dem Problem der Lichtverschmutzung durch Großstädte widmet, indem sie lichtarme Orte aussucht und unter Schutz stellt, damit der nächtliche Blick gen Himmel auch für die Zukunft hier ungestört bleibt. Lassen wir uns verzaubern von den naturgegeben Wundern am Nachthimmel, es gibt unendlich viel zu entdecken! Das vorliegende Buch soll ein paar wertvolle Tipps dazu geben und Orte quer durch Europa vorstellen. Und wo auch immer Sie demnächst den Blick erwartungsfroh gen Universum schweifen lassen, nehmen Sie noch den Gedanken des berühmten Astronomen mit:

»Die Geschichte der Astronomie ist die Geschichte von den sich weitenden Horizonten« (Edwin Hubble, 1889–1953)

Links: Dem Himmel so nah – und doch so fern. Ein Wanderer im Nationalpark Caldera de Taburiente auf der Kanareninsel La Palma bewundert die Milchstraße.

Rechts: Für zahlreiche Hobby-Astronomen und Sternegucker bildet ein Campingzelt unterm Sternenzelt die höchste Form von Glück.

INHALT

NORDEUROPA

- 12 Nationalpark Jökulsárlón
- 18 Was ist nachts am Himmel über Europa zu sehen?
- 18 Wann und wo erlebe ich Polarlichter?
- 20 Polarlichter über den Lofoten
- 26 Mitternachtssonne in Tromsø
- 32 Nationalpark Øvre Pasvik
- 38 Weiße Nächte in Nordschweden
- 44 Polarlichter über dem Inarijärvi
- 50 Nationalpark Pallas-Yllästunturi
- 54 Polarlichter über Rovaniemi
- 58 Felsklippe Bulbjerg
- 64 Gezeiteninsel Mandø
- 70 Was sind Lichtschutzgebiete und wofür brauchen wir sie?
- 72 Observatorium Brorfelde
- 76 Insel Møn

WESTEUROPA

- 82 Mayo Dark Sky Park
- 86 Kerry International Dark Sky Reserve
- 90 Isle of Coll
- 94 Welche Auszeichnungen gibt es für Lichtschutzgebiete?
- 96 Sternenpark Tomintoul and Glenlivet
- 100 Galloway Forest Park
- 104 Northumberland National Park
- 108 Dark Sky Sanctuary Ynys Enlli (Bardsey Island)
- 112 Eryri National Park
- 116 Bannau Brycheiniog National Park
- 120 Worum geht es beim Astrotourismus?
- 120 Welche nachtaktiven Tiere leben in Europa?
- 122 Exmoor National Park
- 126 Nationalpark Lauwersmeer
- 130 Naturschutzgebiet De Boschplaat
- 134 Dark Sky Island Sark
- 138 Parc Naturel Régional des Causses du Quercy
- 142 Nationalpark Cévennes
- 146 Nationalpark Mercantour
- 150 Pic du Midi de Bigorre

ZENTRALEUROPA

- 156 Nordfriesisches Pellworm
- 160 Ostfriesisches Spiekeroog
- 164 Sternenpark Westhavelland
- 168 Wann ist die beste Zeit zum Sterneschauen?
- 168 Wie fotografiere ich am besten den Sternenhimmel?
- 170 Nationalpark Eifel
- 174 Sternenpark Rhön
- 178 Biosphärengebiet Schwäbische Alb
- 182 Winklmoos-Alm
- 186 Naturpark Gantrisch
- 190 Naturparadies Disentis/Mustér
- 194 Sternenpark Attersee-Traunsee
- 198 Nationalpark Gesäuse
- 202 Lichtschutzgebiet Dürrenstein
- 206 Sternenpark Isergebirge
- 210 Dark Sky Community Sopotnia Wielka

SÜDEUROPA

- 216 Islas Atlánticas de Galicia
- 220 San Pedro Cultural
- 224 Serra del Montsec
- 228 Sternenpark Albanyà
- 232 Dark Sky Alqueva
- 236 La Palma
- 240 Gran Canaria
- 244 Monte Labro und Monte Amiata
- 248 Welche Phänomene gibt es am Nachthimmel im Jahresverlauf zu sehen?
- 248 Packliste für eine Nacht unterm Sternenhimmel

SÜDOSTEUROPA

- 252 Nationalpark Bükk
- 256 Nationalpark Hortobágy
- 260 Landschaftsschutzgebiet Zselici
- 264 Welche Maßnahmen kann ich selbst ergreifen, um Lichtverschmutzung zu reduzieren?
- 266 Dark Sky Park Vrani Kamen
- 270 Gebirge Petrova Gora
- 274 Dark Sky Community Jelsa
- 278 Insel Lastovo
- 282 Nationalpark Enos

Die Niederlande mit ihren weiten und flachen Landschaftsbildern bieten optimale Bedingungen für einen ungestörten Blick zu den fantastischen Himmelslichtern.

Die kleine Schäre Husøy gehört zur norwegischen Insel Senja in der Provinz Troms. Die abgeschiedene Lage mit dem Leuchtturm als einzige Lichtquelle bietet hervorragende Bedingungen nachts die Milchstraße in ihrer ganzen Pracht zu bestaunen.

NORDEUROPA

Der hohe Norden von Europa lockt vor allem Naturbegeisterte an, die den Schnee ebenso lieben wie weite, wilde Landschaften, in denen man sich bei sternklaren Nächten dem Himmel gleich viel näher fühlt, mag er auch noch so weit entfernt sein.

ISLAND

NATIONALPARK JÖKULSÁRLÓN

Es gibt wohl keinen Ort in Europa – und kaum einen weltweit –, wo Polarlichter spektakulärer zu beobachten sind als am Gletschersee Jökulsárlón auf Island. Auch tagsüber ist der See schon ein Erlebnis. Aber wenn der bunt flackernde Schein der Polarlichter über den im See treibenden Eisbergen und Schollen spielt, wird es einfach atemberaubend. Und wenn gerade keine Polarlichter unterwegs sind, entschädigt ein wunderbarer Sternenhimmel.

Ausgewiesene Dark Sky Areas braucht Island nicht. Dünn besiedelt und abgelegen ist nahezu die ganze Insel ein Refugium des dunklen Himmels. Doch auch hier gilt natürlich: Je weiter weg von menschlicher Besiedlung, desto spektakulärer wird es.

Der Gletschersee Jökulsárlón liegt knapp 400 Kilometer östlich von Reykjavik am Südrand des Vatnajökull-Nationalparks direkt an der Ringstraße. Derart leicht erreichbar ist er eine der meistbesuchten Sehenswürdigkeiten des Landes. Auf dem See schwimmen im kristallklaren Wasser dicht gedrängt bizarr geformte und teils meterhohe Eisberge, die in den verschiedensten Farben schimmern. Blau erscheinen vor allem frisch abgebrochene Blöcke, da sie noch frei von Luftblasen sind. Nach einiger Zeit werden die Eisberge durch Lufteinlagerungen weiß, schwarze Farbbänder im Eis entstehen durch Ascheschichten nach Vulkanausbrüchen. Auf flacheren Schollen tummeln sich gerne Robben.

Das Eis bricht beständig von der Gletscherzunge Breiðamerkurjökull ab und treibt vom See über einen kurzen Auslass ins Meer. Dort ist der schwarzsandige Strand – »Diamond Beach« – von den schimmernden Brocken zerschellter Eisberge überzogen. Kein Wunder, dass der Jökulsárlón schon in mehreren Filmen von James Bond über Tomb Raider bis Batman als fantastische Kulisse diente.

Am Südufer gibt es erhöhte Aussichtspunkte und einen kurzen Wanderweg am Westufer. Letztere können – mit entsprechender Vorsicht und einer rot leuchtenden Taschen- oder Stirnlampe – auch nachts genutzt werden. Der große Wermutstropfen: Island liegt nur knapp südlich des Polarkreises. In den Sommermonaten geht die Sonne zwar unter, aber richtig dunkel wird es die ganze Nacht über nicht. Die Saison für Sterngucker beginnt erst im September und endet im März. Je tiefer im Winter, desto schöner wird es. Im Gegenzug gibt es aber nur wenige Stunden Tageslicht.

Links: In besonderen Nächten zeigt die Natur ihre künstlerischen Talente und der Himmel gleicht einer fantastischen Lichtinstallation.

Rechts: Im Südosten des Inselstaates Island liegt die Gletscherlagune Jökulsárlón, sie gehört zum Nationalpark Vatnajökull.

Island – Nationalpark Jökulsárlón

🌙 NACHTS ERLEBEN:

● Sonnenaufgang am Diamond Beach

Ein unumgängliches Naturschauspiel für alle Frühaufsteher – oder jene, die die ganze Nacht mit Sterneschauen beschäftigt waren und noch wach sind – ist der Sonnenaufgang am Diamond Beach. Der schwarze Vulkanstrand ist übersät von Eisblöcken, -Skulpturen -und Splittern in den verschiedensten Größen und Formen. Bei dem Licht der aufgehenden Sonne glänzen und glitzern sie wie Kristalle und Diamanten in perfektem Kontrast zum schwarzen Strand. Gerade die Reisenden, die bereits in der Dunkelheit aufbrechen, um die ersten Strahlen der aufgehenden Sonne zu erleben, werden belohnt durch die mystische Ruhe vor dem wenige Zeit später herannahenden Touristenstrom. Durch die Gletscherlagune Jökulsárlón, die wenige Gehminuten entfernt liegt, werden die bizarren Eisskulpturen an den Strand gespült.

☀ AM TAG ENTDECKEN:

● Nationalpark Vatnajökull

Der 2008 gegründete Vatnajökull-Nationalpark ist mit über 12 000 Quadratkilometer Europas größter Nationalpark. Er umfasst den gesamten Vatnajökull, die ehemals eigenständigen Nationalparks Skaftafell und Jökulsárgljúfur sowie die Vulkanmassive von Askja und Herðubreið. Wie viele andere Gletscher Islands entstand der Vatnajökull nicht während der letzten Eiszeit, sondern vor etwa 2500 Jahren. Besonders stark wuchs er während der Kleinen Eiszeit vom 15. bis zum Ende des 19. Jahrhunderts. Seitdem wird der Gletscher wieder kleiner. Während der Nordteil des Vatnajökull mitten im Hochland liegt, das nur auf holprigen Allradpisten zu erreichen ist, führt an der Südkante über weite Strecken die Ringstraße entlang. Oft reicht das Eis bis fast an die Küste, und die Straße zwängt sich durch einen schmalen Streifen eisfreien Landes. Von Kirk-

Links oben: Der Svartifoss im Skaftafell-Nationalpark heißt nur wegen seiner Umgebung aus dunklem Gestein übersetzt »schwarzer Wasserfall«. Beim Eisklettern bewegt man sich über weiße Eiszapfen.

Links unten: Wenn die Eisschollen auf Islands Südküste vom letzten Sonnenlicht illuminiert werden, wähnt man sich im Reich der märchenhaften Schneekönigin und ihrem Eispalast.

Rechts oben: Ein Erlebnis für alle Sinne bildet der Sonnenaufgang am Diamond Beach.

Links unten: Stetig im Wandel begriffen ist die Gletscherlagune Jökulsárlón. Langsam schmelzen die Eisberge auf ihrem gemächlichen Weg in Richtung Meer.

Island – Nationalpark Jökulsárlón

jubæjarklaustur im Westen bis jenseits von Höfn im Osten durchquert man in Gletschernähe eine der faszinierendsten Landschaften Islands. Es geht durch die riesige Schwemmlandebene Skeiðarársandur, kurze Abstecher führen zu Gletscherzungen und Gletscherseen. Doch die wahre Größe dieses Eisriesen erahnt man erst, wenn man auf einen der Gipfel steigt und von dort bis zum Horizont nur eine glitzernde Eisfläche erblickt.

● **Nationalpark Skaftafell**
Der im Jahr 1967 eingerichtete Skaftafell-Nationalpark ist seit 2008 ein Teil des größeren Vatnajökull-Nationalparks. Benannt wurde der Nationalpark nach dem Berg Skaftafell, einem erloschenen und erodierten Vulkan. Am Südwestrand des Vatnajökull gelegen, wird er von den drei Gletscherzungen Skaftafellsjökull, Skeiðarárjökull und Öræfajökull eingerahmt.

Island – Nationalpark Jökulsárlón

Wegen der Lage in unmittelbarer Nähe der Ringstraße, des gut organisierten Visitor Centers, der hervorragenden Infrastruktur und des sonnigen Mikroklimas erfreut sich die Gegend großer Beliebtheit. Vielerorts wirkt Skaftafell wie eine grüne Oase am ewigen Eis. Die Vegetation gedeiht besonders gut, seit mit der Gründung des Nationalparks das Weiden von Schafen verboten ist. Es gibt ausgedehnte Birken- und Ebereschenwälder, einige Bäume erreichen sogar die für Island stattliche Höhe von zehn Metern.

● **Svartifoss**

Eine der beliebtesten Unternehmungen vom Besucherzentrum Skaftafell aus ist der gut halbstündige Spaziergang zum Svartifoss. Der Fluss Stórilækur ist eher ein Bach, und die Fallhöhe von etwa 20 Metern ist eigentlich auch nicht besonders spektakulär. Doch das Wasser stürzt in ein von Basaltsäulen umrahmtes Becken, deshalb auch der Name Svartifoss, schwarzer Wasserfall. Wie Orgelpfeifen, von denen einige sogar herabhängen, wirken die dunklen Säulen. Entstanden ist der Kessel aus sechseckigem Säulenbasalt durch dünnflüssiges, kieselsäurearmes Magma, das an der Erdoberfläche relativ schnell erkaltet ist. Flussabwärts vom Svartifoss folgen die längst nicht so fotogenen Fälle Magnúsarfoss, Hundafoss und Þjóðafoss. Vom Wasserfall aus kann man noch zum Aussichtspunkt Sjonarsker gehen und dort den mit Schnee und Eis bedeckten Vatnajökull bestaunen.

● **Höfn**

Vor etwas mehr als 100 Jahren beschloss der Kaufmann Ottó Tulinius, den Ort Papós aufzugeben und weiter westlich in Höfn neu anzufangen. Also ließ er sein Haus zerlegen und in Höfn wieder aufbauen. Heute dient sein Haus Gamlabúd am Ortseingang als Heimatmuseum. Hier kann man auch Kunsthandwerk erwerben und sich über die geologischen Entwicklungen informieren. Der Grund des Umzuges war der bessere Hafen, was auch im vollständigen Namen Höfn í Hornafirði –

Von oben: Malerisch stürzt die weiße Gischt über die dunklen Basaltsäulen des Svartifoss.

An der Landzunge Stokksnes wollen alle Besucher zuerst den markanten Berg Vestrahorn sehen, der ein Teil des Bergmassivs Klifatindur bildet.

Island – Nationalpark Jökulsárlón

Hafen im Hornfjord – deutlich wird. Architektonisch hat der moderne 1600-Einwohner-Ort Höfn wenig zu bieten, wegen der Nähe zum Vatnajökull und der guten Infrastruktur machen aber viele Reisende hier einen Stopp. Bei gutem Wetter lohnt sich ein Spaziergang durch den Hafen, von hier reicht der Blick bis zur nahen Gletscherzunge Fláajökull und dem Leuchtturm, der die Hafeneinfahrt bewacht. Auch kleine Lokale locken hier zur Einkehr.

● Stokksnes

Höfn ist nicht nur ein guter Ausgangspunkt für Ausflüge zum Vatnajökull, auch Spaziergänge an der Küste sind lohnend. Vom Hafen führen Wege durch die vorgelagerten Lagunen und das Freizeitgebiet Ósland. Hier lohnt es sich, zur Beobachtung von Seevögeln das Fernglas mitzunehmen. Während der Brutzeit muss man allerdings immer wieder mit Angriffen der aggressiven Küstenseeschwalben rechnen. Östlich des Ortes zweigt eine Stichstraße nach Stokksnes ab. Auf einer Wellblechpiste fährt man am Ufer des Skarðsfjörður entlang durch schwarze Dünen, bis es an einer Schranke nicht mehr weitergeht. Eindeutige Verbotsschilder weisen auf eine Radarstation der NATO hin. Ein Stück weiter landeinwärts führt ein Wanderweg um den Berg Vestrahorn herum bis zur ehemaligen Siedlung Papós, die bis 1897 bewohnt war und dann nach Höfn umzog, das den besseren Hafen besitzt.

Von oben: Idyllisch zeigt sich der Hafen in Höfn mit seinem beschaulichen Treiben.

Vom Eis befreit zeigt sich hier der frühlingshafte Nationalpark Skaftafell.

WAS IST NACHTS AM HIMMEL ÜBER EUROPA ZU SEHEN?

Von Europa aus ist vor allem der Nördliche Sternenhimmel zu sehen. Durch die Bewegung der Erde scheinen sich die Sternbilder im Laufe des Jahres um den Nördlichen Himmelspol zu drehen, der nahe dem Polarstern liegt. Dabei verschwindet ein Teil der Sterne zeitweise unter dem Horizont. So ist zum Beispiel das besonders dicht mit Sternen bestandene Zentrum der Milchstraße nur von Frühling bis Herbst zu sehen – und je nördlicher man ist, desto kürzer. Während aber in »normaler«, urbaner Umgebung nur einige wenige, besonders helle Sterne direkt im Zenit leuchten, lassen sich bei vollständiger Dunkelheit selbst mit bloßem Auge, mehr als 3000 Sterne erkennen und der Sternenhimmel reicht bis zum Horizont. Obwohl die Sterne je nach Jahreszeit und Ort verschieden »stehen«, bleibt ihre Relation zueinander immer gleich. Dazwischen »erscheinen« ab und zu Objekte mit einem anderen Bewegungsmodus wie Planeten, künstliche Objekte wie die Raumstation ISS, gelegentlich durchrauschende Kometen und als Sternschnuppen verglühender Kometenstaub. Spezielle Astrokalender listen alle vorhersagbaren Ereignisse eines Jahres auf.

WANN UND WO ERLEBE ICH POLARLICHTER?

Entgegen ihres Namens kann man Polarlichter nicht nur an Nord- und Südpol sehen. Doch sie entstehen durch eine Wechselwirkung zwischen energiereichen geladenen Teilchen mit den magnetischen Polen der Erde (die sich in der Nähe der geografischen Pole befinden). Wie weit ihr Schein zu sehen ist, hängt von der Stärke des Ereignisses ab. Die dafür nötigen Teilchen werden durch Eruptionen auf der Sonne in den Weltraum geschleudert. Je mehr Teilchen, desto stärker das Polarlicht. Die Aktivität der Sonne verläuft jedoch in Zyklen von etwa 11 Jahren. Eruptionen, die zu Polarlichtern in Zentraleuropa führen, gibt es meist nur in Zeiten höchster Aktivität. Wann und wo Polarlichter auftreten, lässt sich relativ gut voraussagen. Allerdings nur mit einer »Vorwarnzeit« von zwei bis vier Tagen – denn solange brauchen die Teilchen von der Sonne bis zur Erde. Welche Farben die Lichter haben – rot, grün oder blau –, hängt von der chemischen Zusammensetzung der Teilchen ab. Die Formen am Himmel – Bänder, Bögen, Vorhänge, Strahlen oder Ringe – werden durch die Sonnenwinde hervorgerufen.

NORWEGEN

POLARLICHTER ÜBER DEN LOFOTEN

Polarlichter zählen zu den faszinierendsten Naturschauspielen der Welt. Die band- oder schleierartigen Strukturen in blaugrünen, oft auch gelblichen und rötlichen Farben regen seit jeher die Fantasie der Menschen an – auch wenn man inzwischen längst weiß, was den Himmel zum Leuchten bringt.

Links: Wenige Häuser, viel Wasser und dazu eine eindrucksvolle Bergkulisse: Hamnøy kann als Paradebeispiel für einen Fischerort der Lofoten gelten.

Rechts oben: In den nördlichen Regionen Norwegens lassen sich nicht nur Polarlichter bestaunen, sondern vielerorts auch das kulturelle Erbe der Sámi.

Rechts unten: Von Grün bis Lila kann die Farbpalette reichen, mit der die Polarlichter magisch den Nachthimmel illuminieren.

Polarlichter entstehen, wenn elektrisch geladene Teilchen (Sonnenwind) von der Sonne in Richtung Erde abgestoßen werden. Am schützenden Erdmagnetfeld prallen sie in großer Höhe ab. An den Magnetpolen laufen die Linien des Magnetfelds jedoch auf die Erde zu. Entlang dieser Linien gelangen die Teilchen zur Erdatmosphäre, wo sie auf Gasatome treffen, die sie zum Leuchten anregen. Je nach Höhe und unterschiedlichen Bestandteilen der Atmosphäre leuchtet das Licht rot, grün oder blau – oder in den daraus entstehenden Mischfarben Violett, Weiß und Gelb.

Nirgends auf der Welt sind Polarlichter zahlreicher als in Norwegen. Zu den besten Regionen, um in den Genuss dieses einzigartigen Naturschauspiels zu kommen, zählen die Lofoten – weit genug von der Stadt entfernt, um Lichtverschmutzung zu vermeiden. Das Archipel aus rund 80 kleinen und teils größeren Eilanden liegt im Herzen des »Nordlichtovals« und bietet daher eine hohe Sichtungswahrscheinlichkeit. Die beste Zeit liegt zwischen November und Februar, denn im Sommer herrscht in ganz Skandinavien die Mitternachtssonne.

Die unbeschreibliche Schönheit der am Horizont glimmenden Lichter, die sich zu einer sagenhaften Lichtsymphonie steigern und in den verschiedensten Farben am Himmel tanzen, sorgt für Gänsehautfeeling und unvergleichliche Fotomotive. Aber auch tagsüber bieten die Inseln mit ihrer Mischung aus schroffen Bergen, verwunschenen Fjorden und Meer einen grandiosen Anblick. Kein Wunder, dass sich hier auch zahlreiche Künstler von der Natur inspirieren lassen.

Norwegen – Lofoten

Doch müde?

FLO LOFOTEN NATURE ESCAPE//
Das Luxuszelt mit kuscheligem Doppelbett hat nicht nur zum Rolvsfjord eine großzügige Fensterfront, sondern auch gen Himmel. Frühstück wird auf Wunsch ans Zelt serviert, Terrasse und Grillplatz sind auch vorhanden. Bei Valberg gelegen, leider lange Vorausbuchung nötig.
http://flo-lofoten-eco-glamping.norwayhotel.net

GLAMPING I LOFOTEN// Schick ausgestattete Kuppelzelte mit Oberlicht und breiter Fensterfront zum Wasser laden in Ramberg zum Fjord- und Himmelgucken ein. Der Gemeinschaftsraum in einer Holzwerkstatt ist rustikal und familiär.
www.campanyon.com/de/listing/kingdom-of-norway/ramberg/prosjekt-lofoten/glamping-i-lofoten-ofudu

NACHTS ERLEBEN:

● **Reittour unterm Polarlicht-Himmel**
Die Lofoten bei einem nächtlichen Ritt vor dem beeindruckenden Farbenspiel der Polarlichter erkunden? Das kann man auf der Pferdefarm Hov Gård. Hov liegt am nördlichen Rand der Lofoten, fast ohne Lichtverschmutzung oder Berge, die den Blick nach Norden zu den Polarlichtern versperren könnten. Das macht diesen Ort zu einem der besten Plätze, um die Polarlichter zu sehen. Die Farm liegt an einem weißen Sandstrand auf der Lofoteninsel Gimsøy. Hier werden größtenteils auf Islandpferden rund ums Jahr verschiedenste Ritte angeboten, von September bis April auch die nächtlichen Polarlichtritte. Reitkenntnisse sind keine Voraussetzung, auch Familien können gemeinsam einen geführten Ritt am Strand entlang wagen und ihrer Norwegenreise eine weitere Anekdote hinzufügen.

AM TAG ENTDECKEN:

● **Svolvær**
Svolvær, der an der Südküste von Austvågøya gelegene Hauptort der Insel, beherbergt den größten Fischereihafen des ganzen Archipels. Hier hatte König Øystein I. Magnusson um 1120 die erste Kapelle und die ersten beheizbaren Rorbuer (wörtlich »Ruderhütte«) für auswärtige Lofotfischer errichten lassen – die erste königliche Ortsgründung in Nordnorwegen, die der Krone einträgliche Steuern aus dem lukrativen Fischfang im Vestfjord sicherte. Heute geht es im 4000-Einwohner-Ort besonders in den Sommermonaten sehr geschäftig zu, die lebendige Atmosphäre von Hafen-, Klein- und Künstlerstadt lockt viele Besucher an. Die eindrucksvolle Lage von Svolvær hat der berühmteste Sohn der Stadt, der Maler Gunnar Berg (1863–1893), in zahlreichen seiner – vor allem winterlichen – Werke festgehalten. Eine Büste und das bis heute erhaltene Atelier erinnern in Svolvær an ihn.

Links: Auf der Insel Austvågøya lockt die Felsformation Svolværgeita – Svolvær-Ziege – Kletterer und Fotografen gleichermaßen.

Rechts oben: Ein magischer Augenblick als Foto verewigt – hinter den roten Fischerhütten Rorbuer in Svolvær erhebt sich traumgleich der Vollmond.

Rechts unten: Die Häuser von Henningsvær im äußersten Süden von Austvågøya wurden auf der geschützten Vestfjordseite auf felsigen Schären errichtet und diese durch Molen miteinander verbunden.

Norwegen – Lofoten

● **Henningsvær**

Das Fischerdorf Henningsvær im äußersten Süden der Insel Austvågøya gilt als »Venedig der Lofoten« und verfügt mit der Galerie »Lofotens Hus« über das bedeutendste Museum klassischer Malerei auf den Lofoten. Es beherbergt die größte Sammlung nordnorwegischer Landschaftsmalerei des 17. bis 20. Jahrhunderts: Gunnar Bergs »Trollfjordschlacht« und andere Meisterwerke sind hier ebenso zu bewundern wie die Werke des Neoromantikers Karl Erik Harr. Die Häuser wurden auf der geschützten Vestfjordseite der Insel auf Schären errichtet und diese durch Molen miteinander verbunden. Bis in die 1950er-Jahre war Henningsvær das größte Fischerdorf der Lofoten. Mit dem Rückgang der Fangmengen sank die Einwohnerzahl, neben der Fischerei trat nach der Straßenanbindung 1963 der Fremdenverkehr in den Vordergrund.

Norwegen – Lofoten

● **Kabelvåg**

Kabelvåg auf der Insel Austvågøya ist das historische Zentrum der Lofotfischerei. Auch ließ hier König Øystein I. Magnusson bereits 1103 die erste Kapelle errichten. Die königliche Ortsgründung in Nordnorwegen spiegelte die wirtschaftliche Bedeutung der natürlichen Ressourcen aus dem Vestfjord. Øystein sicherte der Krone durch Steuern einen Großteil der Einnahmen aus dem Fischfang. Die weitgehende Rechtlosigkeit der Fischer unter den Grundbesitzern, die auch als Rorbuer-Vermieter, Fischexporteure und Ladeninhaber fungierten und durch das Lofotgesetz von 1816 das Aufsichts- und Eigentumsrecht am Meer zugesprochen erhielten, blieb über die Jahrhunderte bestehen, bis das Lofotgesetz von 1857 die Fischereiaufsicht zur öffentlichen Angelegenheit machte. Mit der Zeit wurde es jedoch eng in Kabelvåg und viele wanderten ins heute größere Svolvær ab. Besucher erfreuen sich unter anderem an den Meeresbewohnern im Lofotakvariet.

● **Gimsøya**

Abschlag bei Mitternacht – in Gimsøysand am nordöstlichen Zipfel der Insel Gimsøya wird es möglich. Das Eiland an der Außenseite der Lofoten bietet Golfern die Möglichkeit, ihr Par mit Blick auf das Meer und unter der Mitternachtssonne zu verbessern. Für viele Spieler

eine einzigartige Erfahrung. Kulturinteressierte können lieber einem historischen Platz einen Besuch abstatten: In Hov befindet sich eine der ältesten Siedlungen der Lofoten mit Grabhügeln und Bootsanlegestellen aus Stein- und Eisenzeit. Gimsøya unterscheidet sich topografisch stark von ihren Nachbarinseln, denn die Landschaft hier ist verhältnismäßig flach und weit, bedeckt von arktischer Tundra. Die vielen Torfmoore der Region versorgten die Lofoten lange Zeit mit Brennstoff. Seit zwei Jahrzehnten steht die gesamte Insel unter Naturschutz. Auf bequeme und trotzdem sanfte Weise lässt sich die einzigartige Flora und Fauna erforschen: Auf dem Rücken von Islandpferden geht es nachhaltig und mit erhöhter Sicht auf Erkundungstour.

● Vestvågøya

Vestvågøya ist mit 411 Quadratkilometern die zweitgrößte Insel der Lofoten. Der eisenzeitliche Häuptlingssitz Lofotr in Borg ist Namensgeber des gesamten Archipels: Aus dem Plural »Lofotr« wurde der Singular »Lofoten« (Luchsfuß); im Deutschen spricht man von den Lofoten in der Mehrzahl, da die Endung -»en« einen Plural suggeriert.

Mit 83 Metern ist das 1000 Jahre alte Wikingerhaus von Lofotr eines der größten erhaltenen Langhäuser: Mit Bankettsaal, Wohnbereich, Schmiede und Bootshaus wurde es rekonstruiert und beherbergt das Lofotr-Wikingermuseum. Mit etwa 11 500 Einwohnern ist Vestvågøy die bevölkerungsreichste Inselgemeinde der Lofoten.

Zu den bekanntesten Stränden von Vestvågøya zählen der Geröllstrand im Eggum-Naturreservat und der Strand im mittelalterlich anmutenden Fischerdorf Uttakleiv, der durch einen Tunnel erreichbar ist. Im Sommer lässt es sich hier wunderbar baden, tauchen oder surfen. Im Winter zeigt sich die abwechslungsreiche Landschaft Vestvågøyas idyllisch verschneit.

● Hamnøy

Das Fischerdorf Hamnøy zählt dank seiner Panoramalage mit Aussicht auf drei Fjorde und Blick auf über 700 Meter hohe Gipfel zu den im Sommer meistbesuchten Orten der Lofoteninsel Moskenesøya. Die Holzhäuser stehen auf einer kleinen Insel an der Ausmündung des Kirkefjords in den Vestfjord; durch Dämme und Brücken wurde die vom Berg Festhæltinden überragte Insel in die E10 integriert, Hochbrücken ersetzten die Fährverbindungen nach Reine. Die E10, seit 2007 »Nationale Ferienstraße Lofoten«, wurde zwischen Mølnarodden und Hamnøy in den Fels gesprengt und führt bei Hamnøy durch ein Brutgebiet von Dreizehenmöwen; diese lassen sich allerdings wenig stören. Der Vogelfelsen von Hamnøy bildet einen beliebten Fotostopp.

Links von oben: Ruhe und Naturidylle pur beherrschen weite Teile von Gimsøya.

Auf der Lofoteninsel Vestvågøya lädt das Lofotr Vikingmuseum zu einer spannenden Zeitreise in das Reich der Wikinger.

In Pastellfarben taucht die Abenddämmerung den Himmel über Austvågøya und die Rorbuer bei Kabelvåg.

Rechts: Der pittoreske Hafen von Hamnøy liegt am ruhigen Vestfjord an der Ostküste von Moskenesøya.

NORWEGEN

MITTERNACHTSSONNE IN TROMSØ

Nur in Nordnorwegen scheint eine Sonne, die es nirgends sonst in Norwegen gibt: die Mitternachtssonne. Auch im Süden des Landes ist es im Hochsommer um 23 Uhr noch hell und die Sonne geht um 3 Uhr schon wieder auf – dass die Sonne zur Mitternachtszeit noch strahlt und nicht untergeht, das gibt es nur nördlich des Polarkreises.

Kaum ein Ort besticht mit so viel Charme und Flair wie das norwegische Tromsø. Nur ein paar Hundert Kilometer vom Polarkreis entfernt, liegt die traumhafte Stadt weit oben im Norden des Landes. Bekannt ist sie vor allem für ihre reizvollen bunten Holzhäuser, ihre tiefen Fjorde, die scheinbar unberührte Natur und die von Ende Mai bis Ende Juli andauernde Mitternachtssonne. In dieser Zeit, in der die Sonne den ganzen Tag bis weit nach Mitternacht am Himmel steht, genießen Einheimische wie Besucher beschwingt die langen Sonnenstunden. Atemberaubend ist der Blick vom Berg Storsteinen aus, wenn die Sonne die Stadt am späten Abend in ein goldenes Licht taucht. Die Bergstation des Storsteinen lässt sich bequem in wenigen Minuten vom Stadtteil Hungeren aus mit der Luftseilbahn Fjellheisen erreichen. Wer über etwas Zeit und die nötige Kondition verfügt, legt den teils recht steilen Weg zu Fuß zurück (festes Schuhwerk nicht vergessen!). Mehrere Wanderrouten führen in etwa zwei Stunden bei gemütlichem Tempo nach oben. Oben angekommen, erlebt man in über 400 Meter Höhe einen herrlichen Blick auf die Stadt mit der eindrucksvollen Bergkette im Hintergrund. Im weichen Licht der Mitternachtssonne wirkt das Panorama wie in einem Traum. Entlang der verlassenen Trampelpfade abseits der Bergstation finden Hobbyfotografen ideale Plätze für menschenleere Fotomotive wie aus dem Bilderbuch. Als unvergessliches Bild prägt sich dieser Anblick für immer ins Gedächtnis ein.

Links: Über den Ersfjord hinweg geht der Blick auf die im September wieder untergehende Sonne.

Rechts: Auch das pittoreske Eiland Kvaløya gehört zur Gemeinde Tromsø.

Norwegen – Tromsø

🌙 NACHTS ERLEBEN:

● **Mitternachtskonzerte in der Eismeerkathedrale**

Eines der Wahrzeichen von Tromsø ist zweifelsfrei die Eismeerkathedrale. Mit ihrer schneeweißen zeltförmigen Fassade ist sie ein echter Hingucker. Gerade bei Nacht, wenn sie beleuchtet ist, wirkt diese Kirche wie ein heimeliger Versammlungsort für Einheimische und auch für Gäste. Ein ganz besonderes Event ist das mitternächtliche Konzert, bei dem die wunderbare Akustik der Kathedrale zum Klang kommt. Das Programm ist abwechslungsreich: von norwegischen Volksliedern bis zu klassischen Stücken, bietet dieser Abend Genuss für Groß und Klein. Vor dem größten Glasfenster Europas spielen und singen die Musiker bei Kerzenschein. Es ist eine besonders atmosphärische Art, den Tag ausklingen zu lassen. Die Konzerte finden täglich um Mitternacht statt und dauern 45 Minuten.

Oben: Für das grandiose Glasmosaik der Eismeerkathedrale wurden rund 11 Tonnen Glas verarbeitet. Die gesamte Architektur steht im Zeichen der Polarlichter.

Unten: Blick von der Eismeerkathedrale über die Brücke auf die nächtlich illuminierte Stadt.

Norwegen – Tromsø

● Beste Aussicht vom Storsteinen

Wer Tromsø aus der Vogelperspektive betrachten möchte, kann mit einer Seilbahn den rund 421 Meter hohen Storsteinen hinauffahren. Die Aussicht über die Stadt, die Bögen der Sandnessundbrücke und sogar über die Insel Kvaløya ist überragend. Die Talstation der Seilbahn Fjellheisen befindet sich südwestlich der Eismeerkathedrale. Das Beste: Während der Sommernächte hat der Fjellheisen bis 1 Uhr nachts geöffnet und ist so bestens geeignet, die Mitternachtssonne von dieser erhöhten Lage des Storsteinen zu bewundern. Zeitlich lässt sich das sogar nach dem Mitternachtskonzert in der Kathedrale noch schaffen. Wer es vielen Einheimischen gleich machen möchte, begibt sich zu Fuß auf den Storsteinen – eine Nachtwanderung im Licht der Mitternachtssonne ist ein unvergessliches Erlebnis. Ebenso eignet sich der Berg für die Beobachtung der Polarlichter, dazu empfiehlt sich der Zeitraum zwischen September und April in den Abend- und frühen Morgenstunden.

Oben: Von der Bergstation der Seilbahn Fjellheisen hat man einen beeindruckenden Blick auf die Stadt und die umliegenden Fjorde.

Unten: In warmen Orangetönen zeigt sich die Mitternachtssonne über Tromsø, hier vom Storsteinen aus betrachtet.

Norwegen – Tromsø

☀ AM TAG ENTDECKEN:

● **Eismeerkathedrale**
Nicht nur für die Mitternachtskonzerte lohnt sich der Besuch der Eismeerkathedrale, auch tagsüber möchte sie bewundert werden. Sie wurde 1965 errichtet und gilt als Wahrzeichen der Stadt. Zwar ist sie nur eine Pfarr- und Seemannskirche, mit ihrer imposanten Erscheinung macht sie ihrem Namen jedoch alle Ehre. Mit ihrer außergewöhnlichen Form erinnert sie an aufgeschichtete, spitz zulaufende Eisplatten.

● **Polarmuseet**
Unmittelbar in Hafennähe ist das Polarmuseum in mehreren denkmalgeschützten ehemaligen Zollhäusern untergebracht. Vor allem im Seebrückenhaus informiert es über die Geschichte der Polarforschung, die Nordwestpassage und das Jagen in der Arktis. Fridtjof Nansen und Roald Amundsen, Norwegens größte Polarforscher, stehen im Mittelpunkt der Dokumentation. Doch auch die Lebensweise von Trappern wird präsentiert, darunter Henry Rudi, der »Eisbärkönig«, und Wanny Wolstad, die erste Eisbärenjägerin auf Spitzbergen. Das Museum eröffnete am 18. Juni 1978, exakt 50 Jahre, nachdem Amundsen in Tromsø zum letzten Flug in die Arktis gestartet war. Er verschwand beim Versuch den verunglückten Pilot Umberto Nobile zu retten.

Von oben links: Die kunstvolle Meridiansäule in Hammerfest markiert den Beginn des »Struve-Bogens«.

Die nordnorwegische Stadt Tromsø mit ihrer Ishavskatedralen, der berühmten Eismeerkathedrale, verteilt sich über mehrere Inseln.

Wie die tollkühnen Trapper in der Arktis lebten und überlebten, erfährt man im Polarmuseet.

💤 Doch müde?

STORJORD FARMSTAY GLAMPING//
Der Name »Farmstay« täuscht: Die Kuppelzelte mit großem Himmelsfenster auf der Insel Kvaløya vor Tromsø sind selbst für Glamping-Maßstäbe luxuriös und haben einen eigenen Kaminofen, mit dem man sich im Winter gemütlich einheizen kann.
www.booking.com/hotel/no/glamping-dome-og-minihus.de.html

Norwegen – Tromsø

Gleich neben dem Polaria ist der historische Robbenfänger »MS Polstjerna« zu besichtigen. Aus heutiger Sicht war der Robbenfang bestialisch, damals gehörte er zum harten Kampf um die Existenz.

● **Polaria**

»Polaria – ein arktisches Erlebnis« – mit diesem Slogan wirbt das in der Nähe des Stadtzentrums gelegene Polarium um seine Besucher. Schon die Architektur kann dieses Versprechen unterstützen: Das auffällige Gebäude ist ineinandergeschobenen Eisschollen nachempfunden. Im Inneren wird auf unterhaltsame Weise über die Ökosysteme der Polarregion informiert. Aber nicht nur die Theorie findet in dem Museum Platz: Zum Museum gehören mehrere Aquarien, in denen sich Fische, Schalentiere und mehr tummeln. Die Stars von Polaria sind aber zweifellos die fünf Robben.

● **Kvaløya**

Der Stadt Tromsø gegenüber liegt die Insel Kvaløya (»Walinsel«). Ihre schroffen Felsen bieten der Stadt einen guten Schutz gegen die Unbill des Atlantiks. Die höchste Erhebung ist der 1044 Meter hohe Store Blåmann. Seine 365 Meter hohe Nordwand ist eine der steilsten Felswände der Welt und eine wahre Herausforderung für Sportkletterer. Kvaløya ist die fünftgrößte Insel Norwegens und über eine Brücke mit der Tromsøya verbunden. Doch neben dem Felsgebirge wartet an der Südküste kontrastreich eine sehr liebliche Landschaft mit alten Bauernhöfen und einer imposanten Fjordwelt.

NORWEGEN

NATIONALPARK ØVRE PASVIK

Abenteuerlicher geht es kaum: Im Norden Norwegens an der Grenze zu Finnland und Russland herrschen raue Bedingungen. Zwei Monate lang geht hier im Winter die Sonne überhaupt nicht auf und die Temperaturen können schon mal unter – 35 Grad Celsius fallen. Zudem gehören die ausgedehnten Kiefernwälder des Nationalparks Øvre Pasvik zu den größten und ursprünglichsten Norwegens. Der Sternenhimmel ist in Norwegens erstem Dark Sky Park fantastisch und auch Polarlichter lassen sich wunderbar beobachten.

Die Wälder von Øvre Pasvik sind ein Ausläufer der sibirischen Taiga. Bereits 1970 wurde hier ein Nationalpark eingerichtet. Er liegt rund 100 Kilometer südlich von Kirkenes im Dreiländereck von Norwegen, Russland und Finnland, ist 119 Quadratkilometer groß und grenzt an entsprechende Schutzgebiete auf russischer und finnischer Seite.

Der subarktische Kiefernwald ist hier weitgehend in seinem ursprünglichen Zustand als Urwald erhalten und bietet etwa Braunbären, Wölfen, Elchen, Marderhunden und Vielfraßen, aber auch vielen seltenen kleineren Tieren, einen Lebensraum. Die auf den ersten Blick karge Pflanzenwelt des Parks umfasst fast 200 Blütenpflanzen, die größtenteils untypisch für Europa sind. Ursprünglich waren hier die Sámi beheimatet. Nach Vertreibungen im 19. Jahrhundert dürfen sie heute wieder als Nomaden im Gebiet des Parkes leben und Rentierzucht betreiben.

Die Landschaft besteht aus lichten Kiefernwäldern, Moor und großen Wasserflächen. Im Sommer kommen die Menschen zum Wandern, Kajakfahren und Angeln hierher. Doch der Sommer dauert gerade mal von Mitte Juni bis Mitte August. Im Winter werden Hundeschlittentouren, Schneemobilsafaris und Skitouren angeboten. Auch die Saison für Astrotourismus beginnt schon im August und dauert bis April. Vor allem Polarlichter sind die ganze Zeit über zu beobachten, hartgesottene Sternengucker schwören auf die Pracht des Winterhimmels in den dunkelsten Monaten. Wer jedoch keine Erfahrung mit dem subarktischen Winter hat, sollte lieber auf den Herbst und das Frühjahr ausweichen. Ein Besucherzentrum gibt es nördlich des Parkes in Svanvik. In den Park selbst führen drei Straßen und markierte Wanderwege, aber keine unterstützende Infrastruktur. Wildes Campen ist erlaubt, bedarf aber der entsprechenden Ausrüstung und Erfahrung.

Rechts: Fantastisch grün-grelle Polarlichter spannen sich über die Landschaft um Kirkenes.

Links: Outdoorfans können im wildromantischen Nationalpark Øvre Pasvik einzigartige Naturschauspiele erleben.

Norwegen – Nationalpark Øvre Pasvik

NACHTS ERLEBEN:

● Sterneschauen (fast) 24 Stunden lang

Wenn die Sonne unter dem Horizont bleibt und sich mehrere Wochen lang nicht zeigt, beginnen in Nordeuropa die Polarnächte. Von November bis Januar verfällt die Natur jedes Jahr aufs Neue in einen Zustand der Dämmerung. Nur die farbenfrohen Polarlichter erhellen den Himmel in Grün, Lila und Pink und sind zu diesem Zeitpunkt besonders gut zu sehen. In dieser ruhigen besinnlichen Zeit, in der die Kräfte der Natur sichtbar walten, lohnt es sich ganz besonders in den Norden Norwegens zu reisen. Bei Aktivitäten wie einer Husky-Schlittenfahrt, einer Schneeschuhwanderung oder einem gemütlichen Lagerfeuer mit anschließendem Saunagang, lassen sich die Polarlichter und das Sternenzelt fast den ganzen Tag beobachten.

AM TAG ENTDECKEN:

● Nationalpark Varangerhalvøya

»Die Großartigkeit, diese wunderbare Melancholie dieser Szenerie ist mit Worten nicht zu beschreiben«, schwärmte der norwegische Geograf Baltazar Mathias Keilhau 1831 von der Varanger-Halbinsel und lobt weiter ihre »heilige Einsamkeit«. Bis ins Jahr 2006 sollte es allerdings dauern, bis auch die norwegische Regierung die Besonderheit der Region erkannte und sie als Nationalpark schützen ließ. Auf 1804 Quadratkilometern findet man neben einer bemerkenswerten Flora und Fauna mit typisch arktischen Flechtenpflanzen sowie Polarfuchs, Saat- und Zwerggans auch zahlreiche Heiligtümer, Opferplätze und Fanganlagen der Samen, die traditionell immer noch in dem Gebiet des Nationalparks leben und ihre Rentierzucht betreiben dürfen. Die ältesten Funde datieren aus der Zeit von 4500 v. Chr. Wappenvogel des Parks ist die Falkenraubmöwe mit dem markanten Schwanz, die hier aber nur Sommergast ist.

Doch müde?

EISHOTEL KIRKENES// In einem Hotel aus Schnee und Eis übernachten? Auf keinen Fall, da erfriert man ja bis zum nächsten Morgen! Die Bedenken sind durchaus nachvollziehbar, doch im Kirkenes Snow Hotel braucht man davor keine Angst haben. Es bietet eine Erfahrung, die man wohl nicht so schnell vergessen wird. Kunstvoll sind die Räume aus Eis gearbeitet, die Betten und Sitzmöbel bestehen ebenfalls aus gefrorenem Wasser. Dekoration, Gänge – alles besteht aus Eis und Schnee. Im Winter kann man sich sogar an einer Eisbar einen Drink gönnen, bevor man sich dann in dem eisigen Reich zur Ruhe legt. Ausgestattet mit Thermodecken und warmen Schlafsäcken, braucht man sich keine Gedanken mehr über die Temperaturen zu machen. Zum Hotel gehören auch Hütten, die ebenso ein besonderes Erlebnis versprechen.
www.snowhotelkirkenes.com

Links: Die verschneite Landschaft leuchtet und reflektiert das Schauspiel des Himmels perfekt im Nationalpark Øvre Pasvik.

Rechts von oben: Auf der Varanger-Halbinsel stehen wenige kleine Siedlungen am Fjord und trotzen dem teils unwirtlichen Wetter.

Die Natur im Gefolge der leisen Huskypfoten zu erleben, bildet ein unvergessliches Erlebnis.

Norwegen – Nationalpark Øvre Pasvik

Norwegen – Nationalpark Øvre Pasvik

● Varangerfjord

Der Varangerfjord ist der 95 Kilometer lange Westausläufer der Barentssee zwischen den Hurtigruten-Häfen Vardø und Vadsø auf der Halbinsel Varanger und dem Hurtigruten-Wendehafen Kirkenes im Dreiländereck zwischen Norwegen, Finnland und Russland. An der Mündung in die Barentssee ist der Varangerfjord 55 Kilometer breit. Die Inselstadt Vardø vor der Varanger-Halbinsel ist Norwegens östlichste Stadt und neben Hammerfest die älteste Stadt (1798) in der Finnmark. Mit dem Festland ist sie durch den 2892 Meter langen Vardøtunnel verbunden, der in einer Tiefe von bis zu 88 Metern unter dem Meer verläuft. Bis zur Oktoberrevolution (1917) war Vardø eine Drehscheibe im Handel mit den russischen Küstenorten. Heute ist der Fischereiort Endpunkt der Europastraße 75.

● Kirkenes

Kirkenes ist Endpunkt der E 6 und Wendepunkt der Hurtigruten. Die Stadt steht für Auf- und Untergang einer blühenden Erzindustrie (1906–1996), war mit 320 Luftangriffen während des Zweiten Weltkriegs eine der meistbombardierten Städte Europas, dann Frontstadt im Kalten Krieg mit direkter Grenze zwischen NATO und Warschauer Pakt und 1996 »Arbeitslosenhauptstadt« der Provinz Finnmark nach dem Ende der Erzära. Nun positioniert sie sich neu als Dienstleistungszentrum und Hauptstadt der »Barents-Region«. Touristenattraktion ist das komplett aus Eis und Schnee bestehende Schneehotel. Es ist das ganze Jahr über geöffnet. Die Raumtemperatur beträgt minus vier Grad Celsius, das klingt ungemütlich, aber dicke Rentierfelle und Schlafsäcke sorgen für ausreichend Wärme.

Unten: Im Snowhotel von Kirkenes werden Eis und Schnee so kunstvoll inszeniert, dass behagliche Gemütlichkeit die Oberhand gewinnt.

Rechts: Die kleine weiße Nessebykirke im gleichnamigen Ort am Varangerfjord wurde vom dänisch-norwegischen Architekten Christian Heinrich Grosch gestaltet.

Norwegen – Nationalpark Øvre Pasvik

SCHWEDEN

WEISSE NÄCHTE IN NORDSCHWEDEN

Es ist, als wäre die Dämmerung im Dauermodus. Dann hüllt sich der Horizont in ein nicht endendes Rot oder Hellblau, und die Landschaft in pastellfarbene Töne. Die »Weißen Nächte« zählen zu den eindrücklichsten Sommererlebnissen Schwedens. Je nördlicher, desto schöner.

Links: Eine halbe Stunde nach Mitternacht und doch taghell – in Schwedens Norden faszinieren die Sommernächte.

Unten: Ob zum Skifahren oder Rudern – dank der Mitternachtssonne ist es dafür in Schweden auch nachts hell genug.

Es gibt Gegenden, da sind die Sonnenauf- und untergänge so unwirklich schön, dass sich Menschen extra an bestimmte Orte begeben, um das Naturschauspiel zu betrachten. Doch leider ist das Schauspiel innerhalb weniger Minuten vorbei. An den Orten rund um den Polarkreis ist das anders. Weil der Nordpol der Sonne im Sommer immer zugewandt ist, geht diese niemals unter, sondern färbt den Himmel manchmal den ganzen Tag rot. Eine Faustregel lautet: Je weiter nördlich man sich aufhält, desto länger scheint die Sonne. Für Lappland heißt das, es wird etwa von Ende Mai bis Mitte Juli nicht richtig dunkel. Dass man das Schlafzimmer verdunkeln muss und man selbst um Mitternacht ohne künstliches Licht lesen kann, ist das eine. Das andere ist, dass die Nordschweden geradezu aufblühen und schon mal nachts in den See hüpfen oder sich mit Nachbarn treffen. Sie machen im wahrsten Sinn des Wortes die Nacht zum Tag und bieten das nur zu gern auch ihren Gästen an. So ist es möglich, zu Zeiten an Wanderungen oder Walsafaris teilzunehmen, zu denen man normalerweise längst schlummern würde. Golfplätze haben geöffnet, man bricht erst am Abend zu einer Paddeltour oder zum Angeln auf. Am besten genießt man das Phänomen auf einem Gipfel und bei möglichst wolkenlosem Himmel.

Schweden – Weiße Nächte Nordschweden

 **NACHTS ERLEBEN:**

● **Feierwütiges Kiruna**

Mit 19 447 Quadratkilometern ist Kiruna fast halb so groß wie die Schweiz. Von Ende Mai bis Mitte Juli geht in der nördlichsten Gemeinde Schwedens die Sonne gar nicht unter (dafür die letzten drei Dezemberwochen gar nicht auf). Das sind fast 50 Tage reine Mitternachtssonne und 50 weitere weiße Nächte. Das wird von den gut 23 000 Bewohnern kräftig gefeiert – durch Open-Air-Konzerte, Ausstellungen und allerlei »nächtliche« Outdoor-Aktivitäten. Vor allem das »Kiruna Festival« Ende Juni/Anfang Juli zieht Tausende Besucher an.

● **Aurora Sky Station, Abisko**

900 Meter über dem Meeresspiegel und unweit von Abisko liegt die STF Aurora Sky Station auf dem Berg Nuolja. Für viele Reisende der beste Ort weltweit, um das Nordlicht zu sehen – allerdings nicht im Sommer. Von einer großen Terrasse und einem Aussichtsturm aus, hat man einen unglaublichen Blick auf die Berge ringsum und den Sternenhimmel darüber. Mit einem rund zwei Kilometer langen Sessellift fährt man gemütlich den Berg hinauf, um dort das große Polarlicht-Spektakel zu erleben, das sich dort sehr häufig (aber

Links: Auf dem Gipfel des Berges Nuolia liegt die Aurora Sky Station, die begehrten Polarlichter kann man manchmal auch schon an den Hängen sichten.

Unten: Oder man lauscht dem Rauschen des Abiskojåkka, der sich durch den Abisko-Nationalpark zieht.

nicht immer) abspielt. Im Inneren der Sky Station kann man sich eine Ausstellung und eine Präsentation über die Nordlichter anschauen. Wenn man Pech hat mit seinem Besichtigungstag und die Polarlichter sich nicht zeigen, bemüht sich das Team der STF Aurora Sky Station ein Alternativprogramm anzubieten.

Oben und unten: Anfang des 20. Jahrhunderts errichtete man die Kirche von Kiruna nach Plänen Gustaf Wickmans. Seine Baupläne orientierten sich künstlerisch an den hölzernen Behausungen der Samí, den sogenannten Zelt-Koten. Auch sie wird im Zuge der Ortsverrückung einen neuen Standort haben.

● Mitternachtssonne fotografieren

Eigentlich stellt die Mitternachtssonne keine besondere Hürde beim Fotografieren dar, im Gegenteil: Oftmals ist das Dämmerlicht dem der blauen oder goldenen Stunde ähnlich und spendet ein warmes Licht im Bereich 3500–4000 K. Wenn die Sonne allerdings noch grell scheint und man lieber eine Abendstimmung erzeugen will, kann ein Polarisations- oder ein Grauverlauffilter helfen.

AM TAG ENTDECKEN:

● Kiruna

Weiter nach Norden geht es nicht, jedenfalls wenn man sich in einer schwedischen Stadt aufhalten möchte. Kiruna lebt vom Eisenerz. Genauer gesagt, von einer der größten Erzminen dieser Erde. Die Industriestadt hat sich hier wegen der gigantischen Rohstoffvorkommen angesiedelt, jetzt muss sie ihretwegen umziehen. Die komplett aus Holz errichtete Kirche von 1912 mit ihrem Glockenturm ebenso wie der Turm des Stadthauses, eines der Wahrzeichen Kirunas. Um die Erzvorkommen unter dem Ortskern abbauen zu können, ohne dass ganze Straßenzüge einstürzen, müssen Menschen und Bauwerke wenige Kilometer

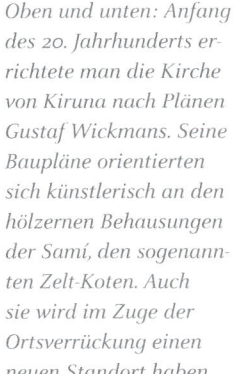

Das einzigartige Eishotel Jukkasjärvi bietet zwar auch Events und Veranstaltungen, aber überwiegend findet der Gast hier Ruhe und magisch-besinnliche Nächte.

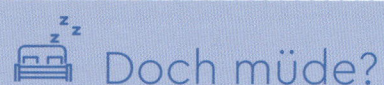

ICEHOTEL JUKKASJÄRVI// Jukkasjärvi ist kein großer Ort und trotzdem ist es extrem bekannt. Denn hier steht das Eishotel! Inzwischen gibt es einige, doch das in Jukkasjärvi ist das Original, entstanden 1989, als man eine Eisskulpturenausstellung erweitern wollte. In kunstvoll gestalteten Zimmern zu übernachten, ist ein Erlebnis, doch schon der Besuch der Bar, das Glas zwischen von dicken Handschuhen gewärmten Fingern, ist unvergesslich. Jedes Jahr wurde das Baumaterial für das neue Hotel aus dem 520 Kilometer langen Torne-Fluss geholt. Schmolz das Gebäude, kehrte das Wasser dorthin zurück. Heute steht es ganzjährig, gekühlt mit der Kraft der Sonnenenergie. www.icehotel.com

nach Osten ziehen, ein Riesenprojekt, das frühestens im Jahr 2035 ganz abgeschlossen sein wird. Der Umzug der architektonisch aufwendigen und denkmalgeschützten Kirche gehört dabei zu einem der schwierigsten Unterfangen. Um das gigantische Schaffen des Erzbergwerkes zu verstehen, lohnt ein Besuch mit Führung in die Tiefe des Minenbetreibers.

● **Kebnekaise**
Die Anreise empfiehlt sich von Kirkenes nach Nikkaluokta, die Strecke fährt auch ein Bus, der gerne von Gästen und Einheimischen benutzt wird. Wenn es hier zu schneien beginnt, sollte die Tour abgebrochen werden. Denn der Kebnekaise ist mit fast 2100 Meter Höhe nicht nur der höchste Berg Schwedens, sondern ragt auch 200 Kilometer nördlich des Polarkreises in den Himmel. Da wird es oft ungemütlich, das Wetter wechselt schnell. Bei guter Sicht gibt es täglich geführte Touren die steilen Hänge hinauf, Ausgangspunkt dafür ist die Kebnekaise Fjällstation. Nur 13 Kilometer weiter trifft der Weg auf den Kungsleden – eine

Westlich von Kiruna wartet die eindrucksvolle Berglandschaft Nordschwedens mit den Gipfeln Kebnekaise und Tuolpagorni. Ersterer ist mit einer stattlichen Höhe von 2097 Metern der höchste Berg des Landes.

Option für alle, die den Aufstieg nicht wagen oder verschieben wollen. Wer den Gipfel in Angriff nimmt, hat zwei Möglichkeiten: den westlichen Weg über steinige Hänge, der rund zehn Kilometer lang ist und für den auch geübte Wanderer bis zu sieben Stunden einkalkulieren sollten, oder das Klettern über den Gletscher. Letzterer ist allerdings nur mit einem Bergführer zu empfehlen.

● **Torneträsk**

Das Inlandeis hat sich einst durch das Land geschoben und diese Senke geschaffen: Der Torneträsk-See ist ein Relikt der Eiszeit. Lang gestreckt zieht er sich 70 Kilometer bis fast an die norwegische Grenze. Besonders schön ist diese Strecke für Wohnmobilisten, denn am Seeufer schlängelt sich eine Straße entlang der Buchten und Wälder. Eigentlich möchte man diese Straße mehrfach befahren, so schön sind die Aussichten auf den kristallklaren See, die blauen Berge, die kleinen Inseln, die Wasserfälle und die dichten nordischen Wälder. Orte wie Abisko oder Stenbacken locken zum Anhalten, vielleicht auch mal über Nacht. Und dann einfach draußen sein und die herrliche klare Luft genießen.

● **Svappavaara**

Südlich von Kiruna befindet sich dieser Ort, der vorwiegend industriell geprägt ist: Der Erzbergbau hat, wie so vielen Orten der Region, auch Svappavaara sein heutiges Gesicht verliehen. Dort trifft der Reisende nach tagelangem Touren durch die Weite und die Wildnis mit kleinen Holzhäuschen plötzlich auf von Arbeitern geprägte Mehrfamilienwohnungen, die sich als lange Blocks dreistöckig aus dem Stadtbild erheben. Eisenerz nährt und beschäftigt noch immer die dort Wohnenden und hat eine angenehme Infrastruktur aus kleinen Läden und Gaststätten geschaffen. Sehenswert ist die kleine Holzkirche, der nahe See lädt zu einem Spaziergang ein. Gegenüber dem Stadtzentrum liegt das große Gelände des Bergwerks.

FINNLAND

POLARLICHTER ÜBER DEM INARIJÄRVI

Nicht nur aufgrund seiner Größe, die mit ca. 1400 Quadratkilometer etwa zweimal den Bodensee ausmacht, hat der Inarijärvi in Lappland einen besonderen Status. Er gilt als Lapplands größter See und Finnlands drittgrößter See und beherbergt mit mehr als 3000 Inseln eine einzigartige Schärenlandschaft.

Links: Manche Polarlichter zeichnen sich so hauchzart am Himmel ab, dass man sie einen Wimpernschlag lang für eine Fata Morgana halten könnte.

Unten: Gut Ding will Weile haben. Auf einem Regiestuhl sitzend und verharrend, erscheint der nächtliche Himmel über Inari wie ein grandioses Naturschauspiel.

Während die Wikinger Nordlichter für eine Erscheinungsform ihrer Götter hielten, fürchteten sich andere nordische Völker vor ihnen. Bewundert wurden sie aber schon immer. Aurora Borealis werden sie auch genannt, und so magisch, wie der Name klingt, ist auch ihre Erscheinung. Durch die geringe Lichtverschmutzung und die lange, dunkle Jahreszeit am Inarijärvi herrschen dort die besten Voraussetzungen und größtmöglichen Chancen, die tanzenden Himmelslichter zu sehen. Der Norden Finnlands liegt zwischen dem 66. und 69. Breitengrad mitten in der sogenannten »Aurora-Zone« – so ist der Himmel über dem See bis zu 200 Nächte pro Jahr von diesem spektakulären Naturschauspiel erfüllt. Die beste Zeit dafür ist von September bis März, wobei Herbst und Frühjahr meist noch mehr Erfolg versprechen als der Winter.

Die Lage nördlich des Polarkreises bestimmt das Klima, die überwiegende Zeit im Jahr ist der Inarijärvi zugefroren und es locken abenteuerliche Touren mit dem Schneemobil oder dem Huskyschlitten. Aber im Sommer hat der See auch noch eine andere Fangemeinde, die der Angler. Der Fischbestand des Inarijärvi in Finnland macht den See zu einem Eldorado für Fliegenfischer. Während Wildforellen und Seesaiblinge, von denen sich hier rekordverdächtige Exemplare fangen lassen, auch andere Angler in die Wildnis Lapplands locken, beißen Felchen am besten bei Fliegenködern an – besonders in den warmen Monaten, wenn sie ihre Nahrung in den Buchten suchen.

Doch müde?

KAKSLAUTTANEN ARCTIC RESORT// Der Polarkreis liegt 250 Kilometer südlicher, zum Nordkap sind es 460 Kilometer. »Wir sind von allem weit weg«, so der Besitzer Jussi Eiramo. Und in der Tat will die Einöde kein Ende nehmen in Kakslauttanen, wo er mitten in Lappland seit den 1970er-Jahren eine der ungewöhnlichsten Unterkünfte Finnlands führt: das Kakslauttanen Arctic Resort mit urigen Blockhütten und kitschigen Königinnensuiten, dampfenden Saunen und natürlich einem »Haus des Weihnachtsmannes«. Die meisten wollen in den Glasiglus nächtigen, die zur Winterzeit wie leuchtende Kokons im Schnee liegen. Innen relativ schlicht gehalten, erwarten die Gäste mit Spannung die nächtliche Himmelsshow. Schon die schneeschweren Tannen rund um die Glaskugel-Behausungen sind schön und natürlich die funkelnden Sterne. Aber alle hoffen auf die Nordlichter, wie sie durch die arktische Finsternis tänzeln und die Glasiglu-Nacht zu einem unvergesslichen Erlebnis machen.
www.kakslauttanen.fi/de

NACHTS ERLEBEN:

● **Polarlichter fotografieren**

Klar, ein solchen faszinierenden Anblick wie der von tanzenden Farben am Nachthimmel möchte man natürlich einfangen und den Daheimgebliebenen zeigen oder als Erinnerung an die eigene Wand hängen. Ein lichtstarkes Objektiv (f/2,8 oder darunter), ein Stativ und eine wolkenlose Nacht – das sind die Idealvoraussetzungen für ein gelungenes Nordlichtbild. Die Belichtungszeit etwas verkürzen kann man mit der Einstellung einer erhöhten ISO-Zahl (je nach Kamera nicht mehr als ISO 800, um das Bildrauschen niedrig zu halten). Dennoch muss man mit einer Blendenzeit von rund 10–30 Sekunden rechnen.

● **Polarlicht vom Wasser aus bestaunen**

Im Winter ist der See Inarijärvi gefroren und bedeckt mit Schnee. Gerade zu dieser Zeit des Jahres ist die Wahrscheinlichkeit, Polarlichter zu sehen, sehr groß. Wenn es draußen bitterkalt ist, kann man es sich in der Aurora Hut des Wilderness Hotels Inari unter warmen Decken gemütlich machen und durch das gläserne Dach den Sternenhimmel betrachten. Am unteren Rand des Sees liegt dieser Standort der Wilderness Hotels, die auch dafür bekannt sind, ihre Gäste auf ein umweltfreundliche Art und Weise zu verwöhnen. Fließendes Wasser, Sauna und eine Dusche befinden sich zwar nicht in den Hütten, sind aber ganz in der Nähe von den Hütten im Hauptgebäude

Rechts von oben: Wenn der Inari-See zugefroren und mit einer Schneedecke überzogen ist, heben sich die tanzenden Himmelslichter kontrastreich ab.

Der gigantische Canyon im Naturreservat Kevo wirkt aus der Ferne unbewohnt und leer, doch das eindrucksvolle Gebiet weist vor allem im Winter eine sehr hohe Biodiversität auf.

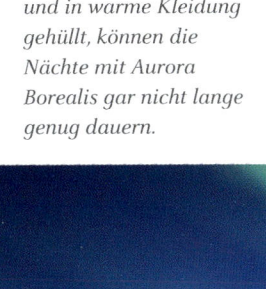

Links: Den Fotoapparat auf dem Stativ installiert und in warme Kleidung gehüllt, können die Nächte mit Aurora Borealis gar nicht lange genug dauern.

untergebracht. Wer das Glück hat, die Nordlichter zu sehen, kann sich an diesem Ort ganz in Ruhe staunen.

☼ AM TAG ENTDECKEN:

● Inarijärvi

Der Inarijärvi liegt nördlich des Polarkreises, und so herrschen längst nicht nur im Winter Temperaturen unter null. Es kommt vor, dass der See bis in den Juni hinein zugefroren bleibt. Im Sommer ist der See mit seinem Insellabyrinth, zahlreichen Naturhütten und der Mitternachtssonne ein Paradies für Bootsfahrer. Für die Sámi ist der Inari-See ein mystischer Ort. Besonders der Ukonkivi-Felsen auf der Insel Ukonsaari gilt als heilig. Etwa 30 Meter ragt er aus dem Wasser. Steinhaufen weisen auf die Opferstellen in der samischen Kultur hin. Als Gott des Donners und des Wetters wurden Ukko hier Opfer gebracht, um ihn zu besänftigen. Die Rituale gehören zur Vergangenheit, doch Touristen sollten die Besonderheit des Ortes respektieren und sich ebenfalls mit guten Wünschen auf den Weg hierhin machen.

● Naturreservat Kevo

Die Attraktion des Naturschutzgebiets ist sein Canyon. Vierzig Kilometer lang ist der Taleinschnitt und bis zu achtzig Meter tief, was für das flache Finnland etwas Besonderes ist. Menschen dürfen das Gebiet erst ab Juni betreten, und dann auch nur auf streng vorgegebenen Wegen. Vorher bekommen die Tiere den Vorrang, und Vögel können ungestört brüten. Polarfuchs, Steinadler, Bussard oder die kleinen Lemminge haben Kevo ebenfalls als ihr Zuhause erkoren. Wer den über 60 Kilometer langen Kevo-Trail entlangwandern möchte, sollte nicht nur gutes Schuhwerk, sondern vor allem Trittsicherheit und Kondition haben. Zwar sind Holzstufen zum Schutz vor Erosion installiert worden und über dem Fluss Drahtseile mit Handgriffen. Dennoch gilt es, steile Pfade zu bewältigen und durch das Flussbett zu waten. Übernachten ist zum Schutz

der Natur ebenfalls nur auf markierten Plätzen erlaubt. Dafür stehen dort Hütten, Feuerstellen und mehr zur Verfügung.

● Inari

Inari gilt als Zentrum der Sámi-Kultur. Siida heißt das Museum, das sie Besuchern vorstellt, angeschlossen daran ist das Nordlappland-Kulturzentrum. In dem modernen Gebäude gibt es Kunstausstellungen, doch vor allem lernt man viel über die 9000 Jahre alte Geschichte der Region und über die wichtige Aufzucht von Rentieren. Typische Wohn- oder Bootshäuser unterschiedlicher Sámi-Gruppen auf dem Gelände runden das Bild ab. Im architektonisch harmonischen Kongresszentrum Sajos hat das samische Parlament seinen Sitz. Geradezu als Denkmal lässt sich die alte Holzkirche von Pielpajärvi aus dem Jahr 1760 bezeichnen. Sie wurde unter anderem dank ihrer abgeschiedenen Lage im Krieg nicht zerstört. Über Jahrhunderte bot sie Menschen in Inari im Winter Unterschlupf. Gottesdienste finden heute nur noch an Feiertagen statt, aber für Besucher steht die Tür immer offen.

● Ivalo

In Ivalo, dem größten Ort Nordlapplands, leben die meisten Einwohner der Gemeinde Inari. Hier liegt auch der nördlichste Flughafen Finnlands. Die Infrastruktur des Ortes ist gut,

Finnland – Polarlichter Inarijärvi

Links von oben: Das Inari-Saariselkä Resort Village wirkt wie ein einladendes Dorf zu Hause bei Santa Claus.

Die Wildniskirche von Pielpajärvi heißt alle Besucher willkommen.

Unten: Der wasserreiche Ivalo-Fluss lockt zu Kanu-Touren und das weite Marschland im Urho-Kekkonen-Nationalpark zu Wanderungen.

das Unterhaltungsangebot im Sommer wie im Winter vielfältig. Dennoch herrscht hier viel Ruhe, und die arktische Natur ist weitgehend unberührt. Ivalo ist ein guter Ausgangspunkt für das Wintersportgebiet um Saariselkä. Ob Ski-Langlauf oder eine Husky- oder Rentier-Safari – alles ist möglich und verspricht große Abenteuer. Unter der fachkundigen Anleitung erfahrener Touren-Leiter kann man sich im Eisangeln ausprobieren. Auf Schneeschuhen geht es auf zugefrorene Seen. Die Guides bohren Löcher ins Eis, und durch das einfallende Licht werden Fische angelockt. Nun kommt es auf die Geschicklichkeit jedes Einzelnen an, die nächste Mahlzeit aus dem Wasser zu holen!

● **Urho-Kekkonen-Nationalpark**

Der Ort Saariselkä wirkt auf neue Besucher oft wie ein Dorf, an dem alle zusammenkommen und eine aufregende Zeit verbringen. Die Infrastruktur bietet hier verschiedene Unterkünfte, davon gemütliche Cottages und niveauvolle Hütten, Restaurants, Shops, sogar Nachtleben wird hier jenseits von Polarlichtern in stimmungsvollen Bars gefeiert. Idealer Ausgangspunkt also, um am Tag darauf das Umland zu erkunden. Südöstlich von Saariselkä liegt nämlich der 1983 eröffnete zweitgrößte Nationalpark Finnlands. Direkt an der Grenze zu Russland hat er eine Fläche von rund 2500 Quadratkilometer. Benannt wurde er nach dem langjährigen finnischen Präsidenten, der übrigens selbst ein passionierter Wanderer war. Und so gibt es im Urho-Kekkonen-Nationalpark wunderschöne Wege durch Kiefernwälder, Moore und Rentiermoosfelder, entlang an Flüssen und über Fjells. Die Tierwelt im Park ist vielfältig und lässt sich kaum von den Besuchern ablenken. Natürlich begegnet man Rentieren, doch auch Braunbären, Vielfraße, Wölfe und Greifvögel sind im Naturschutzgebiet zu Hause. Inmitten des Geländes erhebt sich der Berg Korvatunturi, was übersetzt Ohrenberg heißt und seine obere Form beschreiben soll. Glaubt man finnischen Kinderbüchern, kommt dort kein Geringerer her als der Weihnachtsmann! Zur Besteigung des Berges ist (daher) eine Erlaubnis nötig.

FINNLAND

NATIONALPARK PALLAS-YLLÄSTUNTURI

Finnlands beliebtester Nationalpark liegt ganz im Norden des Landes jenseits des Polarkreises. Und obwohl es dort im Winter Temperaturen von -30 Grad haben kann, ist der Park bei den Finnen gerade in der kalten Jahreszeit beliebt. Denn wenn die Sonne nach dem 21. Dezember im Norden überhaupt nicht aufgeht, ist es tagsüber keineswegs stockdunkel, sondern die Welt wird in ein geradezu mystisches blaues Licht getaucht. Trifft dieses dann noch auf eine glitzernde Schneedecke ist die finnische Winterwunderwelt perfekt.

Links: Der Zauber des Nachthimmels über dem Nationalpark Pallas-Yllästunturi entfaltet sich nochmal mehr, wenn die Landschaft frisch verschneit ist.

Rechts: Wie ein türkisgrüner Wirbelsturm toben die Polarlichter am finnischen Horizont.

»Kamoos« heißen diese Tage in der Landessprache und ziehen unzählige Finnen in den Norden des Landes und hinaus in die Natur. Was gibt es Schöneres, als in diesem blauen Licht mit den Langlaufskiern unterwegs zu sein? Im Pallas-Yllästunturi, Finnlands drittgrößtem Nationalpark, stehen den Besuchern 500 Kilometer markierte Langlaufloipen zur Verfügung. Daneben gibt es auch 100 Kilometer an Winterwanderwege und sogar wintertaugliche Mountainbikepisten. Auch die Ausstattung mit idyllischen Rastplätzen und Schutzhütten ist gut.

Herzstück des Parkes ist die rund 100 Kilometer lange, aus sieben Fjells bestehende Bergkette Pallastunuri. Die bis zu 800 Meter hohen Bergrücken haben flache und weitgehend baumlose Kuppen, sodass sich dort wunderbar weite Blicke bieten und der Himmel besonders majestätisch wirkt. Natürlich sind sie auch der richtige Ort, um die volle Pracht des winterlichen Sternenhimmels und Polarlichter zu bewundern. Doch beides ist hier so alltäglich, dass es in der Gunst der meisten Einheimischen hinter dem blauen Tageslicht der Polarnächte steht. Außerdem muss man sich nicht unbedingt entscheiden. Die allerbeste Zeit, um Polarlichter und den Sternenhimmel zu sehen, sind ebenfalls die Polarnächte. Insgesamt aber geht die Saison für Astrotourismus wie überall am Polarkreis von Ende August bis Ende April. Ab Ende September kann man zusätzlich tagsüber die kurze, aber umso intensivere Herbstfärbung »Ruska« erleben und wunderbare Wanderungen unternehmen. Gegen Ende des Winters ist in der Regel die Schneedecke am dicksten.

Der Pallas-Yllästunturi Nationalpark ist zudem, das bestätigten Messungen, einer der Orte mit der saubersten Luft weltweit. Das ist nicht nur gesund und fühlt sich gut an. Die extrem klare Luft sorgt auch dafür, dass sich weniger Wolken bilden. Somit stehen hier die Chancen gut, dass der Blick auf den Himmel und seine Spektakel auch frei ist.

Am See Ounasjärvi bei Hetta wird das Heu noch traditionell auf Stangen getrocknet.

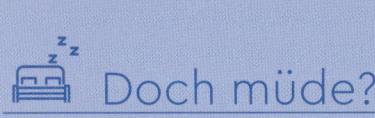 Doch müde?

NORTHERN LIGHTS VILLAGE LEVI//
Im Northern Lights Village gibt es nicht nur gemütliche Hütten mit einem großen Glasfenster über dem Bett, das einen bequemen Blick (nicht nur) auf Polarlichter erlaubt. Es werden auch spannende Schneemobil- und Hundeschlittentouren veranstaltet.
www.levi.northernlightsvillage.com

NACHTS ERLEBEN:

● Polarlichtjagd mit dem Schneemobil

Das wohl liebste Fortbewegungsmittel der Finnen ist das Schneemobil. Dieser kleine Motorschlitten trägt sie durch die schneebedeckte Winterlandschaft an ihr Ziel. Auch Reisende haben die Möglichkeit, auf einem solchen Gefährt die Gegend zu erkunden. Wunderbar geführte Touren gibt es beispielsweise über die Pisten rund um den Pallas-Yllästunturi-Nationalpark. Erfahrende Guides führen die Reisenden durch verschneite Wälder, scheinbar endlose Pisten und zugefrorene Seen, immer auf der Suche nach den magischen Plätzen der Umgebung. So kann man auch besonderes Glück haben und auf seiner Tour die sagenumwobenen Polarlichter sehen. Die Einheimischen wissen am besten, wann und wo man dieses Naturspektakel sehen kann. Die Schneemobiltouren kann man für ein paar Stunden, oder auch für mehrere Tage buchen.

● Saunieren unter Polarlichtern

»Repo« ist ein alter finnischer Begriff für Fuchs. Weil die Finnen die Nordlichter auch Fuchsfeuer nannten, wird dieser Begriff auch gerne für die Nordlichter-Sauna verwendet. In der Arctic Sauna World am Jerisjärvi bietet die Repo-Sauna ein Panoramaerlebnis über zwei Stockwerke mit Blick auf den nördlichen Himmel und den See. In einer Lounge kann man entspannt liegen und den Sternenhimmel und oft auch die Polarlichter bestaunen. Neben der Repo-Sauna gibt es hier eine echte finnische Sauna, zwei Panorama-Saunen und eine Rauchsauna. Abkühlen kann man direkt im See, wofür es einen bequemen Einstieg gibt. Auf Liegen und Bänken kann man zwischendurch ausruhen und die gute Seeluft atmen. Wichtig ist, dass man sich vor seinem Besuch in der Arctic Sauna World anmeldet. Dadurch wird ermöglicht, dass die Saunen nicht zu überlaufen sind.

 AM TAG ENTDECKEN:

● Hetta

Am Ufer des Sees Ounasjärvi steht die Kirche von Hetta, das zur Gemeinde Enontekiö von Finnisch-Lappland gehört. Ein sehenswertes Natur- und Kulturzentrum vermittelt auf unterhaltsame Weise viel über die Kultur der Sámi. Besonders im Winter übt der Ort einen großen Reiz aus. Nicht nur, dass es hier geradezu eine Garantie für Polarlichter gibt! Auf der Hetta Huskies Farm werden die Tiere artgerecht und mit Respekt gehalten. Sind sie irgendwann alt, bereitet man ihnen einen angenehmen Lebensabend. Doch vorher toben sie sich auf den Schlittenfahrten aus, zu denen sie von hier starten. Während der Tagessafaris bekommen Gäste die Gelegenheit, praktische Erfahrungen zur Fürsorge der besonderen Hunde zu sammeln. Auf Minnas Rentier-Farm wird Interessantes über die Aufzucht der heimischen Hirscharten erklärt. An einem Übungsgeweih dürfen Neugierige das Einfangen der imposanten Tiere üben. Besondere Attraktionen sind die Eisburg mit Skulpturen und in das Eis geritzte Bilder.

• Muonio

Die an der schwedisch-finnischen Grenze liegende Gemeinde wird von Besuchern gerne als Standort für Ausflüge in den Pallas-Yllästunturi-Nationalpark genutzt. Wintergäste finden hier ein großes Sportangebot im Schnee. Große Autohersteller haben die zugefrorenen Wasserflächen als Teststrecken für ihre Fahrzeuge entdeckt. Im Sommer kommen Wassersportler auf den zahlreichen Gewässern voll auf ihre Kosten. Mindestens ein Spaziergang sollte zum See Pakasaivo führen. Er gilt als sagenumwoben, und tatsächlich scheint die Luft um das Gewässer besonders klar zu sein. In Muonio steht eine hübsche Holzkirche, und das Heimatmuseum mit landwirtschaftlichen Gebäuden aus dem 19. Jahrhundert macht die Vergangenheit der Region sichtbar. Außerdem sehenswert sind die Fischerhütten von Keimiöniemi, die schon im Mittelalter hier gestanden haben sollen, sowie das pittoreske Winterdorf Torassieppi mit einer beliebten Rentierfarm.

• Köngäs

Im Dörfchen Köngäs am Fluss Ounasjoki leben die Elfen! Sie flitzen von einer versteckten Hütte zur nächsten, besuchen die Schule für kleine Wesen mit Flügeln oder gehen mit besonders schwierigen Fragen zur weisen Elfe. Besucher, vor allem natürlich Kinder, sind willkommen, und schreiten durch einen Schneetunnel in das Reich oder gestalten im Pfefferkuchenhaus ihre eigenen duftenden Küchlein. Eine Elfe im leuchtend gelben Kleid nimmt sie mit und erzählt Geschichten über das Leben der Fabelwesen und zeigt ihnen die Natur. Märchenvorführungen und Vorträge bringen den Gästen die lappischen Traditionen und ihre Mythologie näher. Im Tonttula-Restaurant ist jeden Tag Weihnachten. Elfen und Zwerge servieren im geschmückten und mit Kerzen erleuchteten Holzhaus landestypische Speisen. Im Café macht man es sich gemütlich und probiert den heißen Beerensaft aus Früchten der Region. Es ist ein himmlisches Erlebnis für alle Sinne.

• Levi

Um den 530 Meter hohen Berg Levi herum erstreckt sich Finnlands größtes Skigebiet. Von November bis Ende April gilt die Region als schneesicher. 27 Liftanlagen stehen den Sportlern zur Verfügung, 43 Pisten für Anfänger und Profis und insgesamt 230 Kilometer Loipen. Beschauliche Schneeschuhwanderwege und Routen für Schneemobile runden das Angebot ab. Bei aller Infrastruktur soll hier engagiert darauf geachtet werden, die Umwelt weitgehend zu schützen. Seit 2004 ist Levi Austragungsort für die internationalen alpinen Lappland-Rennen. Eine Attraktion ist Snowvillage. Jeden Winter entstehen aus 1,5 Millionen Kilo Schnee und 300 000 Kilo Eis fantasievolle Skulpturen und Gebäude, die leider stets ihrer Vergänglichkeit weichen müssen. Doch auch im Sommer lohnt es, nach Levi zu kommen. Jede Menge kultureller Veranstaltungen und Livemusik werden geboten, und das Golfen in der Mitternachtssonne findet unterdessen auch seinen begeisterten Anhängerkreis.

Nicht nur im Winter zu Schnee- und Eiszeiten ist das Gebiet interessant. Der Pallas-Yllästunturi-Nationalpark ist auch bekannt für seine Artenvielfalt.

FINNLAND

POLARLICHTER ÜBER ROVANIEMI

Die Hauptstadt Lapplands wird meist in einem Atemzug mit dem Heimatort des Weihnachtsmannes genannt, dabei hat Rovaniemi noch viel mehr zu bieten. Nämlich eine interessante Kultur und vor allem die Nähe zu einer einzigartigen Natur.

Manche Naturbegeisterte behaupten, sie können süchtig machen – die sagenhaften wie sagenumwobenen Polarlichter. Auf der Suche welche zu entdecken, erlebt der Reisende verzauberte Nächte, wenn sich aus der stillen, verschneiten Landschaft grell-grüne Himmelsstrahlen emporheben.

Nord- oder Polarlichter, mit wissenschaftlichem Namen Aurora Borealis, sind Himmelserscheinungen rund um die Magnetpole, in Finnland also um den Nordpol. Auch um den Südpol herum sind die beeindruckenden Lichter zu sehen und heißen dort Südlichter oder Aurora Australis. Im Prinzip handelt es sich um Elektrometeore, elektrisch geladene Teilchen des Sonnenwinds, die auf die oberen Schichten der Erdatmosphäre treffen. Dadurch entsteht eine Wechselwirkung, in deren Folge Licht ausgesandt wird. So weit, so unwissenschaftlich verkürzt! Dieses Licht kann man sehen, zumindest wenn es rundherum dunkel und möglichst klar ist. In Finnland kommt das mancherorts an bis zu 200 Tagen bzw. Nächten vor. Erfahrene »Nordlicht-Jäger« übernehmen zwar keine Garantie, aber sie wissen, wo die Wahrscheinlichkeit, die grünen, manchmal auch gelblich oder rötlich schimmernden Schleier über den Himmel tanzen zu sehen, am größten ist. Dort nämlich, wo am wenigsten elektrisches Licht aus den Ortschaften den Himmel erhellt. Die Gegend um Rovaniemi direkt am Polarkreis ist zum Beispiel ideal, und dort ganz besonders in den höheren Lagen. Das Mikroklima im Gebirge sorgt für klarere Luft, sodass wenig Nebel oder Wolken den Blick stören können. Die beste Zeit ist der späte Abend.

NACHTS ERLEBEN:

● **Nachtwanderung mit Schneeschuhen**

Es gibt viele Wege, um den Anblick der Polarlichter zu erleben. Einer davon führt auf Schneeschuhen durch weiße Wälder und über gefrorene Seen. Für naturliebende Reisende ist dies eine der schönsten Weisen, die Natur Finnlands zu erleben, Sternbilder zu entdecken und mit ein wenig Glück auch die Nordlichter zu sehen. Professionelle Guides führen die Wanderungen durch das Ausflugsgebiet Vikaköngäs nördlich von Rovaniemi, wo man am besten Richtung Norden schauen kann, um bei guten Wetterbedingungen die Polarlichter tanzen zu sehen. Die Schwierigkeit der Route wird ganz bequem an die Kondition und die Bedürfnisse der Gruppe angepasst, sodass jeder Teilnehmer eine angenehme Tour erlebt. Auch für eine kleine Stärkung am Lagerfeuer wird gesorgt. Am Feuer erfährt man dann Wertvolles zur finnischen Natur und ihren Bewohnern.

AM TAG ENTDECKEN:

● **Rovaniemi**

Wenn man einen malerischen Ort mit Holzhäusern erwartet, ist die Enttäuschung beim Besuch der Hauptstadt Lapplands vorprogrammiert. Nach den Zerstörungen im Zweiten Weltkrieg ist Rovaniemi heute eine moderne Stadt. Die Pläne dafür hat der finnische Star-Architekt Alvar Aalto gemacht und wollte Rovaniemi den Umriss eines Rentier-

Doch müde?

ARCTIC TREEHOUSE HOTEL// Einmal die Polarlichter selbst erleben – das ist für viele Menschen ein großer Traum. Das Arctic Treehouse Hotel in Rovaniemi bietet für die Beobachtung des Naturschauspiels umweltfreundliche, nestartige Baumhäuser mit riesigen Panoramascheiben mitten in die Natur.
https://arctictreehousehotel.com

ARCTIC SNOW HOTEL & GLASS IGLOOS// Eingekuschelt in warme Decken und über sich die atemberaubenden Farben einer Polarnacht. Dieses Vergnügen kann man sich im Arctic Snow Hotel Sinettä in Rovaniemi gönnen. Die Glas-Iglus sind aus einer stabilen Stahl- und Holzunterkonstruktion gebaut, über die sich eine Plexiglaskuppel erhebt, die einen ungehinderten Panoramablick auf den Himmel zulässt. Natürlich ist es im Innenraum gemütlich warm, und die Sternenschau kann nach Sonnenuntergang beginnen. Die meisten Gäste kommen zwischen Ende August und Anfang April, um die Polarlichter zu sehen. Bei klarem Himmel ohne Luftverschmutzung und mit etwas Glück hat man zu dieser Zeit auch die größten Chancen, das einzigartige Schauspiel am Himmel zu beobachten.
https://arcticsnowhotel.fi

Oben von links: Nach einer erlebnisreichen Wanderung durch die zauberhafte Natur in Vikaköngäs wird gemütlich gegrillt.

Wer bei Eisiglus ans Frieren denkt, liegt falsch beziehungsweise warm gebettet – im Arctic Snow Hotel.

Finnland – Polarlichter Rovaniemi

Geweihs geben. Davon ist allerdings nicht viel zu erkennen. Mehr als ein Viertel aller Einwohner Lapplands lebt in der Gegend, die meisten im Ort selbst.

Empfehlenswert ist der Besuch des Arktikum in Rovaniemi. Das Gebäude mit dem riesigen Glasgewölbe beherbergt eine Ausstellung über die arktischen Völker und die gesamte Region nördlich des Polarkreises. Interessante Filme und das Provinzmuseum Lapplands vertiefen das Wissen über diese ganz eigene Welt.

● Joulupukin

Am berühmtesten ist Rovaniemi für das etwas abseits des Ortes gelegene Joulupukin, das Weihnachtsmanndorf. Eigentlich wohnte der Weihnachtsmann auf dem Korvatunturi, dem Ohrenberg. Doch dann zog er ans Tor zur Arktis, wo er viele Gäste empfängt. Ihre Weihnachtsgeschenke können sie dort das ganze Jahr über kaufen und gleich ein Foto mit dem Weißbärtigen machen. In der Nähe wurde der Santa Park eröffnet. Das ist ein Weihnachts-Themenfreizeitpark, wo natürlich auch ein Santa Claus anzutreffen ist. Allerdings wohnt er dort in einer Höhle.

● Kemijärvi

Kemijärvi am gleichnamigen See ist Verkehrsknotenpunkt und wichtige Handelsstadt. An den verzweigten Flussarmen des Kemijoki siedelten schon früh Menschen. Im 19. Jahrhundert gewann der Holzhandel an Wichtigkeit. Neben der Kirche neueren Datums steht noch der alte, hölzerne Glockenturm aus dem 18. Jahrhundert. Unweit des Bahnhofs befindet sich das Heimatmuseum. Dort sind traditionelle Textilien, Alltagsgegenstände und ein Gehöft aus dem 18. Jahrhundert zu sehen. Ein schöner Ausflug führt zum Wasserfall Auttiköngäs. 16 Meter tief fällt das Wasser zwischen Felsen hindurch, nahe einem traditionellen Holzflößerplatz. Gut erhalten ist die Wasserriese, eine Holzrinne, in der die geschlagenen Bäume ins Tal befördert wurden. Straßen, Bahnlinien und die Nähe zu zwei Flughäfen haben zur Eröffnung mehrerer Hotels und guter Infrastruktur geführt.

Von links: Ein originelles wie gemütliches Iglu-Restaurant lockt Hungrige und Neugierige in Rovaniemi an.

Das Arctic TreeHouse Hotel wurde sanft und nachhaltig in die Natur integriert, der Aufenthalt verspricht romantische Nächte.

DÄNEMARK

FELSKLIPPE BULBJERG

Traditionell ist der Bulbjerg an der dänischen Westküste als Vogelfelsen bekannt. Auf dem 47 Meter hohen Kalkfelsen, der als »Jütlands Schulter« ins Meer hineinragt, nisten und brüten im Frühling und Frühsommer Hunderte von Dreizehen- und Raubmöwen, Basstölpel und Papageitaucher und sogar Eissturmvögel wurden schon gesichtet. Doch inzwischen sind auch die nächtlichen Qualitäten des eindrucksvollen Felsens in den Blick gerückt. Seit 2023 ist ein 12,5 Quadratkilometer großes Gebiet um den Bulbjerg als Dänemarks zweiter Dark Sky Park zertifiziert.

Der Bulbjerg ist auch geologisch interessant. Vor 2000 Jahren war er noch eine Insel, die sich in den Schmelzwassern der letzten Eiszeit gebildet hatte. Doch da sich das vom Eispanzer befreite Skandinavien seitdem beständig – und bis heute – hebt und zudem viel Material angespült wurde, hat er sich mittlerweile mit dem Land verbunden. Da er sich aber deutlich von der Küstenlinie abhebt, diente er früheren Seefahrern als wichtige Peilmarke. Allerdings konnte auch der Blick auf den Felsen nicht verhindern, dass sich hier im Laufe der Zeit zahlreiche Schiffskatastrophen ereigneten, die dem Küstenabschnitt nordöstlich des Bulbjergs seinen Beinamen »Jammerbucht« (Jammerbugt) einbrachten.

Heute ist die Jammerbucht vor allem ein Urlaubsgebiet mit langen Badestränden und kleinen Ferienhäusern. Südwestlich des Vogelfelsens wird es noch einsamer. Hier beginnt der Thy Nationalpark, der auch als »Dänemarks größte Wildnis« bezeichnet wird. Nicht verpassen sollte man ein Besuch im aussichtsreichen Leuchtturm Lodbjerg Nach Nordwesten geht der Blick auf das Skagerrak, nach Südosten über den Limfjord. Diese wenig lichtreiche Nachbarschaft macht den Bulbjerg nicht nur tagsüber zu einem beliebten Ausguck. Auch der Blick in den Sternenhimmel ist von hier oben unglaublich schön. Damit das so bleibt, haben die Anlieger Maßnahmen gegen Lichtverschmutzung unternommen, etwa in den nächsten Orten abgeblendete Straßenbeleuchtung installiert.

Im Gegensatz zu manch anderem Sternenpark ist der Bulbjerg sehr einfach zugänglich. Es gibt einen Besucherparkplatz, von dem es nur wenige Hundert Meter Fußweg auf den Vogelfelsen sind. In einem alten Bunker aus dem Zweiten Weltkrieg ist ein kleines, kostenloses Besucherzentrum eingerichtet, in dem über alle interessanten Aspekte des Vogelfelsen informiert wird. Alternativ kann man auch das kleine Fischerdorf Lildstrand anlaufen und sich einen schönen Platz am Strand oder in den Dünen suchen.

Links: Im Nationalpark Thy lockt ein vielfältiges Netz aus Wanderwegen durch die fantastische Natur. Sie führen durch aussichtsreiche Dünenlandschaften, die bei Sonnenuntergang unvergessliche Momente bescheren.

Rechts: Der imposante Bulbjerg bestimmt das Küstenbild im Norden von Jütland.

Dänemark – Bulbjerg

🌙 NACHTS ERLEBEN:

● **Sonnenuntergang am Strand**

Sonnenuntergänge haben seit jeher eine große Anziehungskraft auf die Menschheit, teilweise werden sie sogar kultisch verehrt. Obwohl sich das Naturschauspiel jeden Abend aufs Neue wiederholt, scheint kaum einer dem anderen zu gleichen. Wenn ein Tag zu Ende geht und der leuchtende Feuerball tiefer und tiefer sinkt, entsteht oft eine Atmosphäre der Besonnenheit. Ganz besonders intensiv wird dieser Moment, wenn man dabei an einem großen Wasser steht und der Blick weit über die glitzernde Oberfläche bis zum Horizont wandern kann.

Westlich von Bulbjerg gibt es viele Möglichkeiten, einen solchen Sonnenuntergang von Anfang bis Ende auszukosten. Meterlange Strände und atemberaubende Farbspiele entstehen jeden Abend über dem Horizont der Nordsee bis die Sonne dahinter in den schönsten Goldtönen verschwunden ist. Bei einem Picknick am Strand oder einem ausgedehnten Spaziergang entlang der Küste, kann man dieses Naturschauspiel wunderbar in sich aufnehmen und dabei zur Ruhe kommen. Und sobald die Sonne untergegangen ist, heißt es, sich zurücklehnen und den Sternenhimmel aufziehen sehen.

☀ AM TAG ENTDECKEN:

● **Thy**

Der westliche Teil von Vendsyssel-Thy gilt als eine der ursprünglichsten Gegenden von Dänemark. Obwohl hier mit Klitmøller und Norre Vorupør zwei der beliebtesten Surfreviere der Nordsee liegen, ist sie touristisch weniger erschlossen als andere Teile des Landes. Weite Gebiete wirken immer noch fast unberührt und menschenleer. Seit 2008 ist die gesamte Nordseeküste von der Landzunge Agger Tange am Ausgang des Limfjords bis nach

Von oben: Im Norden von Jütland lockt das beliebte Ferienziel Skagen – das Ankerhus bietet tolle Unterkünfte.

Wer den Sonnenuntergang gerne sinnlich zelebriert, ist in Bulbjerg am richtigen Platz.

Dänemark – Bulbjerg

Von oben: In Lild Strand im Norden von Thy wird noch traditionell Küstenfischerei betrieben und die Boote werden an den Strand gezogen.

Skagen verspricht Strandglück und Küstenliebe pur.

Hanstholm im Norden als Nationalpark ausgewiesen. Als zusammenhängende Landmasse entstand Thy erst nach der letzten Eiszeit, als der Meeresboden sich hob und die bis dahin der Küste vorgelagerten Inseln mit dem Festland verbunden wurden. Die hellen Strände sind breit und ziehen sich endlos die Küste entlang. Grabhügel wie der Lundehøj in der Nähe von Hurup sowie der Hov Dås und der Thorshøj bei Thisted belegen, dass die Region schon im 4. Jahrtausend v. Chr. besiedelt war. Die romanische Kirche von Vestervig ist ein Zeuge der frühen Christianisierung. Sie wurde im 11. Jahrhundert errichtet und gilt als die größte Dorfkirche Skandinaviens. Wie vielerorts an der dänischen Nordseeküste finden sich auf Thy Reste des Atlantikwalls. Das Fischerdorf Klitmøller hat sich als »Cold Hawaii« einen Namen gemacht. Der raue Nordseewind und die hohe Brandung locken die besten Wellenreiter und Windsurfer der Welt an. Norre Vorupør, der größte Ferienort der Region, ist auch bei Familien mit Kindern beliebt. Thisted, die heute rund 13 000 Einwohner zählende Hauptstadt der gleichnamigen Kommune und der größte Ort von Thy, liegt an der dem ruhigen Limfjord zugewandten Seite der Halbinsel. Hier lohnen besonders das Thisted Museum und seine Sammlung bronzezeitlicher Funde, darunter die Goldboote von Thorshøj, einen Besuch.

● **Thy-Nationalpark**

Im Nordwesten Dänemarks liegt der im Jahr 2007 gegründete, ca. 244 Quadratkilometer große Nationalpark Thy. Er erstreckt sich über etwa 200 Kilometer mit einer Breite von zwölf Kilometern entlang der Nordseeküste der großen Nordjütischen Insel, die seit der verheerenden Februarflut des Jahres 1825 durch den Limfjord vom Festland getrennt ist. Dieser Küstenabschnitt ist von einer einzigartigen Dünenlandschaft geprägt. Aufgrund starker Winde sind die Dünenkämme vegetationsfrei und immer in Bewegung. In geschützteren

Oben: Die Klapp- und Bogenbrücke Oddesundbroen über den Limfjord kann per Auto, Bahn, Fahrrad oder zu Fuß überquert werden. Im Jahr 1938 wurde sie eröffnet.

Lagen entwickeln sich artenreiche Heiden sowie lichte Waldbestände. Dadurch werden die starken Sandverwehungen, die ganz besonders den westlichen Teil des Nationalparks geprägt hatten, etwas gemindert. In Hanstholm befindet sich ein Wildreservat mit einigen Seen, in dem über 25 verschiedene Vogelarten brüten. Im südlichen Teil des Parks befinden sich Rast- und Ruheplätze für die Vogelwelt Nordeuropas; Strandwiesen sind bevorzugte Nahrungsgebiete großer Vogelkolonien. Im Frühling kann man hier den berühmten Paarungstanz der Kraniche erleben. Der Park ist ein internationales Vogelschutzgebiet.

● **Limfjord**

Die Meerenge Limfjord beeindruckt durch ihre Weite. Im Norden Jütlands verläuft sie von West nach Ost durch Dänemark. An einigen Stellen schmal wie ein Fluss, erreicht der Fjord an anderen eine Breite von bis zu 25 Kilometern. Geologisch lassen sich Spuren entdecken, die unvorstellbare 55 Millionen Jahre in der Erdgeschichte zurückreichen, zum Beispiel das helle Mineral, aus dem die Steilküste der Insel Fur besteht. Dort wurden Fossilien von einer Meeresschildkröte gefunden, die jetzt im Museum der Insel zu bestaunen sind. Selbst kulinarisch bietet der Limfjord Superlative: Vor der Insel Vendsyssel-Thy befinden sich die nördlichsten Austernbänke Europas. Niedrige Temperaturen lassen die Meeresfrüchte langsam, aber unter idealen Bedingungen wachsen, wodurch sie intensives Aroma bekommen.

● **Morsø**

Die mit einer Fläche von gut 360 Quadratkilometern siebtgrößte Insel Dänemarks liegt im westlichen Teil des Limfjords und ist im Osten sowie in ihrem Nordwesten nur durch schmale Meeresengen vom Rest Jütlands getrennt. Auf Morsø (Mors) findet sich die ganze Vielfalt jütländischer Naturlandschaften auf kleinstem Raum. Die buchtenreiche Küste wird besonders im Süden von hellen Sandstränden gesäumt. Im Inselinnern wechseln sich lichte Wälder mit saftig grünen Wiesen und Feldern ab. Das flache Land geht erst im Norden in eine Hügellandschaft über. Hier ziehen sich Steilklippen aus Moler, einem nur am Limfjord vorkommenden, 55 Millionen Jahre alten Sedimentgestein, das reich an fossilen Stoffen ist und seit Beginn des 20. Jahrhunderts auch industriell genutzt wird, die Küste entlang. Bis heute werden in dem Gebiet immer wieder Millionen Jahre alte Fossilien von Kleintieren gefunden. Das Fossil- og Molermuseet wartet mit einer stolzen Sammlung auf und informiert ausführlich über die Molererde und ihre Entstehung.

Die einzige größere Ortschaft, das heute 9000 Einwohner zählende Nykøbing, liegt malerisch am Klosterfjord, einer kleinen Ausbuchtung des Limfjords an der Ostküste von Morsø. Der historische Ortskern ist reich an Bauten aus der zweiten Hälfte des 19. Jahrhunderts, als Nykøbing ein bedeutender Industriestandort wurde und einen Wirtschaftsboom erlebte. Die historischen Bauten aus der ersten Blütezeit Nykøbings, das im 14./15. Jahrhundert eine reiche Handelsstadt war, wurden durch verheerende Brände und Kriege zerstört. Einzig das im letzten Drittel des 13. Jahrhunderts gegründete Dueholm-Kloster, das seit 1909 das Morslands Historiske Museum beherbergt, überstand die Katastrophen.

● Aalborg

Die Seehafen- und Universitätsstadt am Limfjord ist die Hauptstadt von Nordjütland. Ein durch schiffsförmige Steinsetzungen gekennzeichnetes Gräberfeld auf der Lindholm Høje – eines der größten Gräberfelder in Dänemark – belegt, dass die Wikinger bereits ab dem 6. Jahrhundert im Bereich der heute viertgrößten Stadt des Königreichs siedelten. Im Mittelalter war Aalborg, das 1342 die Stadtrechte erhielt, ein wichtiges Wirtschaftszentrum, das durch den Heringfang und den Handel mit dem begehrten Speisefisch zu Reichtum gelangte.

Dem Niedergang während des Dreißigjährigen Krieges folgte bereits im 18. Jahrhundert eine neue wirtschaftliche Blüte. Im Zuge der in Dänemark um 1850 einsetzenden industriellen Revolution entwickelte sich Aalborgs Hafen zu einem der größten des Landes. Als Standort eines deutschen Luftwaffenstützpunkts war die Stadt im Zweiten Weltkrieg Bombenangriffen ausgesetzt. Die beschädigten Häuser wurden sorgfältig restauriert. Heute präsentiert sich Aalborg als urbane Metropole, in der viele ansehnliche Bürgerhäuser des 17. und 18. Jahrhunderts wie Jens Bangs Stenhus von der stolzen Vergangenheit künden. Die Domkirche stammt ebenso wie Ålborghus Slot, ein stattlicher Fachwerkbau, aus dem 15. Jahrhundert. Die Jomfru Ane Gade im Zentrum der Altstadt ist als »Dänemarks längste Theke« bekannt. Hier finden sich Diskotheken und Szenekneipen. In Aalborgs Fußgängerzone locken Kunsthandwerksläden. Das örtliche Museum für moderne Kunst – das KUNSTEN – residiert seit 1972 in einem Bau des finnischen Stararchitekten Alvar Aalto; 2008 wurde ein von Jørn Utzon entworfenes Kulturzentrum eingeweiht.

Ein kopfsteingepflastertes Gässchen in der Altstadt von Aalborg.

Manche Gräber in Lindholm Høje sind in der Form eines Wikingerschiffes angelegt.

DÄNEMARK

GEZEITENINSEL MANDØ

Naturschutzgebiet ist die dänische Gezeiteninsel Mandø schon seit 2017. Seit 2024 ist die nur acht Quadratkilometer große Insel auch als Dark Sky Park zertifiziert. Bei der Schutzmaßnahme ging es jedoch nicht in erster Linie darum, eine neue Tourismusattraktion zu bieten. Stattdessen sollte das Ökosystem der Insel und vor allem das Tierleben vor weiterer Lichtverschmutzung geschützt werden. Trotzdem will man in Zukunft verstärkt Angebote für den Astrotourismus in der Nebensaison schaffen.

Links: Am Strand von Mandø langsam die Sonne im Meer versinken sehen, bildet schon die passende Einstimmung für das nächtliche Sternegucken.

Rechts: »Verhalte Dich im Watt, als seist Du Gast bei Mutter Natur...« Das transnationale UNESCO-Weltnaturerbe hat einen Ehrenkodex, zuletzt wurden die dänischen Wattgebiete 2014 zu dem großen Schutzgebiet annektiert.

Unter den Inseln im UNESCO Weltnaturerbe Wattenmeer nimmt Mandø eine Sonderstellung ein. Die zwischen Rømø im Süden und Fanø im Norden gelegene Insel ist nämlich nur bei Niedrigwasser zu erreichen. Wenn zweimal am Tag die Flut kommt, wird der Damm, der Insel und Festland verbindet, überspült. Den etwa 30 Einwohnern ist das recht. Denn eine gezeitenunabhängige Verbindung würde womöglich mehr Touristen auf die Insel bringen, als sie verträgt.

Ein großer Spaß ist die Fahrt mit dem »Mandø-Bus«, einem von einem Trecker gezogen Doppelstockwagen, der Touristen während der Sommersaison auf die Insel bringt. Wer wegen der Sterne im Winter kommt, der muss die sechs Kilometer lange Schotterpiste mit dem eigenen Auto, dem Fahrrad oder auch zu Fuß bewältigen – und dabei genau auf Gezeitenpläne und Wetterverhältnisse achten. Denn gerade während der Herbst- und Winterstürme ist das Zeitfenster, ungefährdet auf die Insel zu kommen oft sehr eng – oder gar nicht vorhanden.

Auch wenn Mandø vor allem ein Ziel für Tagestouristen ist, gibt es einige Ferienhäuser und einen kleinen, allerdings nur von April bis Oktober geöffneten Campingplatz zum Übernachten. Ein kleiner Supermarkt und das Gasthaus Mandø Kro sorgen mit dänischen Spezialitäten für das leibliche Wohl. Auch Zimmer zur Übernachtung stehen zur Verfügung, die Öffnungszeiten sind aber das Jahr über sehr individuell, also vorab unbedingt Kontakt aufnehmen. Ein Museum in einem alten Fischerhaus informiert über das harte Leben auf der Insel in früheren Zeiten. Dazu soll demnächst ein Welcomecenter mit Teleskopen zum Sternegucken kommen.

Eine tolle Zeit, Mandø zu besuchen, ist der Herbst. Die Nächte werden schon wieder länger und dunkler, sodass ein guter Blick auf die Sterne möglich ist. Gleichzeitig aber nutzen Tausende von Zugvögeln die kleine Insel als Zwischenstopp auf ihrer Reise nach Süden. Tagsüber kann dann das Phänomen der »Schwarzen Sonne« beobachtet werden, weil unzählige Stare den Himmel verdunkeln.

🌙 NACHTS ERLEBEN:

• Lernen, den Sternenhimmel zu fotografieren

In einer der dunkelsten Ecken Dänemarks befindet sich der Dark Sky Park von Mandø. Es ist ein Ort, an dem die Dunkelheit so tief ist, dass der Nachthimmel mit seiner Sternenpracht gut zu sehen ist. Hier fotografiert der Landschafts- und Wattenmeerfotograf Lars Roed die unterschiedlichsten Naturschauspiele. Dabei hat er besondere Techniken, die Schönheit der Sterne einzufangen und gibt dieses Wissen gerne in seinen Kursen an fotografiebegeisterte Reisende weiter. Es ist die Gelegenheit, die eigenen fotografischen Fähigkeiten bei Nacht zu entwickeln und eigens erschaffene Erinnerungen mit nach Hause zu bringen.

• Wattwanderung bei Nacht

Über den Grund des Meeres gehen, klingt im ersten Moment verrückt. Aber wenn Ebbe ist und das Wasser zurückweicht, sollte das kein Ding der Unmöglichkeit mehr darstellen. Besonders abenteuerlich wird es, wenn die Wanderung durch das Watt bei Nacht stattfindet. Auf Mandø kann man dieses Abenteuer erleben. Treffpunkt ist das Wattenmeerzentrum, von wo aus ein Traktorbus nach einer kleinen Einführung mit den Gästen nach Mandø fährt. Nach Sonnenuntergang geht es dann los. Etwa acht Kilometer geht die Wanderung über den trockenen Meeresboden zurück zum Wattenmeerzentrum. Durch die Dunkelheit werden die Sinne angeregt, die Umgebung und vor allem die Sterne wahrzunehmen. Unterwegs überrascht jeder Wattenmeerguide mit seinen eigenen Aktivitäten. Zurück am Festland gibt es eine warme Suppe zum Aufwärmen.

☀️ AM TAG ENTDECKEN:

• Ribe

Der rund 70 Kilometer nördlich von Tønder gelegene Ort zählt zu den ältesten Städten Dänemarks und gilt als unbedingtes Muss für jeden, der an der jütländischen Nordseeküste unterwegs ist. Ein Bummel durch die von Fachwerkhäusern gesäumten Kopfsteinpflas-

Ein Grund, die dänische Wattenmeerinsel Mandø im Sommer zu besuchen, ist die Möglichkeit dann mit dem nostalgischen Traktorbus zu fahren.

Von oben: Das hübsche Städtchen Ribe lädt zum Bummeln durch seine pittoresken Straßen ein, man flaniert wie in einem Bilderbuchort.

Im 12. Jahrhundert wurde der prächtige Dom zu Ribe »Vor Frue Kirke« (Unserer Lieben Frau) erbaut.

tergassen der denkmalgeschützten Altstadt lässt einen Teil der dänischen Geschichte lebendig werden. In Ribe, das sich bereits im 8. Jahrhundert zu einem Handelsplatz der Wikinger entwickelt hatte, ließ der Apostel des Nordens, Bischof Ansgar von Bremen, die erste Kirche Skandinaviens bauen, bereits im Jahr 948 fand der Ort als Bischofssitz Erwähnung und im 12. Jahrhundert errichteten die dänischen Herrscher der Waldemarzeit hier königliche Residenzen. Während des ganzen Mittelalters war Ribe eine blühende Handelsstadt und eines der politischen wie religiösen Zentren Dänemarks. Alt-Ribe lässt sich auf einem Spaziergang erkunden.

Die wichtigsten Sehenswürdigkeiten liegen kaum zehn Gehminuten vom Torvet, dem zentralen Marktplatz, entfernt. Hier ragt das Wahrzeichen Ribes, der romanisch-gotische Dom aus dem 12. Jahrhundert, der aber zu

Beginn des 20. Jahrhunderts innen neu gestaltet wurde, empor. Die urigen Fachwerkhäuser in dem Viertel rund um die Fiskergade im Osten des Torvet wurden nach dem großen Brand von 1580 errichtet, die Backsteinbauten südlich des Platzes stammen noch aus dem 15. Jahrhundert. Auf der anderen Seite des Flusses Ribe Å präsentiert das Museet Ribes Vikinger archäologische Fundstücke aus der Wikingerzeit, im zwei Kilometer südlich der Stadt gelegenen VikingeCenter in Lustrupholm wird der Alltag der Wikinger eindrucksvoll in Szene gesetzt.

● Rømø

Die südlichste der dänischen Wattenmeerinseln kann über einen fast zehn Kilometer langen Damm vom Festland aus mit dem Auto erreicht werden. Obwohl sie nur eine Fläche von knapp 130 Quadratkilometern umfasst, präsentiert sie sich als abwechslungsreiche Naturlandschaft. Das bei Ebbe trockenfallende Watt im Osten bildet einen scharfen Kontrast zu der dem offenen Meer zugewandten Westküste, im Inselinnern geht die Marsch in Heide und Kiefernwälder über. Nicht zuletzt dank des bis zu 1000 Meter breiten Sandstrands, der sich die gesamte Westküste entlangzieht, hat sich Rømø zu einem der beliebtesten Urlaubsziele Dänemarks entwickelt. Alljährlich werden mehr als eine Million Übernachtungen gezählt. Die vielen komfortablen Ferienhäuser und eine auch sonst gut ausgebaute touristische Infrastruktur sind besonders für Familien mit Kindern attraktiv. Der in seiner südlichen Hälfte befahrbare Strand ist nicht nur ein Paradies für Sonnenanbeter, sondern auch für Fans trendiger Strandsportarten: Die Südspitze ist für Strandsegler, der darauffolgende Abschnitt für Kitebuggy-Fahrer reserviert. Auch abseits des Strandes finden sich Gelegenheiten für zahlreiche sportliche Aktivitäten wie Radeln, Wandern, Golfen oder Reiten.

● Fanø

Die nördlichste Insel des Wattenmeers entwickelte sich bereits im 19. Jahrhundert zu einem beliebten Urlaubsziel. Fanø-Bad im

Rechts: Wie aus dem Märchenbuch scheint dieser reetgedeckte Hof mit seinem romantischen Garten in Sønderhø.

Links von oben: Der Künstler Svend Wiig Hansen schuf die Skulpturgruppe »Mennesket ved Havet« (Mensch am Meer) in Esbjerg.

Die endlose Weite über dem ausgedehnten Wattgebiet im Nationalpark Vadehavet bietet einen fantastischen Ort zum Entspannen.

Im Frühjahr und Herbst sammeln sich Hunderttausende von Staren im deutsch-dänischen Grenzgebiet an der Nordsee. Mal verdichten sie sich zu einem schwarzen Teppich, mal scheinen sie Kunstwerke in den Himmel zu malen.

Nordwesten war als Feriendomizil des dänischen Königs Christian IX. (1818–1906) und als mondänes Seebad über die Grenzen Dänemarks hinaus bekannt. Heute präsentiert es sich als moderner Kurort, der dank seiner vielen Ferienhäuser besonders bei Familien mit Kindern beliebt ist. Wie Rømø verfügt Fanø über einen breiten, sich die gesamte raue Westküste entlangziehenden Sandstrand und ist deshalb ein Paradies für Strandsegler, Windsurfer und Kiteboarder. Zum jährlich im Juni stattfindenden International Kiteflyers Meeting reisen Menschen aus aller Welt an und lassen hier ihre Drachen steigen. Hinter dem Strand beginnt ein ausgedehntes Dünen- und Waldgebiet, das von ausgewiesenen Wanderwegen durchzogen wird. Auch passionierte Reiter und sportliche Biker kommen hier auf ihre Kosten. An der Ostküste bieten verschiedene sachkundige Veranstalter bei Ebbe Wattwanderungen an. Fanø gilt als historisch gewachsene Perle des dänischen Wattenmeers. Die meisten der rund 3200 Inselbewohner leben in zwei traditionsreichen, kleinen Ortschaften an der Ostküste. Für Urlauber ist an der Südküste Sønderho beliebt.

● Nationalpark Vadehavet

Der dänische Nationalpark Vadehavet erstreckt sich von der deutschen Grenze bis zum Kap Blavand und der Ho-Bucht am Ende der dänischen Wattenküste. Auf einer Strecke von etwa 100 Kilometern umfasst er den gesamten Bereich des dänischen Wattenmeeres und die drei Düneninseln Fanø, Rømø und Mandø mit ihren bekannten breiten Stränden. Der Nationalpark präsentiert von Wattgebieten über Sandbänke bis hin zu Marschland und Strandwiesen alles, was dieser maritime Lebensraum an Faszination zu bieten hat. Mit der Erweiterung im Jahr 2014 zum UNESCO-Weltnaturerbe ist ein riesiges europäisches Schutzgebiet entstanden, das auch den deutschen und niederländischen Teil des Wattenmeers einschließt. Die ökologische Bedeutung des Wattenmeers, dieses weltweit größten Naturraums seiner Art, zu würdigen war und ist dabei ein zentrales Anliegen.

● Esbjerg

Die im Norden der dänischen Wattenmeerküste gelegene Stadt verdankt ihre Entstehung der Niederlage Dänemarks im Deutsch-Dänischen Krieg von 1864. Ihre Gründung im Jahr 1868 sollte den Verlust der Häfen nach der Annexion Südjütlands durch Österreich-Preußen wettmachen und Dänemark einen Zugang zur Nordsee sichern. Heute ist Esbjerg der wichtigste Hafen des Landes und das Zentrum der dänischen Ölförderindustrie, die von hier aus ihre Plattformen in der Nordsee versorgt. Die Stadt präsentiert sich als moderne Kulturmetropole mit interessanten Museen und mit Kunst im öffentlichen Raum wie etwa der Skulpturengruppe »Mennesket ved Havet«. Das Musikhuset Esbjerg, in dem auch das sehenswerte Kunstmuseum der Stadt untergebracht ist, wurde von keinem Geringeren als Jørn Utzon, dem Erbauer des Opernhauses von Sydney, errichtet.

WAS SIND LICHTSCHUTZGEBIETE UND WOFÜR BRAUCHEN WIR SIE?

Alle künstlichen Lichtquellen auf der Erde machen nicht nur die Straßen, Städte und Häuser hell, sondern hellen auch den Himmel auf. Je heller er ist, desto weniger Sterne sind zu sehen, weil sich nur die strahlendsten mit ihrem Schein abheben können. Astronomische Observatorien werden deshalb gezielt in einsamen Regionen angelegt, die besonders dunkel sind, etwa in der Atacama-Wüste in Chile. Parallel fanden seit jeher Bemühungen statt, Schutzmaßnahmen zu vereinbaren, die diese Dunkelheit auch auf Dauer garantieren. Ein erstes ausdrückliches Lichtschutzgebiet wurde 1999 in Kanada eingerichtet. 2007 beschloss die UNESCO mit der Declaration in Defence for the Night Sky and the Right to Starlight, die Einrichtung von Starlight Reserves entsprechend den Biosphärenreservaten.
Doch Lichtschutzgebiete dienen nicht nur der astronomischen Forschung. Auch viele Tiere, insbesondere Insekten, werden durch nächtliche Lichtquellen in ihrem Verhalten negativ beeinflusst. Dark Sky Areas schützen sie und sind eine Chance, ihr natürliches Verhalten in ursprünglicher Dunkelheit zu erforschen.
Und nicht zuletzt soll es auch dem menschlichen Wohlbefinden dienen, echte Dunkelheit und einen »richtigen« Sternenhimmel erleben zu können.

DÄNEMARK

OBSERVATORIUM BRORFELDE

An Dänemarks größtem Observatorium im Herzen der Insel Seeland forschen einst die Astrophysiker der Universität Kopenhagen. Entsprechend wurde rings herum eine Lichtschutzzone eingerichtet, um nachts ungestörte Beobachtungen zu erlauben. Seit die Wissenschaftler ausgezogen sind, bietet das Observatorium seinen Besuchern tagsüber spannende naturkundliche Informationen und nachts einen wunderbaren Blick auf den geschützten Sternenhimmel.

Grünes Hügelland, Wiesen, auf denen Kühe grasen, und ein bisschen Wald: Mehr gibt es rund um Brorfelde nicht. Die nächsten Orte sind einige Kilometer entfernt – und das ist gut so. Denn so können keine Lichtquellen den Blick in den nächtlichen Himmel stören. Der Lichtschutz ist – einmalig in Dänemark – sogar gesetzlich festgelegt. 1953 wurde hier ein Observatorium für die Universität Kopenhagen errichtet.

Mit drei Teleskopen, darunter einem 77-Zentimeter-Schmidt-Spiegelteleskop mit Kamera, dem größten Dänemarks, wurden hier im Laufe der Jahre mehr als 100 Asteroiden entdeckt. 1996 machte die Digitalisierung der Technik dem wissenschaftlichen Betrieb in Brorfelde ein Ende. Seit 2016 wird das Observatorium von der Gemeinde als naturwissenschaftliches Erlebniszentrum betrieben. Für Schulklassen, Familien und Einzelbesucher gibt es ein reichhaltiges Angebot zu den Themen Biologie, Geologie und Technik. Schwerpunkt ist aber natürlich noch die Astronomie. Das berühmte Schmidt-Teleskop kommt am Wochenende und in den Ferien um 12 und 14.30 und im Rahmen spezieller Workshops zum Einsatz. Erfinder war der astronomisch ausgerichtete Optiker und Este Bernhard Schmidt, er kombinierte dafür Spiegel mit Linsen. Ein tolles Erlebnis ist auch der Planetenwanderweg rund um das Observatorium.

All dies spielt sich tagsüber ab. In regelmäßigen Abständen finden aber auch abendliche Events statt, etwa wenn im August der spektakuläre Perseidenschauer zu erwarten ist. Ebenso können private Abendveranstaltungen für Gruppen gebucht werden. Wer einfach nur auf eigene Faust den dunklen Sternenhimmel beobachten will, kann dies natürlich auch tun. Am besten mietet er sich dazu eines der vier Stjernekigger-Shelters. Diese vom Architekten Kristoffer Tejlgaard entworfenen runden Hütten mit Glasdach sind Beobachtungsplatz und Schlafstatt in einem und der besondere Clou in Brorfelde. Wenn es draußen zu kühl oder ungemütlich wird, kann man drinnen quasi »vom Bett aus« weiter in den wunderbaren Sternenhimmel schauen.

Links: Über dem Observatorium von Brorfelde entfacht sich nachts ein fantastischer Sternenhimmel, die Milchstraße zieht mit ihrem weißen Band faszinierende Schleier ans Firmament.

Rechts: Das Gebiet liegt nahe des Lammefjord, die Natur hat hier das Sagen, fernab der Zivilisation.

Dänemak – Brorfelde

Links von oben: Die Kirche St. Bendt von Ringsted wurde im romanisch-gotischen Baustil errichtet.

Die altehrwürdige Klosterkirche von Sorø geht auf das Jahr 1161 zurück. Sie beherbergt unter anderem zahlreiche Grablegen von Mitgliedern des dänischen Königshauses.

🌙 NACHTS ERLEBEN:

• Observatoriet

Das dänische Observatoriet bei Brorfelde bietet verschiedene Aktivitäten rund um die Naturwissenschaften an und ist ein toller Erlebnisort für Groß und Klein. Auch hier kann man wunderbar nach Einbruch der Dunkelheit die Sterne betrachten. Angeboten werden ausführliche Einführungskurse in den Sternenhimmel und die Beobachtung mit und ohne Ausrüstung. Eins der beliebtesten Events des Jahres ist der Meteorschauer im August, wo die Wahrscheinlichkeit Sternschnuppen zu sehen, sehr hoch ist. Bei diesem stimmungsvollen Abend erfährt man außerdem, was Sternschnuppen überhaupt sind und wie man sie am besten erkennt.

☀️ AM TAG ENTDECKEN:

• Holbæk

Die größte Stadt des nordwestlichen Seelands liegt im Isefjord und kommt besonders maritim daher. Sie hat mehrere Hafenbereiche. In einem liegen moderne Jachten, in Holbæks Traditionsschiffhafen rund 100 Jahre alte Holzschiffe. Unter der Federführung des Dänischen Nationalmuseums wird eine Galeasse restauriert, eine Kombination aus Segel- und Ruderschiff. Aber auch an Land bietet die Stadt einiges: gute Rad- und Wanderwege, einen Golfplatz und die »seeländischen Alpen«, die Hügellandschaft Brorfelde. Kulturell sind die liberale, renommierte Kunstschule, das kulturhistorische, aus mehreren Gebäuden bestehende Museum im Stadtzentrum und die Sternwarte auf Brorfelde hervorzuheben. Beim Spaziergang lohnt sich immer ein Blick nach oben, denn die Giebel vieler Häuser in Holbæk sind fantasievoll bemalt.

• Roskilde

Sie ist Dänemarks Königs- und Wikingerstadt – und der Nabel der Rock- und Popmusik!

💤 Doch müde?

STJERNEKIGGER-SHELTERS// Auf dem Gelände des Observatoriums stehen vier eiförmige Hütten mit Glasdach zur Übernachtung bereit. Inklusive sind Brennholz für ein Lagerfeuer draußen und der Zugang zu Toilette und Wasserhahn.
https://observatoriet.dk/oplevelser/stjernekiggershelters

Unten von links: Der Dom zu Roskilde vom Königlichen Palast aus gesehen, in dem heute das Museet for Samtidskunst untergebracht ist.

Seit 1971 pilgern Zehntausende Musikfans für vier Tage nach Roskilde, um in erster Linie unbekanntere Rock- und Popbands zu hören, aber auch Musikgrößen wie die Rolling Stones oder Bob Marley spielten schon hier.

Neben dem international bekannten Musikfestival, das jedes Jahr in Roskildes Kulturviertel Musicon stattfindet, locken das Museum für Moderne Kunst oder das Rockmuseum Ragnarock. Im eindrucksvollen Bau des Ragnarock hört sich das Publikum Musikgeschichte an und junge Musiker probieren sich selbst aus. Aber schon vor mehr als 1000 Jahren erlangte Roskilde wirtschaftliche Bedeutung. Im Heimat- und im Wikingerschiffmuseum sind deren Anfänge dokumentiert, ein eindrucksvoller Zeuge ist auch der Dom, mit dessen Bau im 12. Jahrhundert begonnen wurde. Ein lebendiger Hafen am Roskilde Fjord mit traditionellen Schiffen, die Altstadt mit schönen Geschäften und viel Grün machen die Stadt lebenswert. Nostalgiker nehmen sich eine Tüte Bonbons aus Lützhøfts Kaufmannshof von 1912 mit.

● Sorø

Weit zurück reicht die Vergangenheit der Kirche von Sorø – einer der bedeutendsten mittelalterlichen Bauten Dänemarks. Sie gehörte ursprünglich zu einem im 12. Jahrhundert gegründeten Zisterzienserkloster. Die Bjernede Kirke, ebenfalls in Sorø gelegen, ist die einzige Rundkirche Sjællands. Sehenswert ist auch das Sorø Museum.

● Ringsted

Im geografischen Mittelpunkt Sjællands gelegen, nahm die Stadt in germanischer Zeit als Schauplatz der Thing-Versammlungen eine Sonderstellung ein. Das mittelalterliche Christentum hinterließ Spuren wie die St. Bendts Kirke (12. Jahrhundert) mit ihren ungewöhnlichen Kalkmalereien.

● Køge

Die Stadt direkt in der gleichnamigen Bucht mit schönen Stränden ist eine aktive Hafenstadt mit Fachwerkhäusern und einem großen Marktplatz, auf dem schon im Mittelalter reger Handel stattfand. Noch heute gehört sie zu den besterhaltenen mittelalterlichen Städten Dänemarks mit historischem Kern. Der Turm der Nikolaikirche aus dem 15. Jahrhundert wurde erhöht, sodass er vom Hafen aus zu sehen war und als Leuchtturm diente. Køge ist aber auch modern, verfügt über zahlreiche Kunstgalerien und überall im Stadtbild begegnet dem Passanten Kunst. Im Museum KØS wird außerdem Kunst im öffentlichen Raum untersucht und erklärt. Europäische Radsportler werden die Stadt kennen, denn der Radweg Berlin-Kopenhagen führt hier genauso vorbei wie die 7050 Kilometer lange Euro Velo Route 7, die als Sonnenroute bekannt ist.

DÄNEMARK

INSEL MØN

UNESCO-Biosphärenreservat und Sternenpark – Møn samt Nachbarinseln und ein Stück Ostsee drum herum hat sich ganz dem Naturschutz verschrieben. Selbst der nächtliche Himmelsblick ist ungetrübt. »Die Sterne, die begehrt man nicht, man freut sich ihrer Pracht, und mit Entzücken blickt man auf in jeder heitern Nacht«, heißt es in dem gefühlvollen, von Franz Schubert vertonten Goethe-Gedicht »Trost in Tränen«.

Links: Die dramatisch wirkenden Klippen unter dem nächtlichen Sternenhimmel, wäre sicher eine weitere begehrte Vorlage für den Maler Caspar David Friedrich.

Unten: Im Südosten von Møn liegt der beliebte Fischerort Klintholm Hafen mit einer weitläufigen Marina, an der Restaurants zum Verweilen einladen. Gegen die Strahlkraft der Sterne, wirkt der Schein einer Taschenlampe natürlich eher bescheiden.

Das mag auch so manch poetischem Betrachter in den Sinn kommen, der in einem Sternenpark in den nächtlichen Himmel blickt und das faszinierende Lichterspiel beobachtet. Sternenparks sind gewissermaßen Schutzgebiete für den Nachthimmel, um eine Region so weit wie möglich von menschlich erzeugtem Streulicht zu verschonen. Und das ist auch nötig, denn die Welt leidet zunehmend an Lichtverschmutzung. Dem wirkt die 1988 gegründete International Dark-Sky Association (IDA) entgegen und vergibt Lizenzen für »Dark Sky Parks«. Mittlerweile gibt es fast 200 solcher Sternenschutzgebiete weltweit. Mit steigender Tendenz, denn viele Naturfreunde sehnen sich nach dem unverfälschten Blick in den Nachthimmel.

Caspar David Friedrich (1774–1840) mochte die süddänische Insel. Dorthin reiste der frühromantische Maler immer wieder, um von den berühmten Kreidefelsen von Møns Klint Landschaftsskizzen anzufertigen. Dieses Spiel von Licht und Wolken beherrschte der Meister der Melancholie wie kaum ein anderer. Vermutlich hat ihn auch der Nachthimmel über Møn fasziniert: das millionenfache Funkeln der Sterne, das Spiegeln des Mondes im Meer, die Kreidefelsen im fahlen Licht. Oder die sanfte Hügellandschaft mit dunklen Wäldern vom 143 Meter hohen Aborrebjerg, der höchsten Erhebung auf Møn, aus betrachtet.

Als »Totalerlebnis für alle Sinne, alle Alter und zu allen Jahreszeiten«, bewirbt das GeoCenter Møns Klint die Sternenschau. Das Aktivmuseum unweit von Møns Klint organisiert für Kinder und Jugendliche viele Naturaktivitäten. Eine ganze Reihe von Unterkünften hat sich zudem mit speziellen Maßnahmen auf Sternenbetrachter eingestellt. Ganz Møn scheint verrückt nach den Himmelskörpern zu sein.

Dänemark – Møn

🌙 NACHTS ERLEBEN:

● Himmel über Møn und Nyord

Eine beliebte Zeit für Himmelsschauen und Sternenzauber sind die Herbst- und Wintermonate, wenn die Nächte länger und kühler und daher klarer sind. Dann ist auch gut die Andromeda-Galaxie zu sehen, jenes berühmte Stückchen Nebel in den Tiefen des Kosmos. Aber auch in manchen Augustnächten geht ein wahrer Meteorschauer nieder, während sich im Spätsommer die Milchstraße als fahles Lichtband zeigt, als hätte jemand weiße Flüssigkeit übers Himmelszelt geschüttet. Sieben Stellen gelten dabei als Hotspots für Sterngucker. Fünf davon liegen im dünnbesiedelten Osten von Møn, zwei weitere auf der nördlichen Nachbarinsel Nyord. Das Fünf-Quadratkilometer-Eiland birgt eine weite Weiden- und Marschlandschaft mit einer reichen Vogelwelt. Und da Nyord völlig flach ist, zeigt sich in besagten Nächten der Sternenhimmel im 360°-Panoramaformat.

☀ AM TAG ENTDECKEN:

● Biosphärenreservat Møn

2017 ernannte die UNESCO die Ostseeinsel Møn mit den umliegenden Inseln Bogø und Farø zum ersten Biosphärenreservat des Königreichs Dänemark. Bekannt machten die Insel Møn vor allem ihre weißen Kreidefelsen, Møns Klint, die mit 128 Metern majestätisch über das Meer schauen und Dänemarks höchste Steilküste bilden. Das Reservat vereint auf seiner rund 450 Quadratkilometer großen Fläche verschiedenste Landschaftstypen: Im Osten Møns liegt die waldreiche Erhebung Høje Møn mit den Kreidefelsen, während der Westen der Insel von der Eiszeit geprägt ist mit Moränen, Tälern und Hügeln, Strandwiesen und -wällen. Darüber hinaus gehören zum Biosphärenreservat eine 185 Kilometer umfassende Küstenlinie und der Ostseeraum mit seinen Fjorden und Mooren.

Von oben: Der markante Ziegelsteinbau mit dem rot-weiß gestreiften Turm gehört zur romanischen Kirche von Stege, der St. Hans Kirke.

Auch oder gerade bei Tageslicht ein eindrucksvoller Anblick sind die hohen, weiß leuchtenden Klippen der Insel im Südosten Dänemarks.

Dänemark – Møn

● Møns Klint

Die bis zu 128 Meter hohe Kreidesteilküste liegt in Møns Osten. Sechs Kilometer läuft die Kalksteinwand an der Ostsee entlang. Die Kreide, aus der das Kliff entstanden ist, wurde vor unvorstellbaren 70 Millionen Jahren auf dem Meeresgrund gebildet. Auffällig sind die schwarzen Linien auf dem hellen Kalk, die aus Feuerstein bestehen. Darin lassen sich besonders am Fuß der Klippen oder am Strand tatsächlich noch echte Fossilien finden, versteinerte Schnecken, Tintenfische oder Seeigel. Auf der Fläche über der Steinwand haben sich dank der Bodenbeschaffenheit und eingeschränkter Landwirtschaft faszinierende artenreiche Biotope angesiedelt. Eine Attraktion ist die Haupttreppe mit 497 Stufen, die vom informativen Geo Center zum Strand hinunterführt. Beim Herabsteigen ist aber stets Vorsicht geboten, denn es können immer wieder große Kalkstücke abgehen und ins Meer stürzen.

● Stege

Stege ist der Hauptort der Insel Møn, in dem rund 3800 Menschen leben. Er liegt an der Nordküste, eingerahmt von geschützten Stränden. Im Ort selbst steht die St.-Hans-Kirche aus dem 12. Jahrhundert, die bis zum 16. Jahrhundert als gotischer Bau erweitert wurde, mit interessanten Fresken im Chor. Die Haupteinkaufsstraße Storegade verläuft durch den Ort. Jedes Jahr zwischen Juni und August findet dort über Wochen der inzwischen über die Grenzen hinaus bekannte, gemütliche »Dienstagsmarkt« statt, auf dem regionale Produkte angeboten werden. Das Møns Museum lohnt einen Besuch.

● Falster

Auf der Ostseeinsel leben rund 42 500 Menschen, über ein Drittel davon in Nykøbing Falster. Zwischen Falster und Lolland läuft nur der schmale Guldborgsund entlang. Im Jahr 2007 wurden sechs Kommunen der beiden Eilande zu einer zusammengeschlossen. Mehreren Deichprojekten ist das Bild der heutigen Insel zu verdanken.

In Gedser, im Süden, liegt der Fährverbindungshafen für Skandinavien und Deutschland. Als Durchgangsstation für Reisende auf dem Weg von Deutschland nach Kopenhagen blickt Falster auf eine mehr als 100-jährige Geschichte zurück. Dank einiger traumhafter Badestrände, die sich über Kilometer die Südostküste entlangziehen, ist Falster ein beliebtes Urlaubsziel. In Marielyst, das sich einst zum mondänen Seebad mauserte, stehen über 5000 Ferienhäuser bereit. Nykøbing Falster, der Hauptort der Insel, präsentiert sich als kleinstädtische Idylle, die mit schönen Fachwerkhäusern aufwartet.

Vor der Insel zeigt sich die Ostsee nicht selten in Farbtönen, die eher an die Karibik erinnern.

Der Name des Schutzgebietes um den Berg Snowdon mag sich im Jahr 2022 in Eryri-Nationalpark geändert haben, die Faszination bezüglich der Blicke in den nächtlichen Himmel wie hier zur Milchstraße, bleibt unverändert groß.

WESTEUROPA

Im westlichen Europa liegen zahlreiche Nationalparks, weiter südlich werden dann die Berge schon immer höher. Beides zieht zunehmend nicht nur Wanderfreudige an, die Gebiete eignen sich auch hervorragend für staunende Blicke gen Himmel.

IRLAND

MAYO DARK SKY PARK

Tief im Westen, wo die Sonne hinter dem Atlantik versinkt, liegt Irlands erster Sternenpark. Auf 150 Quadratkilometern erstreckt er sich von der Küste bis zum Nephin-Bergzug. Scheinbar jenseits der Zivilisation stört kaum ein künstliches Licht den nächtlichen Himmelsblick, ein wahres Paradies für Astrofans.

»Hohe Hügel wechseln sich mit kargen Moorlandschaften und sumpfigen Tälern ab«, so beschreibt der berühmte Naturforscher Robert Lloyd Praeger (1865 bis 1953) in seinem 1937 erschienenen Outdoor-Klassiker »The Way That I Went« die Landschaft in der Grafschaft Mayo. Diese wilde und kaum besiedelte Region hatte es dem irischen Gelehrten besonders angetan. Es hat sich kaum etwas geändert. Gerade mal 23 Menschen pro Quadratkilometer leben hier. Damit zählt das County Mayo zu den menschenleersten Regionen der grünen Insel.

Kein Wunder, dass sich in dieser moorigen und grasreichen Hügellandschaft seit 2016 auch Irlands erster Sternenpark befindet. »Wo der dunkelste Himmel die hellsten Sterne offenbart«, wirbt der Mayo Dark Sky Park für sich und lockt damit zunehmend Besucher in die abgelegene Region zwischen Atlantik und dem Wild Nephin National Park. Und in der Tat: Mehr als 4500 Himmelskörper haben die irischen Astrofans gezählt. Wenn es nicht regnet (und das tut es im Schnitt an 230 Tagen im Jahr), eröffnet sich ein rabenschwarzer Himmel mit einem glitzernden Sternenspiel. Der Park ist Tag und Nacht frei zugänglich, mit drei ausgewiesenen Aussichtspunkten, das Besucherzentrum hat aber Öffnungszeiten.

Links und rechts oben: Am nordwestlichen Ende der Grafschaft Mayo liegt die Mullet Peninsula, eine Halbinsel inmitten wilder Natur.

Rechts: Wasserreich zeigt sich der Wild Nephin National Park bei Ballycroy, der so einen wertvollen Lebensraum für seltene Tierarten bietet.

 NACHTS ERLEBEN:

● Aussichtspunkte

Der Mayo Dark Sky Park ist seit 2016 mit dem Gold Tier Award ausgezeichnet. Es ist eine Würdigung der besten Plätze weltweit um Sterne zu beobachten. Drei Aussichtspunkte wurden dort geschaffen, um Besuchern die beste Sicht auf den Sternenhimmel zu ermöglichen. Das Ballycroy Besucherzentrum, der Claggan Mountain Boardwalk und das Brogan Carroll Bothy. Im Besucherzentrum werden von März bis November Events rund um den Sternenhimmel angeboten. Die Boardwalk ist das ganze Jahr über geöffnet und führt an einem atemberaubenden Weg an der Küste entlang. Das Brogan Carroll Bothy liegt an der dunkelsten Stelle des Parks und ist ein exzellenter Aussichtspunkt.

 AM TAG ENTDECKEN:

● Wild Nephin National Park

Ein Glück, dass die Naturschützer sich durchgesetzt haben, denn seit Etablierung des Wild Nephin National Park 1998 ist das Owenduff Moor mit seiner einzigartigen Flora und Fauna sich selbst überlassen. Als eines der größten intakten Regenmoore Europas blieb es von Torfabbau und Entwässerung weitgehend verschont. Teil dieses Ökosystems sind Owenduff und Tarsaghaun River, die beide ins Meer nordwestlich von Ballycroy fließen und wie eine natürliche Drainage fungieren. Anfänglich unter dem Namen Ballycroy National Park bekannt und 2018 erweitert, ist nun ein gewaltiger Naturraum rund um die Nephin Beg Mountain Range geschützt. Das gefällt sicherlich auch dem Irischen Hasen, der bevorzugt durch die Moorgebiete hoppelt.

● Achill Island

Die mit gut 140 Quadratkilometern Fläche größte Insel Irlands ist durch eine Brücke mit dem Festland verbunden. Bis ins 20. Jahrhundert verständigten sich die Bewohner hier fast nur auf Irisch, in der östlichen Hälfte der Insel wird bis heute die alte Sprache gepflegt. Im 16. Jahrhundert nutzte die Piratenkönigin Grace O'Malley die Abgeschiedenheit der Insel und errichtete eine Basis im Kildavnet Tower an der Ostküste.

Die inspirierende Landschaft dieser Insel hat auch immer wieder Künstler angezogen. Der irische Maler Paul Henry kam 1910 für einen kurzen Aufenthalt – und blieb neun Jahre lang. Der englische Schriftsteller Graham Greene

Links: Mal karg und schroff, mal graswachsen und sanft zeigt sich die Küstenlinie von Achill Island. Schafe gehören hier wie fast überall in Irland zum Landschaftsbild.

soll das Manuskript zum Roman »Das Herz aller Dinge« in einem Cottage in Dooagh fertiggestellt haben, und Heinrich Böll schilderte in seinem »Irischen Tagebuch« seine Eindrücke vom Leben auf Achill Island.

● Nordküste von Mayo

Westlich von Belderg an der Nordküste des County Mayo ließen sich bereits vor 7000 Jahren Menschen nieder. In der Moorlandschaft von Céide Fields wurden seit den 1930er-Jahren Reste eines etwa zehn Quadratkilometer großen Siedlungsgebiets aus der Jungsteinzeit ausgegraben. Es ist eine der größten Fundstätten aus dieser Zeit und offenbart Aufschlüsse über die Epoche, in der der Mensch sesshaft wurde. Auch in Ballycastle konnten Megalithgräber freigelegt werden.

Die Nordküste Mayos säumen aber auch zahlreiche neue Skulpturen: Diese wurden in den 1990er-Jahren im Rahmen des größten Kunstprojekts der irischen Geschichte geschaffen. Als Erinnerung an die lange Siedlungstradition sind sie über den »North Mayo Sculpture Trail« miteinander verbunden.

● Keem Bay

Wind zerzaust die Wolken, eine gewundene Straße führt die Felsen hinab zum einsamen Strand, den manche auch »das Ende der Welt« nennen. Ab und zu versperrt eine kleine Gruppe Schafe die Durchfahrt und alle Autoinsassen lassen sich von der Aussicht über die Hänge und die wilde Meeresbucht gefangen nehmen. Keem Bay ist sicher einer der schönsten Landschaftsspots und liegt dort, wo die westliche Landzunge von Achill Island in den Atlantik ragt.

● Mullet Peninsula

Nördlich von Achill Island ragt die 25 Kilometer lange Halbinsel Mullet in das Meer hinein. Die Moorlandschaft der Halbinsel und die vorgelagerten Inishkea-Inseln sind geschützte Lebensräume für seltene Vogelarten. So kann man auf dem Termon Hill Schneeeulen und am Downpatrick Head Eissturmvögel beobachten. Unweit des Termon Hill bei Fallmore befinden sich die denkmalgeschützten Ruinen der St Dairbhile's Church, einer der ältesten Kirchen Irlands. Der Hauptort Belmullet ist über eine schmale Landbrücke mit dem Festland verbunden. Am Ende dieser Landbrücke am Doonamo Point kann man Überreste eines Ringforts und Bienenkorbhütten bestaunen. Weiter nördlich, in Belderg, wurden 3500 Jahre alte Siedlungsstätten freigelegt. Von dem rund 310 Meter hohen Hill of Glinsk bei Belderg hat man die schönste Aussicht über die Mullet-Halbinsel.

Rechts: Sogar weiße Sandstrände lassen sich in Irland finden. Keem Bay liegt im westlichen Teil von Achill Island und verführt alle Besucher mit dem türkisfarbenen Wasser.

IRLAND

KERRY INTERNATIONAL DARK SKY RESERVE

Die Grafschaft Kerry liegt im äußeren Südwesten Irlands, umbrandet vom rauen Atlantik. Von schroffer Schönheit, abgelegen, dünn besiedelt und darum prädestiniert für Sternenbeobachtungen. Seit 2014 darf sich ein 700 Quadratkilometer großes Gebiet im Süden der Grafschaft Dark Sky Reserve nennen. Darin liegen so außergewöhnliche Orte wie Valentia Island mit dem Menhir von Glanleam, Ballinskelligs und die entlegenen Skellig Islands oder die Monolithen von Eightercua.

Links: Lange Zeit lagen nahe der Ortschaft Glenbeigh die skelettartigen Reste des Schiffswracks der »Sunbeam« am Strand von Rossbeigh. Unterdessen hat das Meer die Relikte gänzlich verschluckt.

Rechts: Der rund elf Kilometer lange Gebirgspass Gap of Dunloe (irisch: Bearna an Choimín) ist schon tagsüber sehr beliebt für Ausflügler, aber der nächtliche Blick zum Sternenhimmel toppt alles andere.

Sterne gucken zum Rauschen des Ozeans hat eine archaische, beinahe magische Qualität. Im Kerry Dark Sky Reserve erleben Besucher die leuchtenden Sternenkonstellationen und Planeten so, wie sie schon von Generationen zuvor gesehen wurden. Als erster Ort der nördlichen Hemisphäre erhielt Kerry den Goldstatus aufgrund seiner lichtarmen Nächte. Bis heute tragen diese Auszeichnung nur vier Reserves weltweit! Gut erreichbar ist die Region über den Ring of Kerry, eine beliebte Panoramastraße. Wer sich auf die besten Chancen zum Sterneschauen vorab vorbereiten möchte, sollte die interaktiven Karten auf der Website des Dark Sky Reserves nutzen. Die verschiedenen Zonen, darunter die besonders dunkle Kernzone, sind auf dieser ebenso eingezeichnet, wie verschiedene Standorte, von denen aus sich der Nachthimmel am besten beobachten lässt. Darunter liegen einige Plätze direkt am Meer – was kann es Schöneres geben, als im leisen Rauschen der Wellen in ein funkelndes Sternenmeer am Himmel zu blicken? Derrynane Beach, Reenroe Beach oder auch St Finian's Bay sind daher nicht nur tagsüber eine Besuchsempfehlung wert.

Neben (Hobby-)Astronomen lockt das Kerry Dark Sky Reserve auch Archäologen an. Denn die Halbinsel Iveragh weißt zahlreiche Funde auf, die teilweise bis in die Steinzeit zurück datiert wurden. Auch Steinkreise und Felszeichnungen sind darunter. Und diese zeigen: Auch vor Tausenden von Jahren beschäftigten sich die Menschen hier mit dem Beobachten des Nachthimmels, mit dem Verlauf von Sonne, Mond, Sterne. Die Faszination dafür scheint in den Menschen tief verankert.

Irland – Kerry International Dark Sky Reserve

 ## NACHTS ERLEBEN:

● Dark Sky Festival
Die Stille und Weite der Nacht schützen und gleichzeitig ein grelles, lautes Festival feiern, klingt zunächst nach Widerspruch. Aber das Dark Sky Festival von Kerry feiert die Dunkelheit des Himmels und die Helligkeit der Sterne und wahrt dabei die Naturverbundenheit. Den Gästen wird ein Wochenende voller Himmelswunder und astronomischer Abenteuer an der Skellig-Küste geboten. Spezialisierte Guides zeigen den Gästen die Folklore der Sterne, den Zusammenhang zwischen dem Licht und der menschlichen Gesundheit, den Einfluss der Sterne auf die Umwelt und auch die nächtlichen Wildtiere wie die heimischen Fledermäuse. Außerdem angeboten werden Workshops für Astrofotografie, Backen rund um das Thema Sterne, geführte Wanderungen und auch für die Gälische Sprache. Das Dark Sky Festival bietet ein Angebot, was speziell für Familien mit unterschiedlichen Interessen passend ist. Jedes Jahr wird ein neues Programm zusammengestellt, in das man bereits auf der Website wunderbar eintauchen kann.

● Geführte Sternentour
Das Dark Sky Reserve in Kerry hat ein Ziel. Die Menschen dort möchten ihre Leidenschaft und ihr Wissen über den Sternenhimmel an so viele Menschen wie möglich weitergeben, damit diese hinterher selbst viele der Sternkonstellationen erkennen und das Wissen von der großen Weite über unseren Köpfen besser verstehen können. Wo muss man hinschauen, um einen Planeten zu sehen und woher weiß man, welcher es ist? Auf Iveragh herrscht kaum Lichtverschmutzung vor, weshalb es der richtige Ort ist, um den dunklen, sternenklaren Himmel zu betrachten und zu studieren. Es ist ein Fenster ins Universum, das von verschiedenen Experten auf nächtlichen Touren erklärt wird. Gerade im Sommer, wenn die Sonne später untergeht, kann man nach einem gemütlichen Abendessen zu einer der Sternentouren aufbrechen.

 ## AM TAG ENTDECKEN:

● Beara Peninsula
Im Südwesten der etwa 50 Kilometer lang in den Atlantik ragenden, bis zu 15 Kilometer breiten Beara-Halbinsel liegt deren Hauptort, Castletownbere – ein Fischerdorf und für Einheimische wie für Besucher die wichtigste Versorgungsstation der Region. Die einzige wirkliche Sehenswürdigkeit dieser Gegend liegt westlich etwas außerhalb auf einem Hügel: der megalithische Steinkreis von Derreenataggart mit zehn Menhiren, der in seiner Art nur hier und in Schottland vorkommt. Als landschaftlich schönster Teil der Beara-Halbinsel gilt jedoch ihre Nordseite. Bis zu 1300 Bergarbeiter, darunter viele Frauen und Kinder, arbeiteten einst in den Minen von Allihies unter unmenschlichen Arbeitsbedingungen für Hungerlöhne. An diese Zeit erinnert heute ein zu einem Museum umgestaltetes Maschinenhaus; literarisch verewigt wurde sie von Daphne du Maurier in ihrem Roman »Hungry Hill« (deutsch: »Die Erben von Clonmere«) aus dem Jahr 1943.

● Killarney National Park
Die Killarney Area, ein über 8000 Hektar großes Gebiet mit Bergen und Seen, wurde von Gletschern der Eiszeit geformt. Die Region wurde zum Nationalpark erklärt, die Straßen sind für Autos gesperrt. Zum Besuch des Nationalparks gehört eine Fahrt mit der Pferdekutsche durch die Gap of Dunloe, eine Bergschlucht im Schatten des Purple Mountain, der seinen Namen dem hier im Spätsommer blühenden Heidekraut verdankt. Anstrengender ist dagegen die Tour zum Gipfel von Carauntoohill – mit 1040 Metern der höchste irische Berg. Eichen und Eiben, die im Killarney-Nationalpark wachsen, sind in Irland selten, da viele Wälder bereits vor Jahrhunderten abgeholzt wurden. Zur ungewöhnlichen Flora gehört auch der Erdbeerbaum, ein Strauch mit roten, nicht essbaren Früchten. Mediterrane Pflanzen wachsen hier wegen des warmen Klimas, das der Golfstrom bringt.

Rechts von oben: Die mittelalterliche Klostersiedlung auf der kleinen Felsinsel Skellig Michael im Atlantik illustriert mit ihren gut erhaltenen Bauten das ursprüngliche Leben der frühen irischen Christen.

Nur etwa drei Viertel der Fläche des Killarney Nationalparks sind Berge, Wiesen- und Waldflächen. Der Rest wird von den drei Gletscherseen Lough Leane, Muckross Lake und Upper Lake bedeckt.

Zu den vielen Landzungen im Südwesten Irlands zählt auch die Beara Peninsula.

Irland – Kerry International Dark Sky Reserve

● Killarney

In dieser quirligen Kleinstadt ist man stolz auf die sie umgebende Landschaft und die zahlreichen geschichtsträchtigen Bauten. Hier nimmt der legendäre Ring of Kerry seinen Anfang, hier erstreckt sich eine der schönsten Landschaftszüge der Insel vor den Ausläufern der Macgillycuddy's Reeks, Irlands höchstem Gebirgszug, und seit 2011 gilt der Ort auch noch als sauberste Stadt der Insel. Aber auch ohne Pralerei zieht einen Killarney in seinen Bann, denn er bietet Kultur- und Naturschätze zugleich. Im 18. Jahrhundert zog es viele Arbeiter hierher, als Thomas Viscount in Kenmare mit seiner Wäscheproduktion begann. Einige Cottages aus dieser Zeit sind noch heute zu sehen. Des weiteren lohnt sich ein Besuch der neugotischen St Mary's Cathedral, der Deenagh Lodge (eine alte Teestube) sowie des National Museum of Irish Transport.

● Iveragh Peninsula

Eines der spannendsten Ziele in dieser Region Irlands ist die Iveragh-Halbinsel und deren Nationalpark. Das liegt zum einen daran, dass hier die höchsten Berge der Insel zu finden sind, zum anderen zahlreiche Denkmäler die Irlands vor- und frühzeitliche Geschichte widerspiegeln. Abgesehen davon ist die Halbinsel, die von der Panorama-Ringstraße Ring of Kerry erschlossen wird, auch für ambitionierte Radfahrer interessant, die hier einige kaum befahrene Straßen vorfinden und die Naturschönheiten etwas intensiver als mit dem Auto erleben können.

● Skellig Islands

Etwa zwölf Kilometer vor der irischen Küste ragt ein karger Felsen gischt-umschäumt aus dem Meer, Skellig Michael, auf dem sich einer der bedeutendsten archäologischen Orte Irlands befindet: eine dem Erzengel Michael gewidmete, wohl im 7. Jahrhundert gegründete und im 12. Jahrhundert wieder aufgegebene Klosteranlage. Die Mauern der Bet- und Mönchszellen sind in der für die irische Früharchitektur typischen Weise ohne Mörtel zu bienenkorbartigen Strukturen gefügt worden. Neben den Überresten einer Kirche aus dem 12. Jahrhundert ist noch eine Treppe mit etwa 500 Stufen erhalten, die Pilgern den Weg zum höchsten Gipfel der Insel erleichtern sollte. Die kleinere Nachbarinsel Little Skellig ist seit dem Jahr 1987 ein Vogelschutzgebiet und darf nicht betreten werden. Sie beherbergt eine der größten Basstölpelkolonien der Welt und auch Puffins, Papageitaucher, fühlen sich hier wohl.

SCHOTTLAND

ISLE OF COLL

Unter den schottischen Inseln führt Coll ein Schattendasein. Zu klein, zu flach, spärlich besiedelt und auch das einzige Castle ist nicht allzu aufregend. Doch als Dark Sky Community ist Coll schon seit 2013 zertifiziert. Denn der Himmel über der Insel ist einer der dunkelsten in ganz Schottland. Das liegt zum einen natürlich an der geringen Bevölkerung. Zum anderen aber schirmen die Berge der Isle of Mull und der Halbinsel Ardnamurchan den Lichtschein ab, der vom schottischen Festland kommt.

Zusammen mit ihrer Schwesterinsel Tiree liegt das etwa 20 Kilometer lange Coll wie ein Vorposten westlich vor der Insel Mull. Die beiden kleinen Inseln profitieren vom Golfstrom, der ihnen ein besonders mildes Klima schenkt. Außerdem gibt es hier mit die meisten Sonnenstunden im ganzen Vereinigten Königreich, weil die Wolkenfronten von Westen normalerweise über die nur sanften Erhebungen auf den beiden Inseln hinwegziehen und erst auf Mull oder Ardnamurchan hängen bleiben und sich ausregnen. Dazu bietet Coll sage und schreibe 23 Strände, darunter schönste Sandstrände zum Baden, ein großes Vogelreservat, bunte Wildblumen, sanfte Hügel, einen weiten Himmel und viel Ruhe. Auch spannende vorgeschichtliche Relikte gibt es, darunter allein neun »Crannogs«, künstliche Inseln aus der Jungstein- und Eisenzeit. Trotzdem sind es vergleichsweise wenige Touristen, die die zweieinhalbstündige Fährfahrt von Oban aus auf sich nehmen, und sich zu den rund 200 Einwohnern der Insel gesellen.

Doch unter denen die kommen, sind immer mehr Sterngucker. Denn der weite Himmel über Coll ist in der Nacht noch faszinierender als tagsüber. Für schottische Verhältnisse trüben auch Wolken den Blick nach oben relativ selten – oder jedenfalls selten lange – da sie eben nicht auf Coll hängen bleiben.

Eine besonders schöne Zeit, Coll zu besuchen ist der Spätsommer und frühe Herbst. Während oft noch bestes Badewetter ist, beginnt Mitte August, wenn die Nächte wieder länger werden, die Saison für Sterngucker. Die ideale Zeit, die Milchstraße zu sehen, geht bis Anfang Oktober. Sie erscheint zu Beginn der Nacht am südlichen Himmel – während sie im Frühjahr vor dem Morgengrauen zu sehen ist. Die Kommune hat besonders schöne Beobachtungsplätze ausgewiesen und bietet verschiedene Infoveranstaltungen. Auch »wildes« Biwakieren ist gestattet, wenn man sich an die Regeln hält und die Natur mit Respekt behandelt.

Die Inneren Hebriden umfassen insgesamt ein Archipel aus rund 500 Eilanden, nur 80 davon sind bewohnt. Isle of Coll zählt mit 77 Quadratkilometer noch zu den zehn größten Inseln.

NACHTS ERLEBEN:

● Coll & The Cosmos

Coll & The Cosmos ist ein Wochenendtrip zum Sternegucken auf der Isle of Coll. Die Insel ist durch ihre geringe Lichtverschmutzung und die damit bewahrte Dunkelheit, der richtige Ort, um möglichst viel vom Sternenhimmel zu sehen. Dieses Wochenendevent wurde gezielt für ein möglichst breites Publikum konzipiert. Der Nachthimmel wird von Experten auf eine unterhaltsame Weise erklärt, ebenso der Umgang mit astronomischen Geräten. Gerne kann man auch eigene Teleskope, Ferngläser oder Ähnliches mitbringen. Die Guides nehmen sich die Zeit, um zu zeigen, wie sie optimal genutzt werden können. Spannend sind auch die Touren tagsüber zur Beobachtung der Sonne und der Sonnenflecken mit Hilfe von Weißlicht-Sonnenteleskopen. Für Coll & The Cosmos sind glücklicherweise keine anstronomischen Vorkenntnisse erforderlich.

AM TAG ENTDECKEN:

● Isle of Iona

Die vor dem Südzipfel von Mull gelegene Druideninsel gilt als Urzelle des Christentums in Schottland. Im Jahr 563 landete hier der keltische Mönch und Missionar Columban und gründete das erste Kloster. Mehrfach von Wikingern zerstört, wurde es immer wieder aufgebaut. Columban starb 597, nach seinem Tod entwickelte sich die Insel zu einem Wallfahrtsort. Um das Jahr 1200 gründete Reginald MacDonald an der Stelle der früheren Abteikirche ein Benediktinerkloster. Chor und Teile der Kapelle aus dem 13. Jahrhundert im normannischen Stil sind noch erhalten. Mittlerweile wurde die Anlage vom Iona Cathedral Trust und der Iona Community restauriert. Vor der Iona Abbey stehen eindrucksvolle Hochkreuze wie das noch fast vollständig erhaltene, über vier Meter hohe »St Martin's Cross« aus dem 8. Jahrhundert. Vom einstigen Nonnenkloster sind nur Ruinen geblieben.

● Isle of Mull

Die Insel Mull lockt mit einer zerklüfteten, hügeligen Landschaft und verkarsteten Bergzügen. Vom schottischen Festland gibt es drei Auto- und Passagierfährrouten. Mulls Küste ist mehr als 480 Kilometer lang. Vogelbeobachter können hier mit etwas Glück Steinadler, Seeadler oder Merlin-Wanderfalken entdecken. Inselspaziergänge führen zu herrlichen Motiven wie dem strahlend weißen Leuchtturm. Der Hauptort ist das idyllische Hafenstädtchen Tobermory mit seinen bunten Häuserreihen. Über eine schöne Lage verfügt auch

Die Landschaft um Loch Ba auf der Isle of Mull kann sich fruchtbar im grünen Gewand präsentieren. Im Wandel der Jahreszeiten färbt sich die Natur hier auch herbstlich gelborange oder schneeweiß.

Von oben: Auf der Insel Iona sollen insgesamt 48 schottische, acht norwegische und vier irische Könige begraben liegen.

Einmal königlich gebettet werden, dieser Traum wird im Glengorm Castle wahr. Was dem Bauherrn verwehrt blieb, erfüllen sich heute Gäste aus aller Welt.

Liebliche Heidelandschaft prägt Teile der Isle of Jura, die zur Council Area Argyll and Bute gehört.

das Dorf Dervaig. Das Old Byre Heritage Centre dort informiert über Flora, Fauna und Geschichte der Insel. Außerdem gibt es auf Mull eine wiederbelebte Destillerie sowie das Torosay Castle – eine Museumsbahn bringt Besucher vom Old Pier in Craignure zu dem frühviktorianischen Schloss.

● Glengorm Castle

Wie im Märchen: Dieses gigantische Schloss liegt im Norden Mulls auf einer Anhöhe über dem Atlantischen Ozean und wirkt inmitten des weiten Grüns mit seinen kleinen Türmchen wie verwunschen. James Forsyth of Quinish ließ das Anwesen für sich errichten, der Bau wurde 1860 fertiggestellt. Auf Mull war James Forsyth alles andere als beliebt, da er viele Kleinpächter für den Schlossbau aus dem Ort Sorne vertrieb. Eine alte Frau prophezeite ihm, dass er nie im Schloss leben würde. Tatsächlich starb James Forsyth of Quinish noch vor der Fertigstellung. Heute wird das Castle für Hochzeiten oder als Bed & Breakfast genutzt. Die Aussicht und die Umgebung sind einmalig. Bei klarer Sicht erstreckt sich das Panorama über die Inseln Rùm und Canna und mit etwas Glück bis zu den Äußeren Hebriden.

● Isle of Jura

100 Menschen, 5500 Rothirsche, ein einziges Hotel, eine Whiskybrennerei – so kann man die Insel Jura beschreiben, die nordöstlich von Islay vor Schottlands Küste liegt. Wer absolute Ruhe sucht, ist hier genau richtig. Und natürlich Natur, davon gibt es mehr als genug. Der Aufstieg auf die Paps of Jura, drei Quarzitgipfel im südlichen Teil der Insel, ist nicht nur atemberaubend, sondern auch äußerst anstrengend. Doch er lohnt sich. Bei guter Sicht kann man bis nach Kintyre, Knapdale und manchmal sogar nach Mull schauen. Loch Tarbert bildet eine Seenlandschaft mit Wasserfall, die von einem fernen Planeten stammen könnte. Der Schriftsteller George Orwell nutzte die Ruhe und die Inspiration der einzigartigen Insel, um hier seinen Roman »1984« zu verfassen.

WELCHE AUSZEICHNUNGEN GIBT ES FÜR LICHTSCHUTZGEBIETE?

Es gibt mehrere Organisationen, die Kriterien für Lichtschutzgebiete erarbeitet haben. Am bekanntesten ist die der International Dark-Sky Association (IDA). Sie unterscheiden sich in: Dark Sky Parks – das sind Orte mit herausragendem Sternenhimmel; Dark Sky Reserves – hier gibt es neben der besonders dunklen Kernzone ein Umfeld, in dem Maßnahmen die Dunkelheit der Kernzone unterstützen; Dark Sky Sanctuarys – sie sind besonders abgelegen und schützenswert; Dark Sky Communities – diese Gemeinden ergreifen besonders engagiert Maßnahmen zum Lichtschutz. Aber wie dunkel ist »besonders dunkel«? Flächenhelligkeit bzw. -dunkelheit wird in der Einheit $mag/arcsec^2$ gemessen. Je höher der Wert ist, desto dunkler das Objekt. Der Himmel über Städten etwa hat ungefähr eine Helligkeit von 18,5 $mag/arcsec^2$. Unter diesen Bedingungen sind nur einige, wenige Sterne zu erkennen. Ab 19,5 $mag/arcsec^2$ ist die Milchstraße im Zenit schwach erkennbar. Dark Sky Areas weisen einen Wert von mindestens 20 $mag/arcsec^2$ auf. Gebiete mit Werten von 20 bis 21 gehören zur Kategorie Bronze. Silber-Gebiete liegen bei Werten zwischen 21 und 21,75. Bei 21,75 beginnt der Goldstandard. Hier ist die Milchstraße komplett bis zum Horizont gut strukturiert sichtbar.

SCHOTTLAND

STERNENPARK TOMINTOUL AND GLENLIVET

Die Cairngorms im schottischen Hochland sind Teil des größten Schutzgebietes von Großbritannien. Hier liegen die höchsten Gipfel der Region. Zusammen mit den Mooren, Seen und Wäldern bilden sie einen einzigartigen Naturraum – und eröffnen ungestörte Blicke in den Nachthimmel.

Es liegt nicht am Besuch in der Glenlivet-Whiskydestillerie, wenn einem der Nachthimmel in grünen, gelben oder sogar rötlichen Farben erscheint. Dann hat man einfach nur Glück gehabt und eines der selten auftretenden Nordlichter gesehen. Aber auch sonst ist der Sternenhimmel über den Cairngorms in klaren Nächten atemberaubend schön. Der Bergzug im schottischen Hochland – seit 2003 Teil des mit 4528 Quadratkilometern größten Nationalparks von Großbritannien – ist weitgehend frei von Lichtverschmutzung und daher perfekt für einen Sternenpark, der hier 2018 zwischen den Orten Tomintoul und Glenlivet ausgewiesen wurde.

Und wofür kräftig Werbung gemacht wird: Über www.cairngormsdarkskypark.org lassen sich die besten Standorte für die nächtliche Himmelsschau finden. So eröffnet The Carrachs, ein Weiler in den Braes of Glenlivet den perfekten Blick auf den nördlichen und östlichen Sternenhimmel. Zwischen September und März ist zudem die Chance groß, Polarlichter über offener Landschaft zu sehen. Ein »Lighting Management Plan« soll im 270 Quadratkilometer großen Sternenpark helfen, die Lichtverschmutzung, Energieverschwendung und die schädlichen Auswirkungen übermäßiger nächtlicher Beleuchtung auf Mensch und Tier zu reduzieren.

Wer die Natur entdecken will, muss keine langen Wanderungen durch unwirtliche schottische Wildnis befürchten – eine Seilbahn bringt die Besucher direkt zum Cairngorm-Gipfel. Von dort aus offenbart sich ein Panoramablick über die unberührten Täler.

Links: Das schottische Hochlanddorf Tomintoul liegt auf 356 Meter Höhe. Es ist auch für die Whiskybrennerei berühmt, aber noch mehr Genuss verspricht der Blick in den Sternenhimmel.

Rechts: Die Burgruine von Dunnottar Castle in Aberdeenshire wird hier mit einem fantastischen Vollmondlicht perfekt in Szene gesetzt.

☾ NACHTS ERLEBEN:

● Polarlichter entdecken

Mit Polarlichtern hat man im Vereinigten Königreich wahrscheinlich eher nicht gerechnet. Doch tatsächlich gibt es Orte, wo man sie sehen kann. Im abgelegenen Carrachs beispielsweise hat man durch die Entfernung der hellbeleuchteten Städte gute Chancen, das Nordlicht zu sehen. Die verlassenen Bauernhäuser und die hügelige Landschaft mit ihren knorrigen Bäumen dort, bilden eine malerische Kulisse vor dem farbigen Himmel. Nicht einmal das Licht von Autoscheinwerfern stört hier die Sicht auf den Nachthimmel. Diese müssen am Ende der öffentlichen Straße abgestellt werden, denn der Weg nach Carrachs geht von hier etwa eine halbe Meile nur zu Fuß weiter. Durch den Sternenpark wird in dieser Gegend einiges an Astronomieveranstaltungen organisiert, die den Besuchern das Wunder unseres Sternenhimmels näher bringen sollen.

● Geführte Sternenbeobachtung

Wenn man das Beobachten von Sternen ganz neu für sich entdeckt hat, oder aber sein bisheriges Wissen durch die Erfahrung von Sternexperten erweitern möchte, bieten sich geführte Sternbeobachtungen wunderbar an. Man braucht keine eigene Ausrüstung und kann auf seiner Reise das Ruder ganz bequem an jemand anderen übergeben.
In Schottland gibt es eine große Auswahl an geführten Sternbeobachtungen. Die Ortschaft Howe of Torbeg beispielsweise bietet tolle »Wild Stargazing«-Abende in der Wildnis des Cairngorms-Nationalparks an. Eine Tour dauert zwei Stunden und findet auch bei schlechtem Wetter mit einem etwas angepassten Programm statt. Außerdem gibt es hier einen beliebten Glampingplatz, die Holzhütten sind komfortabel eingerichtet. Von Ballater und Braemar aus gibt es ebenfalls spannende Touren, geführt von dem Familienunternehmen Hillgoers. Dabei sind die Guides sehr flexibel und passen die Tour an die Wünsche der Teilnehmer an.

💤 Doch müde?

BALMORAL CASTLE// Obwohl noch im Privatbesitz der Königsfamilie, können auch Normalsterbliche auf dem Gelände des Balmoral Castle wohnen. Dort verteilt sich eine Reihe von Cottages für Selbstversorger. Tipp: Wanderung zur »Albertpyramide«, die 1862, ein Jahr nach dem Tod des Prinzen, auf dem Gipfel des Craig Lurachain errichtet wurde.
www.balmoralcastle.com/cottages.htm

Von oben: In der Region Aberdeenshire stehen noch ein paar verwaiste Taubentürme, Polarlichter verzaubern hier das Firmament.

Im Cairngorms National Park liegen einige wildromantische Süßwasserseen wie der Loch Morlich.

☀ AM TAG ENTDECKEN:

● Cairngorms National Park
Eben noch strahlender Sonnenschein, fünf Minuten später fallen dicke Regentropfen aus dichten Wolken: Es gibt kaum eine Region in Europa, in der sich das Wetter derart schnell ändert wie in den Cairngorms. Vielleicht liegt es an den Bergen, immerhin fünf der zehn höchsten Gipfel der Britischen Inseln finden sich in diesem Nationalpark. Er ist geprägt von subarktischem Klima, seine Waldkiefernwälder der Tundra bieten zahlreichen Vogelarten wie Regenpfeifern und Schneehühnern einen Lebensraum, ebenso wie Wildkatzen und Baummardern.

● Drum Castle
Etwa 15 Kilometer westlich von Aberdeen liegt Drum Castle genau zwischen Peterculter und Crathes. Der älteste Teil, das Tower House, stammt aus dem 13. Jahrhundert. Bis auf kurze Unterbrechungen gehörte das Anwesen von 1323 bis 1975 den Irvines. Es hält eine wunderbare Mischung verschiedener Stilrichtungen für seine Besucher bereit: mittelalterlich, georgianisch und viktorianisch, mit überraschenden Extras wie die Dienstbotengänge, die den Alltag des Personals darstellen. Die Bibliothek ist eine der schönsten Schottlands.

● Castle Fraser
Eine Besonderheit des Schlosses der Fraser-Familie, dessen Bau im 16. Jahrhundert begonnen wurde, ist der Grundriss in Form eines Z. Im Sommer ist Fraser Castle zu besichtigen, die Bibliothek und die Große Halle sind die Höhepunkte. Eine Ahnengalerie, Möbel und kostbare Teppiche zieren die Ausstellungsräume. Vom Turm aus hat man einen tollen Blick auf den Park und die umliegenden Felder

● Aberdeen
»Silver City« wird die Metropole zwischen den Flüssen Dee und Don auch genannt, weil ihr Erscheinungsbild von dem im Umland gewonnenen Granit geprägt ist. Die historische Hauptstadt der Grampians, mit rund 224 000 Einwohnern Schottlands drittgrößte Kapitale, wurde einst von Alexander I. (schottischer König von 1107 bis 1124) als wichtigste Stadt in seinem Königreich bezeichnet. 1337 wurde das damalige »Aberdon« von Edward III. (englischer König von 1327 bis 1377) niedergebrannt. Reges kaufmännisches Treiben brachte der Stadt in den folgenden Jahrhunderten wieder Wohlstand. Mitte des 20. Jahrhunderts wurde das Nordseeöl entdeckt, heute ist »Europas Ölhauptstadt« eines der wichtigsten Versorgungszentren für die Bohrinseln in der Nordsee.

Das Marischal College von Aberdeen ist der zweitgrößte Granitbau der Welt.

SCHOTTLAND

GALLOWAY FOREST PARK

Schottlands größter Waldpark mit uralten Bäumen und reichem Wildtierbestand, wurde 2009 zum ersten Dark Sky Reserve Großbritanniens erklärt. Es ist wegen fehlender Lichtverschmutzung gut geeignet, die Phänomen des Nachthimmels zu beobachten, sodass es abends mit Einbruch der Dunkelheit zu einem Mekka für Astronomen und Sterngucker wird. In klaren Nächten sind über 7000 Sterne und Planeten mit bloßem Auge sichtbar, und auch das helle Band der Milchstraße, das sich über den Himmel wölbt, ist leicht zu erkennen. Mit dem Fernglas werden die Saturnringe, Jupitermonde und selbst die Mondkrater sichtbar. Warme Augustnächte eignen sich bestens zum Zelten in der Wildnis des Parks.

1947 wurde das Naturschutzgebiet als Galloway Forest Park gegründet. Vor allem durch seine endlos scheinende Weite fasziniert es nicht erst seitdem die Besucher. Einige der höchsten Gipfel Südschottlands gehören zu dem 777 Quadratkilometer großen Gebiet, das liebliche Täler, malerische Seen und geheimnisvollen Wald zu einem Naturparadies vereint. Ganz erdverbunden bietet das Naturschutzgebiet beste Möglichkeiten zum Wandern oder Mountainbiken. Rundhäuser aus der Eisenzeit laden ebenfalls zu einem Besuch ein. Die tierischen Stars des Forest Park sind für die meisten Besucher die Rothirsche, die sich hier im größten Waldgebiet des Vereinigten Königreichs wohlfühlen. Gute Chancen, sie zu Gesicht zu bekommen, hat man im Red Deer Range. Hier kann man das stolze Wild aus geschützter Nähe beobachten. Auch Ziegen bevölkern das Naturschutzgebiet, und nicht zuletzt sollte man Ausschau halten nach den zahlreichen Vogelarten, die über Galloway ihre Kreise ziehen. Rotmilan, Steinadler und Bussarde sind darunter besonders prächtige Exemplare.

Gründe, den Park tagsüber ausgiebig zu erkunden, gibt es also genügende. Doch man sollte sich unbedingt genügend Energie aufheben, um zur Nachtzeit zurückzukehren: Es gibt kaum hell erleuchtete Gebäude oder andere starke Lichtquellen. Das hat den Galloway Forest Park zu einem von drei europäischen Nationalparks mit »Dark Sky«-Status gemacht. Das bedeutet: Man kann mit bloßem Auge Details am Nachthimmel sehen, die einem in der Stadt verborgen bleiben, wie etwa das Band der Milchstraße. Wer ein Fernglas zur Hand hat, vermag sogar die Ringe des Saturns zu entdecken!

Links: Überwältigend ist der Blick in den nächtlichen Himmel wie hier, wenn ein Meteoritenschauer die Milchstraße kreuzt.

Rechts: Über den Baumwipfeln des Galloway Forest Park lassen sich so manche bekannte Sternbilder erkennen, die sich mit dem künstlichen Licht eines Satelliten den Nachthimmel teilen.

🛏️ Doch müde?

THE DARK SKY DOME // Im doppelstöckigen Kuppelzelt befindet sich zu ebener Erde eine äußerst schicke und gut ausgestattete Ferienwohnung mit allem Drum und Dran. Auf der zweiten Ebene sind stabile Netze gespannt, auf denen man in Ruhe liegen und durch ein vier Meter großes Himmelsfenster in die Sterne gucken kann.
https://thedarkskydome.co.uk

GLENAPP CASTLE // Von einem der prächtigsten Zimmer aus, dem »Earl of Orkney Room«, kann man zu drei Seiten durch bodentiefe Panoramafenster auf die herrliche Gartenanlage des heutigen 5-Sterne-Hotels blicken. Gestaltet hatte den Garten keine Geringere als Gertrude Jekyll, die als Begründerin des englischen Landhausstils gilt: Sie verstand es meisterhaft, Gärten in Kunstwerke zu verwandeln. Doch auch Glenapp Castle selbst nennt einen berühmten Architekten seinen Erbauer, denn der schottische Baumeister David Bryce war einer der wichtigsten Vertreter des schottischen Baroniestils. Im Jahr 1870 vollendete er den herrschaftlichen Bau an der Westküste Schottlands, nahe der Ortschaft Ballantrae. Der Aufenthalt in dem Anwesen mit seinen großzügigen Park bildet eine märchenhaftes Erlebnis.
https://glenappcastle.com

Oben: Das traumhafte Glenapp Castle liegt eingebettet inmitten eines üppigen Landschaftsparks, der dazugehörige See wird von einer Rabatte aus Azaleen gesäumt, die in den Frühlings- bis Sommermonaten leuchtend pink blühen.

🌙 NACHTS ERLEBEN:

• Galloway Astronomy Centre

Das Galloway Astronomy Centre ist der Ort für Reisende, die einen Himmel voller Sterne sehen möchten. Hier kann man die Milchstraße und die Andromeda-Galaxie mit bloßem Auge sehen. Ganz egal, ob man die Sterne allgemein ein wenig besser verstehen möchte, oder ob man einen ganz bestimmten Stern im Auge hat, zu dem man gerne mehr Informationen haben möchte. Das Galloway Astronomy Centre ist ein Ort voller Möglichkeiten. Für Neuinteressierte gibt es kompakte Kurse zu den Basics der Astronomie. Dabei kann jeder Kurs flexibel an die Interessen der Teilnehmer angepasst werden. Für erfahrenere Interessierte gibt es Kurse zur Benutzung von astronomischem Equipment und für Astrofotografie, wo man die besten Tricks gezeigt bekommt, um wunderbare Momente des Sternenhimmels festzuhalten.

Unten: Am Berggipfel des Merrick in den Galloway Hills scheint man den Sternen etwas näher zu sein. Und nicht vergessen, bei Sternschnuppen-Sichtung darf man sich etwas wünschen!

☀️ AM TAG ENTDECKEN:

• Culzean Castle

Hoch auf den Klippen südlich von Ayr steht Culzean Castle, eines der prächtigsten Schlösser Schottlands. Die im späten 14. Jahrhundert entstandene Festung wurde im 18. Jahrhundert ausgebaut. Geschaffen hat es Schottlands berühmter Architekt Robert Adam. 1945 übergaben die Besitzer, die Familie Kennedy, ihren Stammsitz dem National Trust for Scotland, baten aber darum, General Eisenhower auf

Die wuchtige Burg aus rotem Sandstein von Drumlanrig Castle wirkt nahezu furchteinflößend.

Lebenszeit einige Räume überlassen zu dürfen, als Dank für dessen Verdienste um Teile der schottischen Truppen im Zweiten Weltkrieg.

● **Blairquhan House**

Dieses alte Herrenhaus in der Nähe von Straiton, malerisch und einsam am Südufer des Water of Giran gelegen, befindet sich in Privatbesitz. Es ist umgeben von wunderschönen Gärten. Im Jahr 1971 unter Denkmalschutz der höchsten Kategorie gestellt, ist es im Tudorstil gestaltet und wurde um das Jahr 1570 errichtet. Heutzutage kann es u. a. für Hochzeiten und größere Events angemietet werden. In seinen Außengebäuden gibt es luxuriöse Übernachtungsmöglichkeiten sowie erschwinglichere Cottages mit Selbstversorgung.

● **Kirkmadrine Church**

Eines der ältesten christlichen Bauwerke Schottlands befindet sich in der Nähe von Sandhead auf der Rhinns of Galloway. Drei Grabsteine tragen lateinische Inschriften und das Christusmonogramm. Sie stammen aus dem 5. und 6. Jahrhundert und erinnern an die ersten christlichen Missionare, die sich ab dem 4. Jahrhundert in Whithorn bei Wigtown angesiedelt hatten. Der Portalvorbau des Gebäudes aus Bruchstein und rotem Sandstein ist durch eine Glaswand geschützt. Erbaut wurde die heutige Kirche als Langbau im mittelalterlich romanischen Stil des späten 19. Jahrhunderts. Der Standort weist Funde aus dem 8. bis 12. Jahrhundert auf. Man nimmt an, dass sich hier einmal eine Klosteranlage aus der Zeit des frühen Christentums befunden hat.

● **Drumlanrig Castle**

Für einen Besuch des Stammsitzes des Douglas-Clans sollte man einen ganzen Tag einplanen, um nichts zu verpassen. Da ist zum einen eine beachtliche Gemäldesammlung mit Schätzen wie etwa einem Rembrandt von 1655. Ebenfalls beeindruckend ist die Menge herrlicher antiker Möbel, darunter Schränke aus dem 17. Jahrhundert. Mindestens ebenso lohnend wie eine Besichtigung der Räume ist ein Spaziergang durch die Landschaftsgärten. Im Zweiten Weltkrieg hatten sie starken Schaden genommen, inzwischen sind sie aber vollständig restauriert und erblühen in neuer Pracht. Auch die viktorianischen Gewächshäuser wurden liebevoll restauriert.

● **Caerlaverock Castle**

Schottland bietet eine Reihe von Schlössern, die man sich unbedingt ansehen sollte. Caerlaverock Castle steht ganz an ihrer Spitze. Es gibt kein zweites, das wie Caerlaverock ein Wasserschloss mit dreieckiger Grundfläche ist. Es liegt in sumpfiger Landschaft, in der Enten, Schwäne und viele Ringelgänse leben. Für seine Geschichte hat die Lage direkt am Solway Firth und damit in unmittelbarer Nachbarschaft zur englischen Grenze die weit größere Bedeutung. Immer wieder wurde Caerlaverock angegriffen. Meist konnten die Maxwells, seit dem 13. Jahrhundert Besitzer der Festung, das Anwesen halten. Doch es fiel auch vorübergehend an die Engländer. Im Jahr 1640 war das Schicksal der Eignerfamilie besiegelt. Die englischen Feinde hatten sie mit einer nicht enden wollenden Belagerung ausgehungert und so aus dem Schloss getrieben.

ENGLAND

NORTHUMBERLAND NATIONAL PARK

Nördlich des Hadrianswalls lauerte früher die Gefahr, heute finden Gestresste hier paradiesische Ruhe. Der Northumberland National Park zwischen dem Wall und der schottischen Grenze ist eine der einsamsten Gegenden Englands. Auch Wanderer, Naturbeobachter oder Mountainbiker kommen einander nicht ins Gehege. Allerdings kann man immer wieder auf Zeugnisse der vielen Grenzlandschlachten stoßen, die hier ausgetragen wurden. Das Zentrum des Parks liegt am Kielder-Stausee. Auf dem 44 Kilometer langen Lakeside Way werden die Wanderer von großen, offen aufgestellten Kunstinstallationen überrascht. Außerdem gibt es eine Sternwarte, denn auch bei Sternguckern ist der Nationalpark beliebt. Hier, fernab von Städten und anderen künstlichen Lichtquellen, funkeln nachts Abertausende von Lichtern am dunklen Himmel.

Links: So wird aus der grandiosen Vorlage der Natur ein famoses Kunstwerk – mit längerer Belichtungszeit scheint das Foto die endlose Bewegung der Sterne einzufangen.

Rechts: Das wasserreiche Fontburn Reservoir in Northumberland bildet tagsüber ein beliebtes Gebiet für Wanderer und Angler, nachts gibt die ebene Landschaft herrliche Blicke gen Himmel frei.

Um das Römische Reich besser gegen die Völker im Norden verteidigen zu können, wurden im 2. Jahrhundert befestigte Grenzanlagen errichtet, die sich über 5000 Kilometer quer durch Europa erstreckten. Von Newcastle über Carlisle nahe der englisch-schottischen Grenze bis zum 120 Kilometer entfernten Bowness-on-Solway an der Irischen See verläuft der Hadrianswall. Er ist teils als Steinmauer, teils als Erdwall realisiert. Kaiser Hadrian hatte den fünf Meter hohen und fast drei Meter breiten Wall in den Jahren 122–132 zum Schutz gegen die schottischen Stämme errichten lassen. Zur Befestigungsanlage gehörten neben dem entlang einer Militärstraße angelegten eigentlichen Wall auch Militärlager, Kastelle, Türme und Tore. Beidseits des Walls verlief jeweils ein Graben. Nach dem Abzug der Römer um 410 verfiel der Wall zusehends.

Es kehrte Ruhe ein und die Natur übernahm zunehmend die Region. In den 1950er-Jahren schließlich wurden über 1000 Quadratkilometer der Landschaft zum Nationalpark erklärt. Abgelegener kann man in England kaum einen Landstrich finden. Das freut nicht nur Naturliebhaber, sondern auch Sternengucker. Denn weit weg von störenden Stadtlichtern und großen Straßen funkeln hier die Sterne besonders zahlreich. Gemeinsam mit dem Kielder Water & Forest Park ist der Nationalpark seit 2013 als International Dark Sky Park ausgezeichnet. Mehrere über die Region verteilte Dark Sky Discovery Sites wurden auf einer Karte verzeichnet. Die nächtlichen Ausflüge in den Nationalpark werden nicht zuletzt aufgrund der historischen Überreste des Hadrianswalls und späteren Bauten zu einem besonderen Erlebnis.

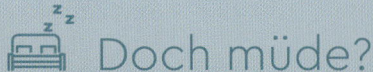 ## Doch müde?

BATTLESTEADS HOTEL & OBSERVATORY// Nur wenige Schritte sind es vom öffentlichen Observatorium in Wark-on-Tyne zum Battlesteads Hotel, das luxuriöse Zimmer und Lodges sowie in Restaurant und Bar gehobene leibliche Genüsse bietet. Das Wichtigste an der Location dürfte aber der Kalender sein, der die bevorstehenden Sternen-Events und sonstigen Nachtspektakel ankündigt – Stargazing & Moonwatch!
www.battlesteads.com

HUTS IN THE HILLS// Die fantastischen und sehr individuellen Holzhäuser bieten auf dem Grund einer Farm bei Alnwick tagsüber einen atemberaubenden Blick über die Hügellandschaft und nachts einen ebenso schönen auf den Sternenhimmel.
www.kiphideaways.com/hideaways/huts-in-the-hills

LANGLEY CASTLE// Langley Castle hat schon so manches gesehen, seit es im 14. Jahrhundert in der Grafschaft Northumberland errichtet wurde. Damals diente der H-förmige, vier Stockwerk hohe Bau Ritter Sir Thomas de Lucy, der König Heinrich III. treu ergeben war, als Wohnsitz. Was den Komfort betrifft, ist das Hotel allerdings gut in der Gegenwart angekommen, denn die in historischem Stil eingerichteten Zimmer, der prächtige Salon sowie der Sauna- und Wellnessbereich lassen in dieser Hinsicht keine Wünsche offen. Vor wenigen Jahren wurde das Restaurant um einen modernen Glaspavillon erweitert, dessen luftige Architektur in spannendem Kontrast zu den zwei Meter dicken Mauern des übrigen Gemäuers steht.
www.langleycastle.co.uk/en

 ## NACHTS ERLEBEN:

● Stargazing im Battlesteads Observatory
Das Battlesteads Dark Sky Observatory ist ein öffentliches astronomisches Observatorium, das Vorträge, Aktivitäten, Sternenbeobachtung und Astro-Kurse für jeden bietet, vom absoluten Anfänger bis zum Profi. Es liegt in Wark, nahe des Kielder Water & Forest Park in Northumberland. Geleitet werden die Kurse von professionellen Astronomen und Wissenschaftlern, die den Gästen ihr Wissen zu Mond, Sonne und Sternen vermitteln: Wie findet man sich im Kosmos zurecht? Wie unterscheidet man einen Stern von einem Planeten? Das Expertenteam sorgt dafür, dass die Besucher in kürzester Zeit am Nachthimmel Sternbilder, Mond und Planeten erkennen.

● Stargazing im Kielder Observatory
Ganz oben im nördlichsten England befindet sich das Kielder Observatory, ein magischer und einzigartiger Ort. Der Blick in das Weltall erinnert dabei oft an unsere Existenz auf nur einem von vielen Planeten, umringt von einer Milliarde Sterne und Galaxien. Zusätzlich zu Angeboten wie das Beobachten oder Fotografieren des Nachthimmels gibt es auch einen Abend der Mythen und Legenden, der von der Geschichte der Sterne handelt. Wie sie unseren Vorfahren zur Orientierung auf dem offenen Meer dienten oder als Kalender der Jahreszeiten für den Ackerbau.

An der Northumberland Coast steht auch der Bamburgh Lighthouse, der Leuchtturm wurde 1910 errichtet, um die Schiffe vor der Küste der Farne Islands richtig zu leiten. Er ist noch in Betrieb, wird heute aber von der Zentrale aus der Ferne gesteuert.

England – Northumberland National Park

Das ikonische Alnwick Castle fungierte bereits als Drehort der ersten beiden »Harry-Potter«-Filme sowie für Weihnachtsausgaben der britischen Fernsehserie »Downton Abbey«. Auch von Pflanzenliebhabern wird Alnwick mit seinen herrlichen, ausgedehnten Schlossgärten gerne aufgesucht.

AM TAG ENTDECKEN:

● Hadrian's Wall

Um das Römische Reich besser gegen die Völker im Norden verteidigen zu können, wurden im 2. Jahrhundert befestigte Grenzanlagen errichtet, die sich über 5000 Kilometer quer durch Europa erstreckten. Von Newcastle über Carlisle nahe der englisch-schottischen Grenze bis zum 120 Kilometer entfernten Bowness-on-Solway an der Irischen See verläuft der Hadrianswall. Kaiser Hadrian hatte den fünf Meter hohen und fast drei Meter breiten Wall aus Erde und Stein in den Jahren 122 bis 132 zum Schutz gegen die schottischen Stämme errichten lassen. Nach dem Abzug der Römer um 410 verfiel der Wall zusehends. Heute sind einige der alten Gebäude zu besichtigen, in einigen sind sogar Museen eingerichtet.

● Alnwick Castle

Wer Mittelalter pur erleben will, ist in Alnwick richtig. Die kleine Stadt wird von ihrer riesigen Burganlage beherrscht, der zweitgrößten noch bewohnten des Landes. Hier residierten einst die Percys, die mächtigen Fürsten von Northumberland. Der berühmteste unter ihnen, Henry Percy Hotspur, rebellierte gegen seinen einstigen Freund, König Heinrich IV., und wurde in der Schlacht getötet, was William Shakespeare in seinen Dramen – nicht ganz wahrheitsgetreu – verarbeitete. Heute gibt es für Besucher eine Fülle von Mitmach-Aktionen.

● Bamburgh Castle

Mit seiner Lage direkt am Meer ist Bamburgh Castle etwas Besonderes. Mit seiner Geschichte auch. Denn die heutige, im Kern normannische Festung wurde anstelle einer älteren Burg errichtet, in der vermutlich zuerst die keltischen Könige des romano-britischen Reiches Gododdin regierten, bevor sie im Jahr 547 von König Ida von Bernicia erobert wurde. Im 19. Jahrhundert wurde sie von einem Stahlmagnaten gekauft und restauriert. Sie ist noch heute im Besitz seiner Familie, doch die Staatsräume im opulenten, fantasievollen Stil viktorianischer Burgenromantik dürfen ebenso besichtigt werden wie die Außenanlagen, von denen schon der Schriftsteller Thomas Malory im 15. Jahrhundert so begeistert war, dass er sie in seinen Artus-Roman aufnahm. Nicht zuletzt ist der Strand unterhalb der Burg fantastisch schön.

● Newcastle upon Tyne

In der Römerzeit endete hier am Hadrianswall die Zivilisation. Für manche Engländer aus dem Süden des Landes ist Newcastle upon Tyne immer noch raues Pflaster. Dabei hat sich das einstige »Aschenputtel« am Tyne gewaltig herausgeputzt. Die durch Industriegeschichte geschwärzten Fassaden alter Prachtbauten wurden gesäubert, die Quays in moderne, lebendige Stadtquartiere umgestaltet und aufsehenerregende Bauten errichtet. Newcastle glänzt mit einem sehr reichen Kulturangebot und Musik- und Theaterprogramm inklusive kunterbuntem Nachtleben.

WALES

DARK SKY SANCTUARY YNYS ENLLI (BARDSEY ISLAND)

Dunkler ist der Himmel in Europa nirgends. 2023 wurde die kleine walisische Insel Bardsey Island von der Dark-Sky Association als Dark Sky Sanctuary zertifiziert, als Internationales Schutzgebiet für den dunklen Himmel. Bardsey Island ist damit der erste Ort in Europa, der diese Auszeichnung erhält und einer von nur 16 weltweit. Doch auch schon vor Jahrhunderten wurden der Insel, die auf walisisch Ynys Enlli heißt, eine besondere Beziehung zum Himmel nachgesagt.

Links: Über den Dörfern der Halbinsel Llŷn zeigt sich die fantastische Milchstraße am Firmament.

Rechts: Der Mond ist aufgegangen … über Bardsey Island, und der Himmel zeigt sich in den schönsten Pastellfarben.

»Insel der 20.000 Heiligen« wird Bardsey Island auch genannt. Denn der Legende nach sollen so viele als heilig angesehene Menschen hier bestattet worden sein. Fest steht, dass die Insel schon in den Anfängen des Christentums ein bedeutsamer Pilgerort und Begräbnisplatz war. Aber nur die Besten und Tapfersten haben hier ihre letzte Ruhestätte bekommen. Teilweise wird deshalb sogar darüber spekuliert, ob Bardsey Island nicht vielleicht sogar Avalon ist, die mythische Apfelinsel, auf der König Artus begraben worden sein soll. Die Menschen des Mittelalters pilgerten aber auch nach Bardsey Island, um die Vergebung ihrer Sünden zu erlangen. Drei Pilgerfahrten hierher galten so viel wie eine Wallfahrt nach Rom. Ynys Enlli war damit ein Ort, an dem sich die Menschen dem Paradies, dem christlichen Himmel, besonders nahe fühlten. Und man kann darüber spekulieren, ob das daran lag, dass der nächtliche Blick in den real existierenden Himmel schon damals an diesem Ort etwas Besonderes war.

Auf jeden Fall muss die Pilgerreise dorthin äußerst beschwerlich gewesen sein. Denn Bardsey liegt drei Kilometer vor der Spitze der 50 Kilometer langen Llŷn-Halbinsel in rauer See. Das mittelalterliche Kloster erhob sich auf der Spitze eines 167 Meter steilen Hügels, der den Nordosten der Insel einnimmt. Der beste Platz für Sternengucker heute ist jedoch der flache Südwesten der Insel im Schatten des Berges, denn dieser schirmt das ohnehin schwache Licht vom britischen Festland zusätzlich ab. Leider ist Sterngucken an diesem besonderen Ort ein exklusives Vergnügen. Denn eine Möglichkeit zum Campen gibt es nicht. Wer hier über Nacht bleiben will, der muss sich in einem von acht nostalgischen Cottages einmieten, die auf der Insel zur Verfügung stehen. Ansonsten gibt es nur noch eine Farm, deren Schafe und Rinder die Insel beweiden und ein kleines Café mit lokalen Produkten für Tagesbesucher.

# NACHTS ERLEBEN:

• Himmel über Bardsey Island

Bardsey Island hat ganz offiziell einen der schönsten Nachthimmel der Welt. Es ist der erste Ort in Europa mit einer Zertifizierung als internationales Schutzgebiet. Als solches wurde er aber nicht wegen der Insel selbst ausgezeichnet, sondern wegen dem Himmel darüber. Durch einen Berg, der das Licht vom Festland abschirmt und durch die irische See gehört er zu den dunkelsten Orten auf dem ganzen Planeten. Die nächst größere Lichtverschmutzung kommt aus dem über 110 Kilometer entfernten Dublin. Dadurch ist der Blick auf die Sterne und Planeten frei und Sternenbegeisterte können ungestört den Nachthimmel beobachten. Nur eine Handvoll Menschen lebt auf dieser Insel, fischt und bewirtschaftet sie und sorgt für die zehn Ferienhäuser, die zwischen März und Oktober von Reisenden besucht werden können.

# AM TAG ENTDECKEN:

• Bardsey Chapel

Als bedeutender Pilgerort musste Bardsey natürlich auch ein religiöses Zentrum besitzen. Bereits im frühen 6. Jahrhundert ließ der König von Llŷn dort ein Kloster gründen, das der Jungfrau Maria geweiht wurde. 1537 wurde es von König Heinrich VIII., der sich von der katholischen Kirche losgesagt hatte, wie unzählige andere kleine Klöster in Großbritannien, aufgelöst und zerstört. Die Glocken, das Chorgestühl und sogar zwei Fenster wurden in eine andere Kirche gebracht, das Vermögen dem Kronschatz zugeschlagen. Von dem Gebäude blieben nur der Stumpf des Glockenturms und der Friedhof. Trotzdem kamen weiterhin Pilger auf die Insel und auch heute noch ist Bardsey Endstation des North Wales Pilgrim's Way. Seit 1875 gibt es nahe der alten Abtei jedoch eine kleine methodistische Kirche. Während der Sommersaison hält hier ein Kaplan regelmäßig Messen und Andachten und steht Tagesbesuchern auch für Gespräche zur Verfügung.

• Tierwelt auf Bardsey Island

Neben Sternguckern pilgern auch Vogelfreunde nach Bardsey, denn die abgelegene Insel ist Hotspot auf den Zugrouten von Alpenkrähe bis Zilpzalp. Abertausende machen jedes Jahr hier Rast. Ungefähr 30 Vogelarten nisten auch auf der Insel, darunter die selten gewordene Alpenkrähe und mehr als 15.000 Paare des Atlantiksturmtauchers. Daneben haben auch Möwen, Trottellummen, Eissturmvögel und Tordalke hier ihre Kinderstube. Den Vögeln kommt zu gute, dass es auf Bardsey

An der Halbinsel Llŷn liegt auch das beschauliche Dörfchen Morfa Nefyn, ein beliebtes Ausflugsziel für Strandbesucher. Es empfiehlt sich zudem hier den örtlichen Pub Ty Coch zu besuchen, urig und erfrischend.

Die pittoreske Bardsey Chapel fügt sich malerisch in die liebliche Landschaft. Auch wenn man nicht auf einer Pilgerreise ist, kann man im Inneren wertvolle Momente der Stille genießen.

Island keine Ratten, Marder oder Füchse gibt, die sich an ihnen oder ihren Gelegen vergreifen. Die Insel ist deshalb seit 1986 Nationales Naturreservat. An den Küsten tummeln sich zudem zahlreiche Kegelrobben und ziehen hier ihre Jungen groß. Auch Tümmler und Rundkopfdelphine sind oft zu beobachten, weil die Strömungen rund um die Insel besonders viele Nährstoffe anspülen.

● Llŷn Peninsula

Im Gegensatz zu den unweit gelegenen rauen Felsgipfeln von Snowdonia kommt die Halbinsel Llŷn sanft daher. Doch der Blick über ihre hügeligen Küsten mit den Buchten ist herrlich, und so ist die Küste auch als Heritage Coast und die Halbinsel als Area of Outstanding Natural Beauty klassifiziert. Steilufer wechseln sich mit Dünen und Sandstränden ab, dazu malerische Dörfchen und Cottages. Hier lässt sich bestens Wassersport treiben oder relaxen. Besonders beliebt zum Beachen sind Llanbedrog, Abersoch und Porth Neigwl im Südwesten.

WALES

ERYRI NATIONAL PARK (EHEM. SNOWDONIA)

Über 2000 Quadratkilometer erstreckt sich der größte Nationalpark von Wales. Mit seinen schroffen Bergen und vielen Seen ist er eine der Top-Urlaubsadressen für Naturliebhaber in Großbritannien. Da er bereits 1951 unter Schutz gestellt wurde – damals noch unter seinem angelsächsischem Namen Snowdonia – wurde das Gebiet vor Naturzerstörung und Zersiedelung weitgehend bewahrt. Das kommt auch dem Himmel zu Gute, der über den Bergen seine Sterne funkeln lässt, und seit 2015 eine Zertifizierung als Dark Sky Reserve hat.

Links: Dramatisch spannt sich die legendäre Milchstraße über die zerklüfteten Berge von Llŷn Ogwen and Llŷn Idwal, der reißende Bach bildet einen schönen Kontrast.

Unten: Insgesamt sieben Gipfeltouren führen auf den Yr Wyddfa; höchst herausfordernd ist die Horseshoe-Route mit Überschreitung der gesamten Gipfelkette: Crib Goch (923 Meter), Crib y Ddysgl (1065 Meter), Yr Wyddfa (1085 Meter) und Y Lliwedd (898 Meter). Trittsicherheit und Schwindelfreiheit sind Voraussetzung, um das fantastische Panorama richtig genießen zu können.

Die Bergregion im Norden von Wales ist seit jeher eine von Legenden umwobene Gegend. Auf dem höchsten Berg soll einst der böse Riese Rhudda gehaust haben. Er kleidete sich mit einem Mantel aus den Barthaaren der Könige, die er erschlagen hatte. Bis er dann von König Artus, dessen Geschichte ebenfalls mit dieser Gegend verwoben ist, getötet wurde. Und deshalb, so die Legende, habe der Berg, auf dem Rhudda seine letzte Ruhe fand, den Namen »Yr Widdfa«, also Grabmal bekommen. Auf Englisch heißt er Snowdon »Schneeberg« und gab einst dem ganzen Nationalpark seinen Namen. Doch seit 2022 wird der walisische Name Eryri, verwendet, der so alt ist, dass man nicht genau weiß, was er bedeutet, die Vermutungen gehen zu »Erhebungen«.

Der Park nimmt ungefähr zehn Prozent der Fläche von Wales ein und besticht durch seine landschaftliche Schönheit. Unergründlich blau sind seine Gebirgsseen, geistergrün seine Berghänge. Doch oft werden alle Farben vom Nebel und den Wolken geschluckt. Mehr als fünf Meter Niederschlag fällt hier jedes Jahr, heiß sind die Sommer, bitterkalt die Winter, und vor den Winden gibt es keine Rettung. Schon die alten Sagen warnen, dass man hier auf der Hut sein muss. Wer auf dem Cadair Idris übernachte, heißt es etwa, werde entweder blind oder verrückt.

Auch jenseits solcher Geistergeschichten, ist angesichts der nordwalisischen, teils exzentrischen, Wetterkapriolen eine Übernachtung auf dem Cadair oder einem anderen Gipfel für Sterngucker nicht zu empfehlen. Und wildes Campen ist im gesamten Park übrigens auch nicht erlaubt.

Die Nationalpark-Verwaltung hat eine Reihe von empfohlenen »stargazing locations« ausgewiesen, die im dunklen Zentrum des Dark Sky Reservats zum Beispiel an kleinen Bergstraßen und auf Pässen liegen und sowohl gut zu erreichen sind, wie auch besten Blick garantieren. Da der Park nicht nur bei Sternenanbetern beliebt ist, ist die touristische Infrastruktur generell äußerst gut und auch die Angebote für speziell für Astrotouristen wachsen beständig.

 Doch müde?

CASTELL DEUDRAETH//Im Jahr 1850 errichtete der Abgeordnete David Williams den viktorianischen Bau, in dem heute ein Luxushotel und ein gehobenes Restaurant untergebracht sind. Von der dieser Zeit entsprechenden Parkanlage rund um das Castell sollte man allerdings nicht auf den Stil des Hotels schließen, denn der ist modern und luxuriös. Gemälde von Marc Chagall, Kyffin Williams, Menna Angharad oder Susan Williams-Ellis zieren die Wände der elf exklusiven Suiten, die mit Designermöbeln und zeitgemäßer Technik ausgestattet sind.

 NACHTS ERLEBEN:

● **Dachse beobachten**

Fernglas, dunkle Kleidung, Sitzkissen und Geduld. All das sollte man haben, wenn man Dachse beobachten möchte. In der Abenddämmerung tauchen sie auf, gehen auf Nahrungssuche oder spielen im Mondlicht. Ein Schauspiel, das durch die scheue Art der Tiere eine Seltenheit ist. Bei Interesse an einer Dachsbeobachtung, sollte man sich am besten in seiner Unterkunft erkundigen. Dabei werden organisierte Touren empfohlen, denn der Dachs gehört in Großbritannien zu den geschützten Tierarten und das Stören eines Dachsbaus ist strafbar. Gerade der »Dachs Trust«, der sich für den Schutz der Tiere einsetzt, bietet in den Sommermonaten Beobach-

Von oben: Herrlich herrschaftlich residiert man heute im Castell Deudraeth, gelegen im idyllischen Portmeirion Village. Man kann die Zimmer über verschiedene Anbieter buchen.

Macht und Respekt sollte Caernarfon Castle demonstrieren, und in der Tat ist sie architektonisch eine der eindrucksvollsten Burgen von Wales. Die Burgruine gehört seit 1986 als Ensemble zum Weltkulturerbe der UNESCO.

Die sagenumwobenen Landschaften von Snowdonia haben viele Gesichter. Neben den steilen Berggipfeln laden auch Seen und flache Wanderwege zum Erkunden ein.

tungsabende an. Das sehr empfindliche Gehör der Tiere nimmt Menschen aus großer Ferne wahr, Experten kennen Tricks, ihnen dennoch zur Beobachtung näherzukommen.

AM TAG ENTDECKEN:

● Yr Wyddfa, Y Lliwedd und Cnicht

So überschaubar die Höhen der drei bedeutendsten Gipfel im Eryri-Nationalpark auch scheinen, niemand sollte eine Bergtour in dem zerklüfteten Gelände unterschätzen. Hinzu kommt das wechselhafte Wetter, das unvergessliche Momente schaffen kann, oft aber auch mit Nebel jede Aussicht versperrt. Zumindest für die sieben Wanderrouten auf den 1085 Meter hohen Yr Wyddfa (Mount Snowdon) gibt es jedoch auch eine bequeme Alternative. Seit dem Jahr 1896 bringt eine Zahnradbahn die Besucher von Llanberies bis kurz unterhalb des Gipfels. Nicht weit entfernt liegt der auffällige Y Lliwedd (898 Meter), der mit seinen steilen Felsflanken bei Kletterern beliebt ist. Einige Kilometer südlich davon erhebt sich die markante Spitze des Cnicht (689 Meter), die – zumindest von Porthmadog aus gesehen – ihren Beinamen »Matterhorn von Wales« zu Recht trägt.

● Glyder Fawr

Mit 1001 Metern ist er der höchste Gipfel der Glyderau-Gebirgskette und der fünfthöchste des Eryri-Nationalparks. Der Glyder Fawr ist durch raue Felswände gekennzeichnet und daher bei Kletterern sehr beliebt. Auch mehrere Wanderrouten führen zum Glyder Fawr hinauf, viele von ihnen schließen auch die Nachbargipfel ein. Ein besonders eindrucksvoller Rundwanderweg führt zum Glyder Fawr sowie zu den benachbarten Gipfeln Glyder Fach und Tryfan und vorbei an der »Devil's Kitchen«. Die Bergkuppe ähnelt einem Schornstein, und bei wolkigen Wetterverhältnissen scheint es, als stiege Rauch auf, als würde der Teufel dort gerade kochen. Das raue Klima der Gegend, gepaart mit den unscheinbaren Wanderwegen, stellt für Besucher eine besondere Herausforderung dar. Bei Nebel oder Schnee ist äußerste Vorsicht geboten.

● Caernarfon Castle

Gwynedd ist eine raue Region im Norden von Wales, die jahrhundertelang von kleinen Adelsgeschlechtern regiert wurde. An der Mündung des Flusses Seiont entstand ab dem Jahr 1283 unter Edward I. Caernarfon Castle, nachdem seine Truppen das zuvor noch unabhängige Wales unterworfen hatten. Der etwa 13 Kilometer südlich von Bangor gelegene Bau ist mit seinen achteckigen Türmen eine der eindrucksvollsten Burganlagen in Wales. Die Burg sollte nicht nur als Teil des »Eisernen Rings« der Verteidigung dienen, sondern war zugleich Residenz des Königs und Sitz seiner Regierung. 1284 kam dort Edwards ältester Sohn, späterer König Edward II., der erste Prince of Wales, zur Welt. 1969 wurde dem Thronfolger Charles Mountbatten-Windsor – König Charles III. – dieser Titel auf der Burg feierlich verliehen.

WALES

BANNAU BRYCHEINIOG NATIONAL PARK

Als im Februar 2023 das Bannau Brycheiniog Dark Sky Reserve seinen zehnten Geburtstag feierte, wurden die Bewohner auf dem Gebiet des 1300 Quadratkilometer großen Nationalparks aufgefordert, für eine Stunde wirklich alle Lichter auszuschalten und die vollkommene Dunkelheit zu feiern. Außerdem tilgte man den alten englischen Name Brecon Beacon, der übersetzt »König Brecons Leuchtfeuer« heißt, samt dem alten Leuchtfeuer-Logo und ersetzte ihn durch das walisische Bannau Brycheiniog »König Brychans Bergspitzen«.

Links: Der italienische Astrophysiker und Universalgelehrte Galileo Galilei wusste bereits im 17. Jahrhundert, dass die schleierartige Milchstraße aus Milliarden von Sternen besteht. Hier zeigt sie sich über dem Nationalpark Bannau Brycheiniog.

Rechts: Auch die Burgruine des White Castle in Monmouthshire bildet eine romantische Kulisse für nächtliche Himmelsspektakel wie hier bei einem Perseidenschauer.

Was könnte romantischer sein, als den funkelnden Sternenhimmel über den Ruinen einer alten Abtei zu betrachten? Im Nationalpark Bannau Brycheiniog gehören die imposanten Relikte der Llanthory Priory zu den besonders empfohlenen Plätzen für Sternegucker. Schließlich ließ sie der normannische Adelige William de Lacy einst bewusst in der Wildnis errichten, um sich von Krieg und weltlichem Hader zurückzuziehen.

Der Nationalpark wurde 1957 gegründet und wird von mehreren Bergketten durchzogen, deren Gipfel größtenteils waldlos sind und einen herrlichen Weitblick bieten. Höchster Gipfel ist der Pen y Fan mit 886 Metern. Mit dem Nebengipfel bildet er ein Hufeisen, über das ein beliebter Wanderweg führt. Der Pen y Fan wird auch als »Arthurs Hill« bezeichnet, wie überhaupt die Berge sagenhaft mit König Artus verwoben sind. So soll einsamen Wanderern Zauberer Merlin hier in Gestalt eines Ziegenbocks gegenübertreten. In der Realität sind es eher kleine Merlin-Falken, die einem hier begegnen können, dazu zahlreiche andere Wildtiere, wild lebende Welsh Mountain Ponys und schwarze Bergschafe. Landschaftlich dominiert offenes Moorland, aber in den tieferen Lagen gibt es auch lauschige Wälder, Bäche und Wasserfälle.

Das Nationalparkcenter befindet sich in nahe dem kleinen Ort Libanus, unweit der zentralen A470, die den Park von Norden nach Süden durchquert. Tagsüber bietet es Informationen über den Nationalpark. Nachts ist es einer der bevorzugten Orte zum Sternegucken. Viele Besucher bringen auch eigene Teleskope mit und stellen sie auf dem Gelände auf. Zwei Campingplätze finden sich in nur zwei Kilometer Entfernung. Durch die relativ südliche Lage hat Astrotourismus das ganze Jahr über Saison. Ein sehr beliebter Monat ist der August, der einen schönen Blick auf die Milchstraße und die beste Aussicht auf Sternschnuppen bietet. Lichttechnisch liegt der Park in der »Kategorie Silber« doch die Gemeinden des Parkes arbeiten seit der Zertifizierung daran, die Lichtverschmutzung weiter zu verringern.

NACHTS ERLEBEN:

● **Sternenhimmel über Ruinen: Llanthony Priory**

Eine besondere Kulisse, um Sterne zu beobachten und zu fotografieren, ist die 900 Jahre alte Ruine des Llanthony Priory. Die Überreste des einstigen Augustinerklosters zeugen von einer Zeit, als dieses mittelalterliche Gebäude eines der größten von ganz Wales war. Die Stätte bietet einen makellosen Himmel, dessen Sterne besonders hinter den symbolträchtigen Gemäuern beeindruckende Bilder zaubern. Bis 16 Uhr kann man das Priory besichtigen. Danach können Sterngucker gerne den Parkplatz nutzen und die Aussicht auf das Priory und den mächtigen Hatterrall Hill genießen. Allerdings befindet sich nicht allzu weit entfernt ein Hotel und Wohnhäuser, weshalb der Lärm auf ein Minimum beschränkt und die öffentlichen Bereiche für Sterngucker nicht verlassen werden sollten.

AM TAG ENTDECKEN:

● **Hay-on-Wye**

Literatur nimmt in der Bücherstadt Hay-on-Wye einen breiten Raum ein. Das seit dem Jahr 1988 jährlich dort stattfindende Literatur- und Kunstfestival »Hay« hat der frühere amerikanische Präsident Bill Clinton einmal als »Woodstock des Geistes« bezeichnet. Heute treffen sich in dem kleinen Ort am Nordzipfel des Bannau-Brycheiniog-Nationalparks das ganze Jahr über Bibliophile aus aller Welt. Viele Häuser sind bis unters Dach vollgestopft mit Büchern. Auf knapp 2000 Einwohner kommen rund 25 Antiquariate. Als Bücherdorf gibt es Hay-on-Wye seit 1961.

● **Cardiff**

Seit 1955 ist Cardiff, die größte Stadt in Wales, auch die Landeshauptstadt. Unbedeutend und klein war der Ort noch zu Beginn des 19. Jahrhunderts, doch im Zuge der Industrialisierung

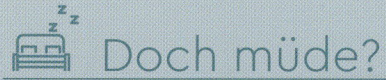
Doch müde?

CELESTIA// Ein luxuriös ausgestattetes Haus für alle, die sich mal wie ein englischer Landadeliger fühlen möchten. Die zwei Einheiten sind für Gruppen von bis zu 6 oder 8 Personen. Durch die einsame Lage in weitgehend offener Landschaft am Fuß des Pen y Fan muss man nachts zum Sterngucken nur vor die Türe treten.
www.uniquehomestays.com/self-catering/uk/wales/brecon-beacons/celestia

*Links von oben:
Der Sternenhimmel über den Ruinen von Llanthony Priory verspricht atemberaubende Nächte.*

Auf einer einsamen Bergkuppe ruht die Burgruine von Carreg Cennen Castle.

*Unten von links:
Direkt in der Cardiff Bay liegt das Millennium Centre von Jonathan Adams, es ist das nationale Kunstzentrum von Wales.*

An der Marina von Swansea locken Lokale mit schöner Aussicht auf den Hafen.

erlebte er einen rasanten Aufstieg. Der Hafen wurde ein wichtiger Umschlagplatz für Kohle. Nach dem Niedergang der Schwerindustrie entwickelte sich Cardiff zum Zentrum der Wissenschaft und Kultur mit einer Universität und einem bedeutenden Theater- und Opernhaus. Berühmt ist auch Cardiff Castle. Ursprünglich bestehend aus mehreren römischen Kastellen, wurde die Burg im Laufe ihrer jahrhundertelangen turbulenten Geschichte mehrfach um- und ausgebaut.

Heute besteht die Schlossanlage aus einer mittelalterlichen Burg und einem märchenhaften neugotischen Herrenhaus im viktorianischen Architekturstil. Im eindrucksvollen Speisesaal fand 2014 im Zuge des NATO-Gipfels das Festbankett mit den teilnehmenden Staats- und Regierungschefs statt. Das Schloss beherbergt heute auch das National College of Music and Drama.

● Gower Peninsula

Die Halbinsel zählt zu den beliebtesten touristischen Destinationen in Wales. Sie ist Teil der Grafschaft Swansea und ein Naturparadies ersten Ranges – mit großartiger Küstenlinie und idealen Bedingungen für Wanderer und Naturfreunde. Von Swansea aus sind die schönsten Strände und Buchten leicht erreichbar. Surfer finden ideale Reviere in der Swansea Bay oder in Llangennith an der Westspitze der Halbinsel vor. Erholsamen Strandurlaub genießt man in den Buchten von Langland, Caswell und Limeslide; alle drei wurden ausgezeichnet für ihre hervorragende Wasserqualität und vorbildliche Infrastruktur. Die Halbinsel bekam bereits 1956 das Prädikat einer »Area of Outstanding Natural Beauty« – die erste Landschaft im Vereinigten Königreich, der diese Auszeichnung offiziell zugesprochen wurde.

● Swansea

Wer sich nach Swansea wagt, wird positiv überrascht sein, steht die Stadt doch für jahrhundertelangen Raubbau an der Natur und Ausbeutung der Menschen. Der Hafen an der Tawe-Mündung war schon 1700 zentraler Umschlagplatz für Kohle. Damit zog der Ort auch die Schwerindustrie an, zuerst die Kupferhütten, dann Stahlwerke und Chemiebetriebe und ab 1918 Erdölraffinerien. Das Industriezentrum wurde im Zweiten Weltkrieg schwer zerstört, aber wiederaufgebaut. Dem Strukturwandel und vielen städtebaulichen Projekten ist es zu verdanken, dass Swansea heute ein reiches Kulturleben besitzt und sich sehr reizvolle Ecken entwickelt haben wie etwa das alte Arbeiterviertel Trevivian oder das Maritime Quarter beim Tawe-Hafen. Auch das Geburtshaus von Dylan Thomas, dem bekanntesten walisischen Dichter, lohnt einen Besuch.

WORUM GEHT ES BEIM ASTROTOURISMUS?

Seine erste Südseereise unternahm der berühmte Entdecker James Cook im Jahr 1768, um britische Astronomen nach Tahiti zu bringen. Sie sollten dort den Transit des Planeten Venus vor der Sonne vermessen und damit Daten liefern, um die Entfernung zwischen Erde und Sonne bestimmen zu können. Astrotourismus ist also schon uralt. Doch er muss nicht zwangsläufig der Wissenschaft dienen. Auch heute nehmen viele Menschen lange Reisen auf sich, um spektakuläre astronomische Ereignisse wie eine Sonnenfinsternis oder Polarlichter zu sehen. Und wer einmal den südlichen Sternenhimmel zu sehen bekommen möchte, muss zwangsläufig auf die südliche Hälfte der Erdkugel reisen. Spätestens 2023 nimmt der Trend »Astrotourismus« zu und viele Tourismusregionen, aber auch einzelne Unterkünfte, bieten zunehmend spezielle Ausrüstung wie Teleskope zum Leihen, Observatorien und Expeditionen an, errichten Sterngucker-Bänke, reduzieren die Außenbeleuchtung oder schaffen kreative Übernachtungsmöglichkeiten wie Glaskuppeln, um auch aus dem Bett heraus den Blick auf den Nachthimmel richten zu können.

WELCHE NACHTAKTIVEN TIERE LEBEN IN EUROPA?

Nachts wird geschlafen! Erstaunlicherweise gilt das für die meisten Tiere nicht. Ungefähr 60 Prozent aller Tierarten sind nachtaktiv. Bei den Säugetieren sind es sogar 70 Prozent, bei Faltern über 90 Prozent. Für sie alle gilt – für die eine Art mehr, die andere weniger – dass nächtliches Licht ihren Biorhythmus durcheinander bringen kann. Bekanntestes Beispiel sind die Insekten, die von Straßenlaternen und anderen Lichtquellen angezogen werden und dort verenden. Von den europäischen Nachtfalterarten sind viele stark gefährdet: etwa der Felsenflechtenbär, die Pflaumenglucke oder das Gamander-Graueulchen. Nachtaktive Säugetierarten sind beispielsweise Wolf, Fuchs, Luchs, Wildkatze, Waschbär, Dachs, Marder, Feldhamster, viele Mäusearten, Fledermäuse und Igel. Vögel dagegen sind relativ selten nachtaktiv. Eine große Ausnahme bildet die Familie der Eulen – vom Käuzchen bis zum Uhu. Auch nachts aktiv ist – der Name verrät es – die Nachtigall. Und der Ziegenmelker, der einzige europäische Vertreter aus der Familie der Nachtschwalben.

ENGLAND

EXMOOR NATIONAL PARK

Düstere Geschichten erzählt man sich in Exmoor, Geschichten wie jene des Henkers, der zum Gehenkten wurde: Ein unglückseliger Schafdieb war er, der sich hoch auf einer Klippe beim Versuch, seine Beute fortzuschaffen selbst strangulierte. Wenn man durch diese Hochebene in den Grafschaften Devon und Somerset reist, versteht man solche Geschichten sofort. Es ist eine raue Welt aus baumloser Heidelandschaft voller Moore mit tiefen Tälern, über die der Wind schneidet.

Für die Menschen früherer Tage gab es wenig Verlockungen das Exmoor zu betreten und so siedelten sie am Rand drumherum. Nur ihre Schafherden ließen sie hier grasen. Der Rest, damals noch stärker von Wald bedeckt, war königliches Jagdrevier. Heute ist das Exmoor vor allem für seine wild lebenden Pferde bekannt: Braune Ponys mit einem charakteristischen hellen Maul, die die älteste Pferderasse Englands sind und wahrscheinlich sogar näher am Wildpferd als irgendeine Rasse in Europa. Dazu gesellen sich – vor allem in der Morgendämmerung – Rothirsche. Nirgendwo in England leben so viele wie hier. Insgesamt gibt es in dem Gebiet zahlreiche seltene Wildtierarten und Pflanzen. Bereits seit 1954 ist das Exmoor deshalb unter Schutz gestellt. Seit 2011 ist es auch Dark Sky Reserve der Kategorie Silber – und war damit die erste Region in Europa, die diesen Status bekam.

Jedes Jahr im Oktober wird das mit einem großen Stargazing Festival gefeiert, bei dem es zum Beispiel geführte Nachtwanderungen und Beobachtungen am Teleskop, aber auch Ausgefallenes wie Dark Skies Yoga gibt.

In den drei Nationalparkcentern in Dulverton, Dunster und Lynmouth gibt es eine Menge Infomaterial und Tipps zum Sterngucken. So etwa einen Pocketguide, der über die speziellen Bedingungen im Exmoor informiert und die besten Plätze verrät. Außerdem kann man in den drei Centern Dobson Skywatcher ausleihen, das sind professionelle und doch einfach zu bedienende Teleskope.

Obwohl der Exmoor Nationalpark nach dem Northumberland Nationalpark »nur« der zweitdunkelste im ganzen Vereinigten Königreich ist, gibt es einzelne Orte, die den »Goldstatus« erreichen wie etwa die höchste Erhebung, der 519 Meterhohe Dunkery Beacon. Hier sieht man die Strukturen der Milchstraße im Sommer noch einmal deutlicher als in anderen Dark Sky Areas und man kann kosmische Nebel und ferne Galaxien (Messier-Objekte) mit bloßem Auge erkennen.

Links: Die Lichter Glastonburys und die Sterne funkeln am Glastonbury Tor um die Wette.

Rechts: Tagsüber ist der Wimbleball Lake im Exmoor National Park ein beliebtes Wandergebiet, nachts bietet die ebene Landschaft faszinierende Panoramablicke in den Sternenhimmel.

🌙 NACHTS ERLEBEN:

• Events im Dark Sky Hub, Exmoor

Im Dark Sky Hub von Exmoor kann man im Sommer die Sonne und im Winter die Sterne beobachten. Die klaren, mondlosen Nächte von Exmoor sind hervorragend für die Sicht auf das Sternenzelt. Wenn der Mond aber scheint, kann man mit einem Fernglas sogar seine Krater sehen. Das ganze Jahr über werden Veranstaltungen rund um das Beobachten des Himmels angeboten, für die sich jeder anmelden kann. Mit den neuesten laser- und computergesteuerten Teleskopen kann man den Himmel bei Tag und bei Nacht betrachten. Begleitet werden manche dieser Kurse mit Teepausen und hausgemachtem Essen, nicht selten auch mit einem sommerlichen Barbecue. Bei schlechtem Wetter wird das Sternenerlebnis im virtuellen Planetarium des gemütlichen Teezimmers abgehalten.

• Dark Sky Discovery Trail

Der Dark Sky Entdeckungspfad ist ein leichter Spaziergang durch die romantische Heidelandschaft von Exmoor. Unter dem zauberhaften Sternenhimmel der rabenscharzen Nacht, begibt man sich auf ein kleines Abenteuer durch die wilde Natur der Gegend. Zwischen Mai und September ist es besonders idyllisch, denn da grasen Schafe und Kühe auf den Wiesen. Besonders vorsichtig sollte man aber sein, wenn Jungtiere dabei sind. Ausgangspunkt der Route ist die Haltebucht in der Nähe von Larkbarrow Corner.

☀ AM TAG ENTDECKEN:

• Glastonbury

Bei Bridgwater zweigt die Küstenstraße A39 ins Landesinnere ab und führt nach Glastonbury, einem legendären Ort der Mythen, der zahllose Esoteriker anzieht. Für die Konzentration an Übersinnlichem gibt es mehrere Gründe: Unter den Ruinen von Glastonbury Abbey mit ihrem merkwürdigen Turm sollen die Gebeine von König Artus ruhen – eventuell auch sein Gral –, zudem wird Glastonbury immer wieder mit dem Feenreich Avalon gleichgesetzt. Historische Fakten belegen die Gründung der ersten Klosterkirche im 7. Jahrhundert, den Bau der größten Abteikirche Englands um 1000 sowie die Auflösung des Klosters 1539. Überregional bekannt ist die Stadt auch durch ihr zur Sommersonnwende stattfindendes Rockfestival, bei dem Esoteriker, Rockfans und Hippies ihre Zelte aufschlagen – unbeirrt vom oft regnerischen Wetter.

• Exeter

Understatement ist nicht am Platz, wenn es um die prachtvolle Kathedrale St Peter in Exeter geht. Sie wurde im 13. Jahrhundert auf den Fundamenten einer normannischen Vorgängerkirche erbaut. Schon die Westfassade ist

Von oben: Für den 3,2 Kilometer langen Pfad des Dark Sky Discovery Trail sollten mindestens eineinhalb Stunden eingerechnet werden. Pausen werden mit Sterngucken versüßt.

Eines der längsten Deckengewölbe der Welt findet man in der imposanten Exeter St. Peter Cathedral.

reich geschmückt, doch wenn man die Kirche betritt, stockt einem der Atem. Wie eine steingewordene Allee wirkt das 90 Meter lange Deckengewölbe des Hauptschiffs. Weiteres Highlight ist eine astronomische Uhr, die die Zeit und die Position der Sonne anzeigt, sowie durch eine silberne Kugel die Mondphasen. Der 18 Meter hohe, mit Schnitzereien reich verzierte Bischofsthron. Kein einziger Nagel wurde hier verwendet, nur Zapfen und Nuten halten das Prunkstück zusammen.

● **Dartmoor National Park**

Der 945 Quadratkilometer große Dartmoor National Park ist eine unberührte Wald- und Moorgegend an der Südwestküste Englands. Das Gebiet liegt knapp 500 Meter über dem Meeresspiegel und zählt zu den größten europäischen Naturparks. Das Dartmoor ist keine Urlandschaft, sie wurde seit Jahrtausenden kultiviert. Zahlreiche archäologische Stätten – Überreste von Steinzeitdörfern, Steinalleen und -kreise, Monumente sowie Grabanlagen – belegen die lange Siedlungsgeschichte. Ein rund 800 Kilometer langes Wanderwegenetz durchzieht die Naturlandschaft. Rotbraune Farnwedel, Heidekraut, vom Wind zerzauste Bäumchen und zottige Dartmoor-Ponys bestimmen in weiten Teilen das Bild des Nationalparks, besonders im kargen Westen. Verwinkelte Landstraßen und kleine Dörfchen prägen den stärker besiedelten Osten. Markant sind auch die aus Granitplatten gebauten Clapper Bridges. Von Ashburton, einer hübschen Kleinstadt in der Nähe des idyllischen Widecombe-in-the-Moor, geht die Fahrt weiter durch eine hügelige Landschaft nach Two Bridges, vorbei an Princetown mit dem berüchtigten Dartmoor Prison. Tavistock, das frühere Zentrum des Zinn- und Kupferbergbaus, war über Jahrhunderte für sein reiches Benediktinerkloster berühmt, das heute nur in Ruinen erhalten ist.

● **Lynton und Lynmouth**

Im Norden des Exmoor National Park liegen die Zwillingsfischerorte Lynton und Lynmouth. Verbunden werden sie seit 1890 von der Cliff Railway, über die Steilküste hinweg. Drei Jahre betrug die Bauzeit dieser Wasserballastbahn. Das Besondere an der Bahn, die einen Höhenunterschied von 150 Metern zu überwinden hat, ist der Antrieb ohne Motor. Die zwei Wagen, die jeweils 40 Personen transportieren können, liegen auf parallelen Schienen und sind mit einem Stahlseil verbunden. In den Tank des oberen Wagens wird Flusswasser geleitet, gleichzeitig aus dem Tank des unteren Wasser abgelassen, bis der obere Wagen schwerer ist und dank der Schwerkraft seinen Weg nach unten beginnt. Durch das Stahlseil fährt der andere Wagen dabei nach oben.

An manchen Stellen im Dartmoor National Park ragt der Granit als Steinkuppen (»Tors« genannt) aus der Landschaft hervor. Im Bild ist die Aussicht über Tavy Cleave zu genießen.

NIEDERLANDE

NATIONALPARK LAUWERSMEER

Eigentlich war das Lauwerszee eine tief eingeschnittene Meeresbucht an der niederländischen Nordküste. Doch nach einer verheerenden Sturmflut im Jahr 1953 ist sie mit einem Damm abgeriegelt. Durch den stetigen Zufluss von Süßwasser änderte sich die Bodenbeschaffenheit und schuf im Laufe der Jahre eine reichhaltige Flora und Fauna. Der 2003 eingerichtete Nationalpark gehört heute zu den wichtigsten Vogelbrutgebieten Westeuropas. Und gerade auch für die Ungestörtheit der Vögel erkämpften die Naturschützer die Zertifizierung als Dark Sky Park.

Links: Für den lohnenden Ausguck vom Leuchtturm Oostmahorn am Lauwersmeer muss man schwindelfrei sein und über eine Metallstiege klettern.

Rechts: Wenn der Mond die Sonne berührt ... Winzig klein erscheint der langsam in der Morgendämmerung verschwindende Vollmond über dem weiten Wattenmeer der Nordsee.

Im Frühjahr verwandelt sich die Landschaft rund um das Lauwersmeer in ein Blütenmeer aus Herzblatt, Tausendgüldenkraut, wilden Orchideen und Rosen. Viele seltene Vogelarten wie die Wiesenweihe, Uferschwalbe, Bartmeise und das Blaukehlchen nisten hier. Für die Zugvögel ist der Nationalpark ein wichtiger Rastplatz. Und sogar die Seeadler, Wanderfalken, Eisvögel und – kaum zu glauben – Flamingos wurden hier schon gesichtet, ebenso wie Löffler und Brandgänse.

Damit das so bleibt, dürfen viele besonders sensible Bereiche überhaupt nicht betreten werden. Schottische Hochlandrinder und Konikpferde sorgen durch Beweidung dafür, dass die Landschaft offen bleibt. Doch neben allen Naturschutzmaßnahmen ist der rund 9000 Hektar große Nationalpark auch zu einem beliebten Ziel für Segler, Kanufahrer, Surfer, Radfahrer und Wanderer geworden.

Im Acitiviteitencentrum Lauwersnest am Ostufer sind Vögel und der dunkle Himmel die wichtigsten Themen. Und dabei wird, etwa auf nächtlichen, geführten Touren klar gemacht, dass der Kampf gegen Lichtverschmutzung eben nicht nur dem besseren Sternegucken dient, sondern auch wichtig für den Biorhythmus von Vögeln, Insekten, Fledermäusen und vielen anderen Tieren ist.

Jedoch auch an Sternegucker wurde gedacht. Es gibt zwei »Himmelsplattformen«. Hier kann man Kopfstützen ausklappen und den Himmel liegend bestaunen. Aber auch die Vogelbeobachtungstürme lassen sich nachts für den Blick an den Himmel nutzen.

Während die wenigen, kleinen Ansiedlungen im Nationalpark dabei nie störten, liegt im Norden mit Lauwersoog ein wichtiger Fähr- und Fischereihafen. Gerade die Fischfänge werden oft bei Dunkelheit getätigt. Doch im Hafen wurde ebenso wie in einer südwestlich gelegenen Kaserne die Beleuchtung auf abgeschirmtes LED-Licht umgestellt. Eine Maßnahme, die so effektiv ist, dass Hafen, Kaserne und Dark Sky Area eine friedliche Koexistenz führen können.

Niederlande – Nationalpark Lauwersmeer

🌙 NACHTS ERLEBEN:

● Der dunkelste Radweg der Niederlande

Die Kollumerwaard ist ein ausgedehntes Gebiet aus Wiesen, Sümpfen, Wasserflächen und Schilfrohrfeldern. Es liegt auf der Südseite des Lauwersmeersees im gleichnamigen Nationalpark. Durch diese idyllische Gegend führt der dunkelste Radweg der Niederlande. Zumindest bei Nacht wird der Radweg der Kollumerwaard seinem Ruf gerecht. Wenn man bei Dunkelheit diesen Weg entlanggeht, kann man die Lichter von Zoutkamp, Grijpskerk und Groningen sehen. Der Weg beginnt am Parkplatz Kwelderweg, endet am Hooge Zuidwal und führt dann wieder auf gleichem Weg zurück. Der Natur wird hier freier Lauf gelassen. In den Wiesen und Sümpfen hausen Graugänse, Silberreiher und Raubvögel wie Bussarde und Turmfalken. Auch ist die Wahrscheinlichkeit groß, dass man hier eine Herde Schottischer Hochlandrinder oder Konikpferde grasen sieht. Alles in allem ein wunderbarer Ort, um bei Tag oder bei Nacht seine Sinne ganz der Natur zu widmen.

● Sternebeobachtung von den Himmelsplattformen

Die beiden Himmelsplattformen Achter de Zwarten und Vlinderbalg sind Aussichtstürme, um nachts bei klarem Himmel die Sterne beobachten zu können. Sie liegen im Nationalpark Lauwersmeer. In dieser Gegend sind Besucher gerade bei Nacht sehr willkommen, um die Dunkelheit und den Sternenhimmel zu erleben. Besonders gut bieten sich hierfür drei Orte an: das Aktivitätenzentrum Lauwersnest und die beiden Himmelsplattformen. Die Plattformen verfügen über ausklappbare Kopfstützen, in die man sich zurücklehnen kann, um direkt nach oben in den Sternenhimmel zu schauen. Achter de Zwarten befindet sich hinter Suyderoogh und ist nur zu Fuß vom Parkplatz aus zu erreichen. Vlinderbalg hingegen erreicht man über einen Strandweg. Beide Plattformen sind auch zum Beobachten von verschiedensten Vogelarten ideal.

Links von oben: Romantisch lässt es sich in Leeuwarden in einem Café direkt an einer Gracht verweilen.

Nicht nur in Pisa: Der schiefe Turm von Leeuwarden macht seinem Namen Ehre.

Wohnen direkt am Wasser – in Groningen ist das möglich. Die kunterbunten Häuser am Reitdiephaven sind zum Wahrzeichen und beliebten Fotomotiv geworden.

Rechts: Bei Fertigstellung 1781 war die Massenpanik im Volk längst vergangen. Was bleibt, ist das Meisterwerk eines Hobbyastronomen, das Planetarium in Franeker, seit 2023 UNESCO-Welterbe.

 **AM TAG ENTDECKEN:**

● Eisinga Planetarium

Ein Planetarium ist keine Sternwarte, von der aus sich der Sternenhimmel beobachten lässt. Früher war ein Planetarium eine mechanische Darstellung der Planetenbewegungen – und das konnte auch an einer Wohnzimmerdecke geschehen, wie im unglaublich liebevoll kuratierten Planetarium in Franeker. Eise Eisinga (1744–1828), eigentlich Wollkämmerer, aber mit Herz und Verstand Mathematiker, Astronom und Mechaniker, reagierte mit dem Bau des heute ältesten funktionstüchtigen mechanischen Sonnensystems auf eine niederländische Massenpanik im Jahr 1774, als viele glaubten, es käme zu Planetenkollisionen. Mit seiner mechanischen Darstellung des Planetensystems zerstreute er die Ängste der Menschen. Der Autodidakt konstruierte ein Modell des damals bekannten Sonnensystems (1 Millimeter entspricht dabei 1 Milliarde Kilometer). Angetrieben wird die Konstruktion von einer Pendeluhr und mehreren Gewichten.

● Leeuwarden

2018 zur Kulturhauptstadt Europas gekürt, widmet sich Leeuwarden vornehmlich der Geschichte seiner Provinz, Friesland. Das beeindruckende Fries- Museum verfügt über immerhin 170 000 Artefakte zur friesischen Geschichte. Kam man schon zu Beginn der Runde mit der jüngeren Geschichte in Berührung, so lässt sich das im Verzetsmuseum noch vertiefen. Es berichtet vom Widerstand gegen den Nationalsozialismus im Zweiten Weltkrieg. Museumsmuffel finden genügend Alternativen in der schmucken Altstadt rund um das ehemalige Handelszentrum Waag. Der nie vollendete Kirchturm Oldehove neigt sich jedes Jahr ein Stückchen weiter und macht dem Turm von Pisa Konkurrenz.

● Groningen

In Groningen reihen sich avantgardistische Neubauten an altehrwürdige Bauwerke, am Rande der Stadt ragt futuristisch der asymmetrische »Affenfelsen« in den Himmel, während der schiefe Turm der Martinikirche über die Innenstadt wacht. Diese wurde aufgrund ihres besonderen Charmes zur attraktivsten Innenstadt der Niederlande gekürt. Inmitten der bunten Architekturlandschaft herrscht reges Treiben: Fast täglich finden Märkte statt, Straßenmusiker spielen allerorts und Events wie das Noorderzon-Kunstfestival locken. Besonders Studenten lieben die Stadt im Norden der Niederlande – so hat sie auch den jüngsten Altersdurchschnitt des ganzen Landes zu verzeichnen. Einen Überblick über die Stadt verschafft man sich von einem der begehbaren Kirchtürme oder dem Wasserturm aus.

● Schiermonnikoog

Die ganze Insel ist schon seit 1989 ein Nationalpark. Kaum Autos. Nur ein Dorf, in dem nicht einmal 1000 Seelen wohnen. Ansonsten gehört vor allem außerhalb der Sommersaison die Insel den Vögeln, dem Wind und dem Meer. Wer auf den Spuren des Bestsellers von Astrid Lindgren, »Ferien auf Saltkrokan« wandelt, aber nicht bis in den hohen Norden Schwedens reisen möchte, findet ein passendes Pendant in Schiermonnikoog, der kleinsten der Westfriesischen Inseln. An den breiten, jährlich weiter wachsenden Sandstränden lässt sich stundenlang wandern. Orchideenliebhaber werden im Mai ganz begeistert den rosa und lila Spuren durch die Dünen folgen, natürlich nur auf erlaubten Wegen.

NIEDERLANDE

NATURSCHUTZGEBIET DE BOSCHPLAAT

Manchmal ist es die Dunkelheit, die das Geheimnis eines Ortes enthüllt. Das Naturschutzgebiet De Boschplaat auf Terschelling gehört seit Juni 2015 zu den wenigen offiziell anerkannten Dark-Sky-Regionen der Welt. Selbst Dunkelheit zählt mittlerweile zu den schutzwürdigen Gütern, denn es braucht möglichst tiefe Schwärze im weiten Umkreis, um den Sternenhimmel ideal beobachten zu können. Doch natürlich ist Terschelling auch bei Tageslicht eine schöne Anlaufstelle für Naturliebhaber, die gleichzeitig nicht auf die Annehmlichkeiten einer guten Insel-Infrastruktur verzichten wollen.

Mehr als 70 Kilometer ausgebaute Radwege, 30 Meter hohe Dünen, lange, familienfreundliche Sandstrände. Terschelling weiß, wie man Urlauber anlockt. Und seit 1594 wacht der trutzige Brandaris über die Insel, der älteste Leuchtturm der Niederlande, der selbstverständlich einen Besuch lohnt.

Ganz am anderen Ende der im frühen Mittelalter durch Sandanspülung entstandenen Insel findet sich das Naturschutzgebiet De Boschplaat. Ausflüge hierher sollten gut geplant sein, denn Mitte März bis Mitte August dürfen weite Teile des Gebiets nur gemeinsam mit einem der fachkundigen Vogelwärter betreten werden. Diese und weitere Schutzmaßnahmen erfreut die Vogelwelt, die aus Löffler, Seeregenpfeifer und Kormoran, diversen Schwalbenarten (Brand-, Küsten-, Fluss- und Zwergseeschwalbe), und verschiedenen Möwenarten (Herings-, Mantel-, Silber- und Sturmmöwe) besteht. Der Blick in den Himmel lohnt sich nicht nur tagsüber, um die Vögel in ihrem Flug zu beobachten, sondern auch nachts, wenn an ihre Stelle ein atemberaubend schöner Sternenhimmel tritt.

Von Ende Juni bis Mitte Juli ist neben den funkelnden Sternen ein weiteres Phänomen von De Boschplaat aus mit etwas Glück zu sehen: NLC – noctilucent clouds, oder zu deutsch »Leuchtende Nachtwolken«. Erklärbar sind diese wie silberfarbene Fäden wirkende Nebel mit der Mitternachtssonne, die zu dieser Zeit in Skandinavien die hoch gelegenen Wolken anleuchtet. Und diese sieht man dann hier in der Dunkelheit Terschellings.

Links: Der Hafen von Terschelling ist immer ein romantischer Blickfang, noch mehr Stimmung verbreitet sich in der Weihnachtszeit, wenn die Boote mit Lichterketten geschmückt sind.

Rechts: Was für magische Momente, wenn der Vollmond mit einem verwaschen wirkenden Hof den Hafen von Terschelling in grün-blaues Licht taucht.

🌙 NACHTS ERLEBEN:

● Dark Sky Routen

Über zwei Routen kann man im Sky Park Boschplaat mit den Sternen wandern. Route 1 startet am Parkplatz Boschplaat und ist die kürzere der beiden. Sie führt über einen befestigten Radweg, die Jan-Thijssen-Düne und schließlich auf einen Dünenweg. Im Sommer steht hier oben ein Teleskop, womit man sich die Sterne ein wenig näher holen kann. Die Aussicht ist aber auch ohne Hilfsmittel einen Anblick wert. Im Watt spiegelt sich der Himmel auf unbeschreiblich schöne Weise. Route 2 beginnt am Parkplatz des Heartbreak Hotel, führt zuerst am Strand und später dann über die Dünen entlang, Richtung Westen. Auf der Kapitein-Rob-Bunkerdüne hat man einen wunderschönen Blick auf den Sternenhimmel über der Nordsee.

☀ AM TAG ENTDECKEN:

● Vlieland

Eigentlich steht Vlieland für Ruhe und Natur pur. Doch einmal im Jahr tummelt sich auf der Fähre von Harlingen zur zweitkleinsten der bewohnten Watteninseln Westfrieslands ein

Von oben: Das einzige Dorf auf Vlieland ist Oost-Vlieland, an der Dorpsstraat reihen sich die Bilderbuchhäuser aneinander.

Auch im Winter haben die Salzwiesen auf Ameland ihren Reiz.

Am Zuiderhaven aus dem Jahr 1600 in Harlingen herrscht heute eine nostalgische Atmosphäre.

völlig anderes Publikum. Das Indie-Rock-Pop-Festival »Into the Great Wide Open« lockt für eine Woche ein sehr junges alternatives Publikum nach Vlieland. Danach wird es wieder still und beschaulich. Das Möwenkreischen übertönt wieder alles. Die Wellen murmeln wieder ihr monotones, beruhigendes Lied. Wer dann doch einmal Abwechslung braucht, bucht eine Fahrt in den gelben LKW-Bussen, dem »Vliehors-Expres«, zum ehemaligen Militärischen Sperrgebiet zur Westspitze der Insel.

● Ameland

Ameland ist die ausgeglichenste und lieblichste der fünf bewohnten Westfriesischen Inseln. Die gelungene Mischung aus Ortschaften und einsamen Landschaften, Naturschutzgebieten und Stränden macht sie zur idealen Familien- und Kinderinsel. Zahlreiche Ferienlager und Kinderfreizeiten locken im Sommer Kinder und Jugendliche nach Ameland. Im Osten der Insel in den Naturschutzgebieten Het Oerd und De Hôn finden zu Brutzeiten Vögel beste Bedingungen vor. Den Westen der Insel überragt der klassisch rot-weiß-gestreifte, 55 Meter hohe Leuchtturm, zu dessen Spitze 236 Stufen führen.

● Nes

Nach einem langen einsamen Streifzug durch den Osten der Insel wirkt ein Ausflug nach Nes wie das perfekte Kontrastprogramm, jedenfalls zu Saisonzeiten. Geschäfte, Restaurants und Cafés locken zahlreiche Gäste an. Es lassen sich Regionalprodukte erwerben wie das kräftige, in der Getreidemühle De Phenix gebackene Mühlenbrot. Die Phönix-Mühle ist seit fast 40 Jahren auch für Besucher geöffnet. Imposante Walkieferknochen vor der Schule erzählen von den Zeiten, als Ameland nicht mit Touristen, sondern mit der Jagd auf die majestätischen Meeresgeschöpfe sein Auskommen fand. Ein Naturkundemuseum, das Natuurcentrum, bietet informative Einblicke in Watt, Inselflora und -fauna. Und an einem grauen Regentag lässt sich melancholischen Gedanken nachhängen vor einem der Aquarien im Natuurcentrum.

● Ballum

Kopfsteinpflaster, von dichtem Blattwerk überschattet, moosige Steinhäuschen am Rande – die Camminghastraat in Ballum lässt Besucher kurzzeitig aus der Zeit fallen. Als könnte an ihrem Ende doch noch das alte Schloss der Van Camminghaas auftauchen, als gehörte das Klappern der Pferdehufe auf dem Pflaster zu einer Kutsche, in der eine der Prinzessinen des alten Adelsgeschlechtes säße, um eine kurzweilige Ausfahrt über ihre Insel zu unternehmen. Die alten Ulmen und das Pflaster könnten tatsächlich noch aus der Zeit vor 1829 stammen. Der Rest ist zumeist jüngeren Datums, was dem historischen Ambiente im kleinsten Dorf der Insel nicht schadet. Ein kleiner Schauer lässt sich vor dem Dorfturm verspüren. Hier stand einst der Pranger, hier wurden Inselbewohner bloßgestellt, sollten sie eines Verbrechens überführt worden sein.

● Harlingen

Mit gleich mehreren Hafenbecken, die als Fracht-, aber auch als Freizeithäfen genutzt werden, ist Harlingen schon seit dem Mittelalter ein wichtiger Umschlagplatz. An den Häfen, insbesondere am schön renovierten Zoutsloot und Noorderhaven, herrscht urige Seemannsatmosphäre, zahlreiche Kneipen und Straßencafés laden dazu ein, bei einem Gläschen Wein oder einer Tasse Kaffee den Blick über das geschäftige Treiben auf dem Wasser schweifen zu lassen. Aus dem Stadtbild stechen vor allem die vielen historischen Gebäude mit ihren auffälligen Treppengiebeln heraus. Sie entstanden zwischen dem 17. und 19. Jahrhundert und spiegeln sich teilweise malerisch in den Grachten und Hafenbecken. Bunte Hausfassaden geschmückt mit wunderbar duftenden Blumen machen die Postkartenidylle perfekt. Am Fähranleger kann man zu den Westfriesischen Inseln Terschelling und Vlieland übersetzen. Nur wenige Kilometer südwestlich beginnt der große Abschlussdeich, der das IJsselmeer von der Wattenzee, dem Wattenmeer, trennt. Am dortigen Strand kann man schwimmen, surfen, Kanufahren oder einfach nur die Seele baumeln lassen.

KANALINSELN

DARK SKY ISLAND SARK

Gerade mal 5,5 Quadratkilometer ist die Kanalinsel klein. Kein Auto, keine Straßenlaterne stören das gemächliche Leben der gut 500 Insulaner. Beste Voraussetzungen, um ein paar Tage zu entschleunigen. Und in den funkelnden Nachthimmel zu schauen: Sark ist Europas erste Sternengemeinde.

Mit »Isle of Sark, a world apart« lockt die Kanalinsel Besucher an. Und in der Tat ist das fünf mal drei Kilometer kleine Sark eine Welt für sich: Auf gut 100 Meter Höhe thront das einem Tintenklecks gleichende Felsplateau über dem Wasser, nur 35 Kilometer von der französischen Küste entfernt. Autos sind verboten, und so schaukeln Besucher wie Bewohner in Pferdekutschen über die Insel. Das altertümliche Fortbewegungsmittel passt hierher, denn Sark ist ein Feudalstaat, in dem der »Seigneur of Sark« das Sagen hat. Sark ist wie die anderen Kanalinseln in »Kronbesitz«, gehört also dem britischen Königshaus. Selbst das Lehnswesen existiert noch. Und wo sonst ist die Milchstraße am nächtlichen Sternenhimmel die einzige »beleuchtete« Straße? Laternen am Wegesrand sucht man auf Sark vergeblich. Und das ist Grund, dass das nachtdunkle Eiland 2011 als erste »Dark Sky Community« Europas anerkannt wurde.

Tagsüber empfiehlt sich, den Garten von La Seigneurie zu besuchen, ein Herrenhaus mit einem fantastischen Gartenparadies.

So faszinierend der nächtliche Himmel mit der Milchstraße über Sark ist, so unvorstellbar sind für die meisten seine Entfernungen. Mit bloßem Auge erkennt man hier schon die magischen Lichter, das macht die Insel so beliebt für Einsteiger wie für Profis.

🌙 NACHTS ERLEBEN:

● Milchstraße über Sark

»Wenn man an einen Ort wie Sark fährt, ist die Milchstraße fester Bestandteil des Nachthimmels. Sie erfüllt mich immer mit einem Gefühl des Staunens. Jeder dieser Punkte ist eine Sonne, und es gibt 100 Milliarden davon«, so Stephen Owens, der den Bewerbungsantrag damals für Sark formuliert hatte. Und mit dieser Begeisterung ist der Glasgower Astronom nicht allein. Die Insel ist heute ein beliebtes Ziel für Astrofans, zu denen auch die Einheimischen zählen.

Mit Stirnlampe bestückt, schlendern sie nicht selten zu den schönsten Ausblicken, um in den Nachthimmel zu schauen. Das ist offensichtlich auch gesund: »Es herrscht die weit verbreitete Überzeugung, dass die Beobachtung des Nachthimmels positive (und manchmal transformative) Gefühle auslöst«, stellte die Psychotherapeutin Ada Blair fest, die die Auswirkungen des Sternenbeobachtens aufs Gemüt der Bewohner untersucht hatte. Darüber wird dann auch beim Plausch tagsüber geredet. Während in London mal wieder über den Dauerregen gewettert wird, heißt es auf Sark: »Hast du letzte Nacht die Milchstraße über den Weiden gesehen? War das nicht wundervoll?«

Von oben: Ob man nun entlang der kleinen Häfen spaziert oder durch den Garten des Anwesens La Seigneurie – Sark lädt vielerorts dazu ein, Hektik und Alltagsstress hinter sich zu lassen und ein wenig die Zeit zu vergessen.

Gärten, die mit viel Hingabe und Akkuratesse gepflegt werden, findet man auf Guernsey.

Die schmale Landzunge La Coupée verbindet aussichtsreich Greater Sark mit Little Sark.

 AM TAG ENTDECKEN:

• Garten der La Seigneurie

Wunderschöne Gärten findet man nahezu überall auf den Kanalinseln, das milde Klima begünstigt das Wachstum von subtropischen Pflanzenarten. Ein ganz besonders schöner Garten findet sich um das Anwesen La Seigneurie auf Sark. Man könnte sagen, der Park vereint wie alle Kanalinseln auf eindrucksvolle Weise Französisches und Englisches. Denn die strengen Formen der Anlage werden immer wieder kontrastiert von wild wachsenden Blumenbeeten, die sich keinem Formungswillen unterwerfen lassen. Inmitten dieses Meeres aus Blüten und Farben thront das Herrenhaus in grauem Jersey-Stein.

• Jersey

Wer einmal auf Jersey war, will nie wieder weg. Kein Wunder, dass die Regierung den Zuzug reglementiert. Die mit 118 Quadratkilometern größte und mit rund 100 000 Einwohnern bevölkerungsreichste Kanalinsel bietet alles, was das Herz begehrt: einsame Strände, dramatische Klippenformationen, ein durch den Golfstrom bedingtes mildes Klima und viel Flair in der Inselhauptstadt St. Helier. Die Gezeiten verändern das Gesicht der Insel: Sandflächen tauchen aus den Fluten auf, um nur wenige Stunden später wieder in ihnen zu versinken. Die rege Hauptstadt der Insel ist klein genug, um sie zu Fuß zu erkunden. Vom Jachthafen aus kann gemütlich an der Hafenpromenade flaniert werden, um dann stadteinwärts zwischen georgianischen Häuserfassaden durch kleine Gassen zu schlendern, die in nett angelegten Parks münden. Zudem finden Gourmets hier zahlreiche kulinarische Verführungen.

• Guernsey

Guernsey ist mit 65 Quadratkilometern die zweitgrößte Insel des Archipels der Kanalinseln und ein echtes Schmuckstück. Rau, dramatisch und aufregend ist die Steilküste im Süden, wo große Wellen gegen die zerklüfteten Felsen krachen und sie mit weißen Gischtschleiern bedecken. Gut 45 Kilometer Klippenpfade durchziehen die Bergkette und bieten eine Panoramasicht aufs Meer.

Der Norden und der Westen sind bedeutend sanfter und bestechen mit puderfeinen Sandstränden, zart rosafarbenen Felsen und sich im Wind neigendem Dünengras. Perfekter Kontrast ist das türkisfarbene Meer. Dank des Golfstroms herrscht mildes Klima, in dem sogar Bananenstauden, Palmen und andere Tropenpflanzen vor urenglischen Cottages gedeihen. Die Orte könnten allesamt auch Kulissen in einem Miss-Marple-Film sein.

Mont Orgueil Castle auf der Insel Jersey galt lange Zeit als uneinnehmbar. Ihm zu Füßen liegt wohl behütet der Ort Gorey.

FRANKREICH

PARC NATUREL RÉGIONAL DES CAUSSES DU QUERCY

Im Jahr 2002 erschien in einer Astronomiezeitschrift eine Karte des nächtlichen Frankreichs. Besonders auffallend: ein schwarzes Dreieck im Süden des Landes über dem Gebiet des Nationalparks Causses du Quercy, etwa 130 Kilometer nördlich von Toulouse. Die Bewohner der Gegend waren so beeindruckt, dass sich Initiativen bildeten, das »Triangle Noir« auf Dauer zu schützen. Obwohl sich die Bilder im Nachhinein als nicht besonders präzise herausstellten, tat dies der Begeisterung keinen Abbruch.

Links: Die Burg von Puilaurens auf dem Mont Ardu ist ebenfalls Teil eines französischen UNESCO-Weltkulturerbes des Titels »Stadt von Carcassonne und ihre Bergwächterschlösser«.

Rechts: Die nur dünn besiedelten Causses und Cevennen sind eine jahrhundertealte, wild anmutende Kulturlandschaft von besonderem Reiz.

Mit seiner herben Schönheit gehört der Naturpark Causses du Quercy zu den beeindruckendsten Landschaften Frankreichs. Zusammen mit den Cevennen und dem benachbarten Naturpark Grands Causses ist er sogar UNESCO-Weltnaturerbe. Die Causses sind zerklüftete Kalkplateaus, die vor allem von – ökologisch wertvollem – Trockenrasen und einzelnen Eichen bewachsen sind. Zerschnitten werden sie durch tiefe Täler mit malerisch zerklüfteten Felswänden, die im Gegensatz zu der mageren Ebene umso grüner und üppiger bewachsen sind und auch im Hochsommer feucht und kühl bleiben. Außerdem gibt es im weichen Karst eine Vielzahl von Höhlen und Karstlöchern. Besonders spektakulär ist der Gouffre de Padirac, der Schlund von Padirac. Er hat einen Durchmesser von 33 Metern und mündet in 75 Metern Tiefe in ein natürliches Höhlensystem, das ein unterirdischer Fluss ins Kalkgestein geschliffen hat. Teile der Höhlen sind für Besucher geöffnet, die in der Tiefe Stalaktiten und Stalagmiten der Tropfsteinhöhlen und eine unterirdische Kathedrale, Salle du Grand Dôme, bestaunen können.

Dünn besiedelt und mit einer Ausdehnung von rund 1850 Quadratkilometern stellt der Park auch eines der größten Gebiete mit dunklem Himmel in Europa dar. Eine Zertifizierung als Dark Sky Area hat er bislang noch nicht. Doch mittlerweile 32 Gemeinden haben ihre nächtliche Lichtemission deutlich reduziert, indem sie abgeschirmte Leuchten installiert haben oder das Licht zu bestimmten Zeiten abschalten. In Limogne-en-Quercy, Reilhac, Miers und Carlucet gibt es Beobachtungsplätze mit Infotafeln und Teleskopen. Außerdem finden in den Gemeinden des »Triangle Noir« eine Vielzahl an astronomischen Events, geführten, nächtlichen Wanderungen, Workshops und Vorträgen etc. statt, die zu einem großen Teil von den astronomischen Clubs von Gigouzac und Gramat organisiert werden.

Doch müde?

CHÂTEAU DE LA TREYNE// Das atemberaubende Hotel, das an ein Märchenschloss erinnert, steht in der malerischen Gegend der Dordogne. Einst als Festung erbaut, geht seine früheste Datierung auf das Jahr 1342 zurück. Die ursprünglichen, massiven Steine und Holzelemente gehen mit dem sorgsam ausgewählten Mobiliar, bestehend aus herausragenden Schätzen der Renaissance, eine gelungene Verbindung ein. Die Authentizität und der überaus luxuriöse Komfort vermitteln ein solch harmonisches Bild, dass sich der Besucher als königlicher Gast wähnt. Der Schlosspark bietet einen großartigen Blick über den Fluss Dordogne und lädt zu ausgedehnten Spaziergängen ein. Auch der beheizte Infinitypool lockt zur Entspannung – vielleicht nach einer kleinen Sporteinheit auf dem schlosseigenen Tennisplatz?
www.chateaudelatreyne.com

NACHTS ERLEBEN:

● Astronomische Abende

Das Beobachten von Sternen ist auch in Frankreich sehr beliebt. Touren und Events rund um die Astronomie findet man hier vielerorts. Der Astronomieclub Gigouzac plant jedes Jahr »die Nacht der Sterne«, dann werden Sternbilder, -schnuppen, -und bewegungen mit bloßem Auge, aber auch mit Teleskopen beobachtet. Andernorts gibt es die Astronomaden, die rund um das Jahr verschiedene Kurse anbieten wie Meteoritenkurse für alle Sternenbegeisterte. Auch die Anima' Ciel bietet Events wie den »Soirée Astro«. Mit professioneller Anleitung werden an diesem Abend himmlische Objekte ausfindig gemacht.

AM TAG ENTDECKEN:

● Cahors

Die Hauptstadt des Quercy gehörte im 13. Jahrhundert zu den größten Städten Frankreichs, lombardische Händler machten sie zum ersten Bankplatz Europas. Diese stolze Vergan-

Von links: Das Château de la Treyne weckt schon beim Anblick von außen Sehnsüchte, die beim Logieren dann in höchstem Maße erfüllt werden.

Das imposante Städtchen Rocamadour erstreckt sich an den Wänden eines 150 Meter über dem Alzou aufragenden Felsens, die Gebäude scheinen förmlich aus den Felsen herauszuwachsen.

genheit ist noch heute zu spüren, wenn man über die siebenbogige Pont Valentré auf die Stadt zugeht. Das Zeugnis mittelalterlichen Wehrbaus ist mit drei je 40 Meter hohen Türmen bestückt. Die beiden äußeren hatten verschließbare Tore und Fallgitter, der mittlere diente als Kommandostand. Die Kathedrale St.-Étienne präsentiert sich als eine der originellsten Kuppelkirchen des Südwestens. Ihr romanisches Langhaus wurde im 13. Jahrhundert durch gotische Kapellen erweitert. Den Chor zieren Fresken des 14. Jahrhunderts.

● Rocamadour

Ob es den heiligen Amadour jemals gab, ist ungewiss. Bis zur Reformation war die Wallfahrt zu diesem Heiligen eine der berühmtesten der Christenheit. Ab dem 13. Jahrhundert gab es die wundertätige »Schwarze Madonna«, die heute in der Chapelle Notre-Dame verehrt wird. Einen reichen Freskenschatz kann man an und in der Chapelle St.-Michel bewundern. Um das Ausmaß der Anlage zu erleben, muss man die 233 Stufen der Via Sancta hinaufsteigen. Die Basilika Saint-Sauveur und die alles überragende Burg aus dem 14. Jahrhundert sind ebenfalls sehenswert.

● Château de Castelnau-Bretenoux

Von Weitem sichtbar thront die von riesigen Umfassungsmauern geschützte und von stolzen Türmen geprägte Burg aus dem 13. Jahrhundert über dem Zusammenfluss von Dordogne und Cère. Ihr heutiges Ausmaß erhielt sie im Laufe des Hundertjährigen Krieges. Damals wurde das unregelmäßige Dreieck mit seinen drei Rundtürmen und den drei konzentrischen Mauerringen angelegt. Damit hatte man Platz für eine Besatzung von 1500 Mann mit 100 Pferden geschaffen. Bestechend ist der Panoramablick von der alten Wehrmauer. Die vom heimischen Opernsänger Jean Mouliérat ab 1896 restaurierten Innenräume präsentieren sich mit üppigen Dekor, Möbeln und Wandteppichen. Im Oratorium finden sich noch Glasmalereien aus dem 15. Jahrhundert.

● Souillac

In Frankreich führen alle Wege nach Paris. Souillac hat das Glück, an einem solchen Weg zu liegen: Die Verbindung Toulouse-Paris streift bis heute die Kleinstadt, deren mittelalterliche Altstadt zu den schönsten der Gegend zählt. Der Fluss Dore, der einst als Transportweg für Waren galt, bietet heute Kanuten ein beliebtes Revier, um die Gegend zu erkunden. Die Abteikirche von Souillac zählt zu den wichtigsten romanischen Sakralbauten des Landes, vor allem die Relieffigur des Jesaja zählt zu den wichtigsten romanischen Kunstwerken weltweit. Aber auch die Pfeiler und das Theophilus-Relief an der Eingangstür zeugen von hoher künstlerischer Präzision.

● Saint-Cirq-Lapopie

Auf einem steilen Felsen 100 Meter über dem Ufer des Lot gelegen, verkörpert dieses Dorf den Traum eines südfranzösischen Festungsdorfes: Der Ortskern mit seinen engen Gassen und ockerfarbenen Steinhäusern ist in mehreren Etagen errichtet. Auf diese Weise schmiegt sich Saint-Cirq-Lapopie eng an den Felsen und bildet ein Zentrum, das wie ein Amphitheater über dem Fluss liegt. Den höchsten Punkt von Saint-Cirq-Lapopie bildet nicht etwa die hübsche Kirche, sondern die Reste der mittelalterlichen Burg, die als Ruinen über den Ort wachen. Beim Rundgang durch das historische Dorf, in dem keines der Häuser mit Modernität aus der Reihe tanzt, fallen die vielen Ateliers und Boutiquen auf, in denen sich Künstler niedergelassen haben. Der Ort ist zudem eine wichtige Station auf dem Jakobsweg.

Französisches Flair in seiner Vollendung – die pittoresken Sträßchen in Saint-Cirq-Lapopie. Viele der Häuser haben Künstler renoviert.

FRANKREICH

NATIONALPARK CÉVENNES

Der französische Höhlenforscher Édouard Alfred Martel erkannte bereits Anfang des 20. Jahrhunderts, welchen besonderen Stellenwert die Natur der Cevennen in Frankreich einnimmt und wollte sie als Nationalpark unter Naturschutz stellen. Im Jahr 1970 wurde seine Idee schließlich in die Tat umgesetzt. Heute stehen fast 3000 Quadratkilometer unter Naturschutz. Seit der Nationalpark 2018 auch als Dark Sky Reserve zertifiziert wurde, stellt er das größte Lichtschutzreservat Europas dar.

Links: Hier kommen Romantiker voll auf ihre Kosten. Wer sein Zelt auf einer Waldlichtung aufschlägt, erlebt garantiert eine einzigartige Nacht unter dem freien Sternenhimmel.

Rechts: In den Cevennen werden Astrofans reich belohnt für ihre Ausdauer, gerade die famose Milchstraße zeigt sich hier oftmals in ihrer ganzen Pracht.

Die Cevennen bestechen mit einer vielfältigen Landschaft. Atemberaubend sind die tiefen Schluchten des Tarn und der Jonte, idyllisch die kargen Hochplateaus, auf denen Schafe friedlich weiden, bizarr die unterschiedlichen Steinformationen wie das herrliche »Chaos de Nîmes-le-Vieux«, wunderschön der weite Blick vom knapp 1700 Meter hohen Mont Lozère. Zusammen mit den benachbarten Causses (Kalkplateaus) sind sie seit 2011 UNESCO-Weltkulturebene.

Mit ausschlaggebend war, dass in den Cevennen die traditionelle Wanderschäferei noch ausgeübt wird und nach wie vor ihren Einfluss auf Kultur und Natur hat. Darüber hinaus sind die Cevennen auch ökologisch äußerst wertvoll. Hier gedeihen Pflanzen wie Sonnentau, Lavendel, Orchideen, Kastanien und Türkenbund. Ihren Lebensraum teilen sie sich mit Tieren wie Mufflons, Rehen, Steinböcken, Ginsterkatzen und Hufeisennasen-Fledermäusen. Besonders erfreulich ist die Tatsache, dass sich mittlerweile auch wieder Tierarten angesiedelt haben, die bereits aus der Region verschwunden waren. Geier wie der Mönchs- und der Gänsegeier zählen nun ebenso zu den Bewohnern des Nationalparks wie Wölfe, Luchse, Biber und Fischotter.

All das erfreut Naturliebhaber, aber auch Outdoor-Sportler wie Kanufahrer, Kletterer und Wanderer. Doch auch der Sternenhimmel über den Cevennen lockt immer mehr Besucher an. Aufgrund der südlichen Lage um den 44. und 45. Breitengrad erstreckt sich die Saison für Astrotouristen über das ganze Jahr. Im Gegensatz zu nördlicheren Gefilden werden auch die lauen Sommernächte ausreichend dunkel und bieten gerade im südlichen, mediterran geprägten Parkteil Himmelsgenuss bei ausgesprochen angenehmen Temperaturen. Sogar eine Übernachtung im Freien ist oft kein Problem. Darüber hinaus finden Astrotouristen ein reichhaltiges Programm, das mehrtägige Eselswanderungen in Begleitung eines Astronomen umfasst. Ein Höhepunkt jedes Jahr sind die »Nuits du Causse-noir« Anfang August, ein Treffen von Hobbyastronomen.

Frankreich – Nationalpark Cévennes

NACHTS ERLEBEN:

• Cinécyclo

Das Cinécyclo ist ein geniales Konzept! Es ist ein Open-Air-Kino, angetrieben von der Energie eines Radfahrers. Hier wird Kultur mit Umweltbewusstsein verbunden und auch der soziale Aspekt fehlt nicht, denn das Fahrrad das den Projektor zum Laufen bringt, wird abwechselnd von den Zuschauern gefahren. Man tritt in die Pedale, um seinen Mitmenschen ein Kinoerlebnis zu ermöglichen und gibt weiter, wenn man außer Puste ist. Dieser Kinoabend richtet sich an alle Zielgruppen, egal ob jung oder alt. Die Auswahl der Filme bietet die Möglichkeit, einen sensiblen Blick auf die Natur zu werfen und auf die Menschen, die sie schützen. Denn die Filme, die hier gezeigt werden, sind speziell zu diesem Thema gewählt. Der zweite Teil des Abends dagegen ist reserviert, natürlich für die Sterne.

AM TAG ENTDECKEN:

• Gorges du Tarn

Seit Jahrtausenden bearbeitet der Fluss Tarn im Südwesten des Departements Lozère die Kalksteinfelsen. Von seiner Quelle am Berg Lozère fließt er mal tosend, mal ruhig durch die Cevennen und hat auf seinem Weg zwischen der Causse Méjean und der Causse de Sauveterre die atemberaubende, 53 Kilometer lange Schlucht geformt. Die Felsen erheben sich teilweise bis zu 500 Meter hoch über dem Fluss, von denen zahlreiche Ausblickspunkte einen herrlichen Blick auf die Landschaft gewähren. Wer die Schlucht vom Wasser aus erkundet, den führt der Wasserweg in spektakulärer Naturkulisse an verschiedenen Kulturstätten vorbei, wie an der mittelalterlichen Brücke von Quézacoder oder Burgen wie der Ruine von Castelbouc, die majestätisch von einem Felsvorsprung herabblickt.

• Mende

Als Symbol großer bischöflicher Macht ziert die Kathedrale den Stadtkern von Mende und ragt mit ihren ungleichen Türmen aus dem Häusermeer heraus. Errichtet wurde sie im Jahr 1368, denn Mende war kurz zuvor zum Bischofssitz erhoben worden. Im Inneren beeindruckt die Statue der Schwarzen Madonna, sie stammt aus dem 11. Jahrhundert und ist aus Ebenholz gefertigt. Rund um den belebten Platz an der Kathedrale finden sich kleine Läden und Cafés für Mitbringel und die nötigen Ruhepausen. Verwinkelte Gassen, Kopfsteinpflaster und herrschaftliche Häuser zeugen noch heute von einstiger Pracht, die auf einen regen Woll- und Holzhandel in der Vergangenheit zurückgeht. Besonders schön ist der Anblick des historischen Zentrums, wenn man in der Nähe des Pont Notre-Dame steht: Die zweibogige Steinbrücke führt Besucher auf eine Zeitreise in das 12. Jahrhundert.

• Regionaler Naturpark Grands Causses

Schafe grasen auf leicht hügeligen Wiesen in den Tälern, während auf beiden Seiten hohe

Eine der schönsten Flusslandschaften Frankreichs liegt nordöstlich von Millau. Hier hat sich der Fluss Tarn bis zu 400 Meter tief in die Karstebenen der Cevennen hineingefressen.

Schon auf den ersten Blick erkennt man, die Türme der Kathedrale von Mende sind nicht symmetrisch. Gerade das macht den Reiz dieses individuellen Gotteshauses aus.

Gipfel über sie wachen: Das ist der Naturpark der Grands Causses. Gegensätze scheinen sich hier spielend zu vereinen, denn raue Felsen treffen auf sanfte Wiesen, auf tiefe Schluchten folgt weites Land. Die Grands Causses vereinen insgesamt vier verschiedene Naturlandschaften: die Causses – Kalksteinplateaus und Hochebenen –, die Avant-Causses – fruchtbares Land zu Füßen der Causses –, die Rougiers – ein Gebiet, das von weinrotem Sandstein geprägt ist –, und die Monts, eine von gebirgsartigen Felsen und Bergen charakterisierte Region. Daneben ist der Park für seinen Blauschimmelkäse, den Roquefort, bekannt. Er wird traditionell aus der Rohmilch der hier weidenden Schafe hergestellt und hat ein kräftig-nussiges Aroma.

● Montpellier

Kaum eine Stadt in Frankreich wächst derzeit so stark wie Montpellier, deren Einwohnerzahl sich in den letzten 50 Jahren mehr als verdoppelt hat. Begonnen hat dieser Bevölkerungsschub mit einer Flüchtlingswelle aus Algerien. Neue Stadtviertel entstehen ebenso wie innovative Gebäude. Die viertgrößte Universität des Landes lockt junge Menschen, die der 275 000-Einwohner-Stadt ein lebendiges Flair verleihen. Und doch ist bei allem Wachstum der alte Kern der Stadt geblieben – mit der Place de la Comédie, die von breiten Boulevards umschlossen ist, der Kathedrale, dem Triumphbogen, aber auch den alten Türmen, Resten der Stadtmauer oder den Palais und Brunnen.

● Nîmes

Nîmes besitzt die meisten antiken Bauwerke in ganz Frankreich. Das Amphitheater aus dem 1. Jahrhundert ist die Hauptsehenswürdigkeit, gefolgt vom römischen Tempel Maison Carrée. Zugleich ist Nîmes aber auch eine junge, quirlige Stadt, deren Einwohner gern feiern. Sie weist viele spanische Elemente auf – so ist Nîmes etwa eine Hochburg des Stierkampfs in Frankreich. Während der »Férias« (Stierkampffeste) steht hier alles im Zeichen der Toreros. Am beliebtesten sind die Stierkämpfe in der antiken Arena. Neben der blutigen gibt es in der Provence auch eine unblutige Variante: Bei den »Courses Camarguaises« versucht der Matador dem Tier eine zwischen den Hörnern befestigte Kokarde zu entreißen. Aus Nîmes stammt übrigens auch der strapazierfähige Stoff Denim (eigentlich: »de Nîmes«), aus dem der Jeans-Erfinder Levi Strauss seine berühmten blauen Hosen fertigen ließ.

Doch müde?

BIVOUAC NATURE // Der idyllische Öko-Campingplatz am Flüsschen Gardon unweit von Saint-Jean-du-Gard bietet Zeltplätze und Glamping-Hütten – aber bewusst kein Wifi und Strom nur von Sonnenkollektoren.
www.bivouac-nature.com

MA P'TITE CABANE EN LOZÈRE // Für alle, die das Besondere suchen, gibt es bei Vebron wunderschöne, individuelle Holzhäuser mit Panoramaterrasse am Hang. Aber der wahre Clou ist eine Glaspyramide, in der man unter den Sternen schläft.
www.ma-cabane-en-lozere.com

MAS LA DONZELENCHE // Das eindrucksvolle alte Landgut aus Naturstein bei Vialas bietet Zimmer, Appartements und einen kleinen Öko-Camping mit Zeltplätzen und Glampingzelten – und eine tolle Aussicht am Tag und erstrecht in der Nacht.
www.donzelenche.com

FRANKREICH

NATIONALPARK MERCANTOUR

Der Mont Mounier ist mit 2817 Metern zwar nicht der höchste Berg im Nationalpark Mercantour, aber ein wundervoller Aussichtsberg, der an klaren Tagen einen Blick bis Korsika ermöglicht. Doch was für den Tag gilt, ist auch in der Nacht nicht falsch. Bereits 1893 ließ der Bankier und begeisterte Hobbyastronom Raphaël Bischoffsheim, der Gründer des Observatoire von Nizza, auch hier oben unweit des Gipfels eines der ersten Bergobservatorien errichten. Das gibt es zwar nicht mehr, doch der Blick gen Himmel ist noch so schön wie einst.

Links: Im Nationalpark Mercantour liegt auch der 2715 Meter hohe Gebirgspass Col de la Bonette, natürlich ein fantastischer Standort, um die nächtliche Milchstraße zu bestaunen.

Rechts: Auf der Schutzhütte Refuge des Merveilles, idyllisch inmitten mehrerer Seen gelegen, treffen sich Bergsteiger, Naturbegeisterte und leidenschaftliche Astrofans.

Wer den berühmten Film Über den Dächern von Nizza mit Grace Kelly und Cary Grant gesehen hat, der weiß, dass es hinter Nizza in die Berge geht. Hinter der Cote d'Azur erheben sich die Alpes Azur, der südwestliche Teil der französischen Seealpen, mit majestätischen Gipfeln, die bis über 3000 Meter in den Himmel ragen und einen wundervollen Blick auf das strahlend blaue Meer der französischen Riviera bieten. Zwischen den beiden Observatorien, die Raphaël Bischoffsheim gründete, liegen keine 100 Kilometer.

Bedingt durch die Nähe zum Mittelmeer ist das Klima hier in den französischen Südalpen verhältnismäßig mild, im Vergleich zu den nördlichen Alpen ist die Temperatur im Winter im Schnitt fünf Grad wärmer. Beste Bedingungen für eine artenreiche Tier- und Pflanzenwelt: Über 2000 Pflanzenarten, darunter seltene Orchideen und etwa 40 endemische Arten, wachsen in der Region. Außerdem gelang es, den Steinbock und den Lämmergeier wieder anzusiedeln, und auch der Wolf kehrte nach 70-jähriger Abwesenheit zurück in die Region.

1979 wurde hier der Nationalpark Mercantour gegründet, seit 2019 ist die Region auch Dark Sky Reserve.

Doch es soll noch besser kommen. Bis 2025 sollen mindestens 50 Prozent der noch existierenden Lichtquellen im Park ausgetauscht werden. Das Ziel: Man möchte die Top Ten unter den Dark Sky Areas weltweit erreichen. Auch wenn es das Observatorium auf dem Mont Mounier nicht mehr gibt, ist der Berg immer noch einer der beliebtesten Orte zum Sternegucken. Er kann trotz seiner Höhe relativ leicht bestiegen werden und ist auch im Winter ein beliebtes Ziel für Skitouren. Einfacher zugänglich ist der Col de la Bonette, der an Europas höchster Fernstraße liegt, aber auch zu Fuß ist er erreichbar.

Natürlich findet man auch ein reiches Angebot geführter nächtlicher Touren – und zwar sommers wie winters. Ein Observatorium gibt es auch wieder. Es liegt auf dem Plateau de Calern, beherbergt ein 152-Schmidt-Teleskop, eines der drei größten der nördlichen Hemisphäre, und kann im Juli und August besichtigt werden.

Frankreich – Nationalpark Mercantour

 ## NACHTS ERLEBEN:

 ## AM TAG ENTDECKEN:

● **Sternenspaziergang**

Einen Tag in Mercantour kann man wunderbar bei einem romantischen Sternenspaziergang von Rando Terres d'Azur ausklingen lassen. Der für Mercantour spezialisierte Bergführer ist Partner des Nationalparks und Animateur für Astronomie. Auf einfachen, aber beeindruckenden Touren führt er durch die Nacht und vermittelt sein Wissen über die Natur und das Himmelszelt. Dabei erzählt er unterhaltsame Anekdoten wie beispielsweise über die Entdeckung der Planeten, den Weg zur Erkenntnis, dass die Erde rund ist und wie man es sich erklären kann, dass die Nacht dunkel und nicht hell wie der Tag ist. Bei guten Wetterbedingungen ist es möglich, auf dieser Tour bis zu 3500 Sterne mit bloßem Auge zu sehen.

Dieser außergewöhnliche Ausflug ist eine Annäherung an den eindrucksvollen Berg, die Umgebung bei Nacht und ein Kennenlernen des funkelnden Sternenhimmels.

● **Regionaler Naturpark Préalpes d'Azur**

Die französische Riviera bietet mondänes Flair, der Mercantour majestätisch hohe Gipfel – dazwischen entfaltet das Mittelgebirge Préalpes d'Azur seinen idyllischen ländlichen Charme. Die Region ist geprägt von ihrer jahrhundertelangen land- und fortwirtschaftlichen Tradition, die sich auf duftende Pflanzen für die Parfümindustrie konzentriert. Hier lebt man noch in malerischen Dörfern zusammen und genießt das gesellige Beisammensein. Manche Ansiedlungen sind noch aus dem Mittelalter erhalten, wo sie zum Schutz vor Feinden an teils schwer zugänglichen Felsvorsprüngen verankert wurden. Heute sind sie als kulturelles Erbe geschützt, ebenso wie Flora und Fauna, die zur artenreichsten Frankreichs gehören.

● **Regionaler Naturpark Verdon**

Auch Europa hat seinen Grand Canyon. Er liegt in der Provence, gehört zu den größten Naturwundern Frankreichs und muss sich vor sei-

Von oben: Das Erbe der Belle Époque prägt bis heute Stil und Atmosphäre des mondänen Badeortes Nizza.

Dank seines besonders milden Klimas, das wie nirgendwo anders in Frankreich eine üppig exotische Pflanzenwelt gedeihen lässt, erwarb sich Menton, die »Stadt der Zitronen« an der Grenze zu Italien schon im 19. Jahrhundert einen legendären Ruf als exklusives Winterreiseziel.

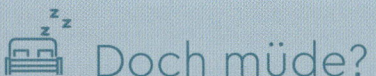 ## Doch müde?

REFUGE DE LA CAYOLLE// Die Berghütte liegt wunderschön auf einem Hochplateau umrahmt von Bergen und gleichzeitig gut erreichbar an einer Passstraße. Einfaches Matratzenlager, aber aufwendige Küche. Guter Ausgangspunkt für Wanderungen.
www.refuge-delacayolle.fr/le-refuge

REFUGE LA CANTONNIÈRE// Das Gasthaus liegt an einem idyllischen See an der gleichen Passstraße wie das Refuge de la Cayolle, aber einige Kilometer südlicher und einige hundert Meter tiefer. Bettenlager und Zimmer sowie Restaurant. Ganzjährig geöffnet.
https://lacantonniere.wixsite.com/refugelacantonniere

Die Gorges du Verdon, wie die Verdonschlucht auf französisch heißt, bilden ein fantastisches Naturrefugium, in dem sich Wassersportler genau wie Wanderfreunde wildromantisch austoben können.

nem amerikanischen Bruder nicht verstecken, selbst wenn seine Ausmaße bescheidener sind: 21 Kilometer lang ist die Verdonschlucht, bis zu 700 Meter tief, und an den schmalsten Stellen stehen ihre Felswände gerade einmal sechs Meter voneinander entfernt – eine abenteuerliche Architektur hat die Natur hier geschaffen. Kanufahrer fühlen sich zeitweise, als seien sie in eine gigantische steinerne Gletscherspalte gefallen. Auch andere Wassersportarten wie Rafting oder Wildwasserschwimmen werden hier ausgeübt, und man folgt den Sporttrends, indem man den Wasserzustrom je nach Bedarf reguliert. Andere Aktivsportler finden wiederum ihr Eldorado am steilen Fels.

• Digne-les-Bains

Der Kurort mit seinen Heilquellen liegt im Tal der Bléone und beeindruckt mit einem altertümlich anmutenden Stadtkern. Über der Stadt thront die hoch gelegene Kathedrale St.-Jérôme aus dem 15. Jahrhundert mit ihrem für diese Gegend Frankreichs typischen Glockenturm. Die alte Kathedrale Notre-Dame-du-Bourg aus dem 12./13. Jahrhundert ist ein prächtiger romanischer Bau, der seit 1437 nur noch als Friedhofskapelle genutzt wird. Eine wichtige Ausstellung zur Geologie der Region wird im Musée Promenade gezeigt. Das Musée Gassendi gibt hingegen Einblick in die Kunst- und Kulturgeschichte. Wer im August in der Stadt ist, sollte sich das mehrtägige Lavendelfest nicht entgehen lassen.

• Nizza

Die – heimliche – Hauptstadt der Côte d'Azur und – tatsächliche – Hauptstadt des Départements Alpes-Maritimes liegt herrlich an der von den Ausläufern der Seealpen umgebenen Engelsbucht (Baie des Anges) und ist ein Ort der Gegensätze: Während die Prachtboulevards die Erinnerungen an die Belle Époque wachzuhalten versuchen, geht es in Teilen der Altstadt noch zu wie in einem italienischen Dorf. Im 5. Jahrhundert v. Chr. gründeten die Griechen hier Nikaia, die »siegreiche Stadt«, die Römer bevorzugten die oberhalb liegenden Hügel für ihre Siedlung Cemenelum, das heutige Cimiez. Die eindrucksvollsten Paläste des 19. Jahrhunderts an der Promenade des Anglais sind das berühmte Hotel Negresco und das Palais Masséna. Der zentrale Platz der Altstadt mit den italienisch anmutenden Häusern ist der Cours Saleya mit einem quirligen Blumen- und Gemüsemarkt. Wahrzeichen Nizzas ist die Promenade des Anglais unmittelbar am Meer. Betuchte Briten hatten Nizza Mitte des 19. Jahrhunderts zu ihrem Altersruhesitz erkoren, daher der Name. Heute findet man an dem acht Kilometer langen Strandboulevard Restaurants, Cafés und natürlich Hotels mit Meerblick.

• Menton

Villen umgeben von prächtigem Grün und Hotelpaläste im Stil der Belle Époque erinnern auch in Menton an die Glanzzeiten der britischen Winterresidenz an der französisch-italienischen Riviera. Schon ab den 1950er-Jahren bildete vor allem das Viertel Garavan mit seinen zahlreichen historischen Gartenresidenzen die Kulisse für große Kinoerfolge. Bevor allerdings die Sonnenhungrigen aus aller Welt in die Bucht zwischen Monaco und Ventimiglia kamen, prägte jahrzehntelang der Anbau von Zitronen und Orangen die wirtschaftlichen Geschicke Mentons. 1860 etwa wurden rund 280 Millionen Kilo dieser Früchte geerntet. Heute herrscht Dolce-Vita-Stimmung im Labyrinth der farbenfrohen Altstadtgassen, lockt die Kunst von Jean Cocteau in einem kleinen Fort am Hafen und ein ausgedehnter Strandspaziergang auf der Promenade du Soleil. Aber natürlich ist auch die Tradition der Agrumen-Kultur lebendig: Und so feiert jeden Februar Menton seine »Fête du Citron«.

FRANKREICH

PIC DU MIDI DE BIGORRE

Dem Himmel ganz nah sind Sterngucker auf dem Pic du Midi de Bigorre in den französischen Pyrenäen. Schon weit im Vorland fällt die markante Kegelsilhouette des 2877 Meter hohen Gipfels ins Auge. Und mit ihm die Kuppeln der renommierten Sternwarte samt einer surrealen Ansammlung von Fernseh- und Rundfunk-Antennen. In der isolierten Lage des Hochgebirges sind die Bedingungen zur Beobachtung von Himmelskörpern perfekt.

Als »Balkon der Pyrenäen« ist der Pic du Midi bekannt. Und das völlig zurecht, denn die Lage ist einfach perfekt für einen grandiosen Ausblick – nicht zuletzt nach Sonnenuntergang. Ob bei einer Führung im Observatorium mit Blick durch Hightech-Teleskope oder dem bloßen Auge bis in die Weiten des Universums. In klaren Nächten erkennt man die Milchstraße, Sternennebel und Sternschnuppen.

Der schnellste Weg zum Gipfel ist die Seilbahn, die von der Skistation La Mongie direkt zum Pic du Midi führt. Wer rechtzeitig bucht, kann sich glücklich schätzen, nicht mit der letzten Talfahrt den Tag auf dem Pic du Midi zu beenden – und stattdessen gemeinsam mit maximal 26 weiteren Sternguckern die Nacht auf dem Gipfel zu erleben. Zum Sonnenuntergang auf der Terrasse genießt man dann ein exquisites Dinner und darf sich schließlich wie ein VIP fühlen: Mit einem erfahrenen Guide an der Seite darf man den Blick durch das 400 mm Schmidt-Cassegrain-Teleskop wagen.

Dieses einzigartige Erlebnis einer Nacht auf dem »Balkon der Pyrenäen« ist zwar nur jenen möglich, die mehrere Monate im Voraus buchen, doch dank der Vorführungen und Sternenshows im Observatorium sowie der interaktiven Ausstellung, können auch Tagesbesucher ihrer Faszination für den Sternenhimmel nachgehen.

Links: Auch wenn es für manche leidenschaftlichen Astrofans ein ehrlicher Wunsch sein mag, sie sind hier noch nicht auf dem Mond gelandet. Die moderne Sternwarte auf dem Pic du Midi de Bigorre lässt nur der Fantasie freien Lauf.

Rechts: Unvergessliche Momente erleben Besucher, die den fantastischen Sonnenaufgang von der Aussichtsplattform erleben dürfen und der Blick weit über die Pyrenäen schweift.

Frankreich – Pic du Midi de Bigorre

NACHTS ERLEBEN:

● **Moonlight Rafting**

Westlich des Pic du Midi, am nördlichen Rand des Nationalparks Pyrénées, wartet ein besonderes Abenteuer auf alle, die sicher schwimmen können. Denn mit dem Moonlight Rafting von »Tom Rafting« geht es in den Monaten Juli und August bei Vollmond auf den Fluss! Was bei Tag bereits eine spaßige Attraktion ist, wird bei Nacht zu einem unvergesslichen Erlebnis. Von der Sommernacht umgeben, den Mond als einzigen Lichtgeber, und um einen herum nichts als die Natur entlang der Ufer. Keineswegs ist es absolut still, und es lohnt sich, die Ohren zu spitzen und der nachtaktiven Fauna zu lauschen. Und natürlich lockt auch hier der Blick in den weiten Sternenhimmel. Dabei nicht vergessen: Hin und wieder auch das Paddel durchs Wasser zu ziehen, damit das große, mit bis zu acht Personen besetzte, Schlauchboot nicht strandet.

AM TAG ENTDECKEN:

● **Lourdes**

Rund sechs Millionen Besucher kommen jährlich in den berühmten Wallfahrtsort am Fuß der Pyrenäen. Viele von ihnen suchen Heilung von Krankheiten und Gebrechen. 1858 soll hier dem Hirtenmädchen Bernadette Soubirous in einer Grotte Maria erschienen sein, die Quelle in der Grotte brachte Bernadette darauf zum Sprudeln, das Wasser gilt seitdem als heilbringend. Entspechend dieser Historie strömen die meisten Besucher erst einmal zur Grotte Massabielle mit der Madonnenstatue aus Carrara-Marmor. Dort kann man in der Cité Religieuse die Basilika Saint-Pie-X von 1958 – mit 201 Metern Länge und 81 Metern Breite eines der größten Gotteshäuser der Welt – besuchen. Rund 20 000 Gläubige können sich hier versammeln. Die Basilique du Rosaire von 1889 fasst hingegen nur 2000 Menschen. Alles in Lourdes erinnert an das Marienwunder. Wer davon genug hat, besucht die mächtige Burg.

● **Cirque de Gavarnie**

Der Cirque de Gavarnie ist neben Lourdes eines der meistbesuchten Touristenziele in den Pyrenäen. Im kleinen, 1365 Meter hoch gelegenen Bergdorf Gavarnie muss das Auto geparkt werden. Von dort geht es zu Fuß oder zu Pferd zu dem Talkessel in 1700 Meter Höhe. Geformt wurde er mit einem Durchmesser von etwas über zwei Kilometern einst von einem Gletscher. Der halbrunde Kessel wird umgeben von den Bergen Grand Astazou (3071 m), Marboré (3248 m), Pic de la Cascade (3073 m)

Der riesige Cirque de Gavarnie hat einen Durchmesser von zwei Kilometern. Besucher wähnen sich hier wie in einer grandiosen Filmkulisse mit historischen Helden, zahlreiche Wasserfälle strömen an den rauen Felswänden hinunter.

Frankreich – Pic du Midi de Bigorre

und Taillon (3114 m). Deutlich lassen sich an den fast senkrechten Felswänden die Gesteinsschichten ausmachen und Wasserfälle wie die Grande Cascade – mit 422 Metern einer der höchsten Wasserfälle Europas – tragen zum imposanten Gesamtbild bei. Völlig zu Recht zählt die Kulisse zum Welterbe der UNESCO.

● Parc national Les Pyrénées

Hier schlug Ritter Roland, der Held des mittelalterlichen »Rolandslieds«, seine letzte Schlacht: Keine Chance mehr hatte er gegen die Aragonesen, tödlich getroffen war er schon, als er mit letzter Kraft einen Spalt in eine Felswand hieb. Seine Mitstreiter konnten durch diese Öffnung entkommen, und der Erzengel Gabriel trug Rolands Wunderschwert direkt in den Himmel. So erzählt es die Legende, die diese dramatische Episode in der Kulisse des heutigen Pyrenäen-Nationalparks spielen lässt. Fast 100 Kilometer lang zieht der Park sich zwischen Frankreich und Spanien entlang.

»Paläste, Dome, Tempel, Mausoleen: Ihr seid alle nichts, gemessen an diesem unerhörten Kolosseum des Chaos.« So beschrieb kein Geringerer als Victor Hugo die Landschaft der Pyrenäen.

● Grottes de Bétharram

Die zwischen Lourdes und Pau gelegenen Grotten sind ein Wunder der Natur und von beträchtlichen Ausmaßen. Über fünf Etagen verteilt liegen rund 20 Höhlen, deren Tropfsteine einen ganz eigenen Zauber ausstrahlen. Eine Kleinbahn führt durch einen Teil der Höhlen, von denen viele fantasievolle Namen wie »Kloster« oder »Feenschloss« tragen. Zu den ganz besonderen Erlebnissen gehört auch eine Kahnfahrt auf einem unterirdischen See in einer der Höhlen.

● Parc naturel régional Pyrénées Ariégeoises

Eine der größten Attraktionen des Naturparks findet sich ausnahmsweise unter der Erdoberfläche: Der Rivière souterraine de Labouiche ist der längste unterirdische Fluss Europas und verschwindet für eineinhalb Kilometer im Dunkel einer Grotte. Mit dem Boot lässt sich sein Weg bis auf 70 Meter Tiefe begleiten und die faszinierenden Gesteinsformationen im Inneren der Erde bewundern.

Die Höhlen von Niaux und Mas d'Azil mit ihren prähistorischen Felsmalereien sind ein bedeutendes kulturelles Erbe. Doch auch auf der Oberfläche hat der Naturpark so einiges zu bieten: bis zu 3000 Meter hohe Gipfel wie den Mont Valier, den Montcalm und den Pique d'Estats. Die Vielfalt und der Abwechslungsreichtum der Vegetation machen die Region zu einem echten Paradies für Wanderer und Naturliebhaber.

Unten: Natur, wie sie schöner nicht sein könnte – Naturpark Pyrénées Ariégeoises.

Rechts: Die prachtvolle Basilika Notre-Dame du Rosaire in Lourdes bildet seit fast zwei Jahrhunderten das Ziel von Millionen Wallfahrern.

Die Milchstraße einmal so klar und in ihrer ganzen Pracht sehen – das ist heutzutage vielerorts an besonderen Plätzen zum Sternegucken und im Rahmen spezieller Führungen möglich.

ZENTRALEUROPA

Zauberhafte Orte wie Pellworm oder die Eifel, Attersee oder Traunsee ziehen viele Besucher an, dass diese Orte gerade auch auch wegen ihres Nachthimmels immer attraktiver werden und teils bereits als offizielle Sternenparks zertifiziert sind, wissen bislang die wenigsten.

DEUTSCHLAND

NORDFRIESISCHES PELLWORM

Touristisch steht Pellworm meist im Schatten von Sylt und Amrum. Denn im Gegensatz zu ihren nördlichen Schwestern hat die drittgrößte der Nordfriesischen Inseln keinen Sandstrand. Der Massentourismus bleibt deshalb aus. Wer hierher kommt, sucht Ruhe und Entschleunigung. Und einen schönen Sternenhimmel! Denn auf Pellworm ist es so dunkel, wie fast nirgendwo sonst in Zentraleuropa. Zusammen mit dem ostfriesischen Spiekeroog wurde es 2021 als Dark Sky Community zertifiziert und darf sich nun Sterneninsel nennen.

Die Insel Pellworm verdankt ihre Existenz einer Katastrophe. In der Nacht vom 11. auf den 12. Oktober 1634 überspülte die Burchardiflut die große Nordfriesische Insel Strand. Zurückblieben nur Bruchstücke: Pellworm, Nordstrand und einige der Halligen. Seitdem kämpfen die Menschen des 3500 Hektar umfassenden Eilands gegen die Fluten. Ohne ihren wuchtigen und inzwischen auf 8 Meter erhöhten Deich wäre die Insel schon längst versunken, denn ein Großteil des Landes liegt 50 Zentimeter unter dem Meeresspiegel. Auch Badestellen müssen deshalb befestigt werden.

Mit nur etwas mehr als 1200 Einwohnern, einem vergleichsweise bescheidenen Tourismus, ohne Straßenbeleuchtung außerorts und mit nur wenig Autoverkehr und dazu doch eher einsam im Nationalpark Wattenmeer gelegen, erreicht die Dunkelheit über Pellworm Spitzenwerte von 22 mag/arcsec². Das ist Goldstandard! Die Milchstraße ist hier sehr stark strukturiert und am Herbst- und Winterhimmel kann man mit bloßem Auge den Dreiecksnebel sehen. Damit war Pellworm geradezu prädestiniert, Dark Sky Area zu werden. Trotzdem hat die Kommune zusätzlich noch kräftig investiert und viele vorhandene Beleuchtungen ausgetauscht, um die begehrte Zertifizierung zu bekommen.

Seit man diese hat und Pellworm offiziell Sterneninsel ist, wird daran gearbeitet, das Angebot für Astrotouristen auszubauen. Etwa, indem an besonders geeigneten Stellen Liegebänke zum Sternengucken gebaut werden. Auch ein Sternenpfad soll entstehen. Außerdem gibt es für die Einwohner und vor allem für alle, die im Tourismus tätig sind, »Sternenkieker-Schulungen«, damit sie ihrerseits wiederum passende Angebote für ihre Gäste schaffen können. Grundsätzlich aber ist das Sternegucken auf Pellworm nicht schwer. Geeignete Plätze gibt es zur Genüge, wie etwa an den befestigten Stränden oder auf dem Deich. Nur beim Blick nach Süden stört das Licht des Leuchtturms Westerhever auf der Halbinsel Eiderstedt dann doch etwas. Aber der wird als Peilmarke für die Schifffahrt noch gebraucht und kann nicht heruntergedimmt werden.

Links: Bei Dunkelheit verwandelt sich der Himmel über der Nordermühle auf Pellworm in ein funkelndes Sternenzelt.

Rechts: Wenn die Sonne auf Pellworm untergeht, sagen sich auch die Schafe auf dem Deich Gute Nacht.

NACHTS ERLEBEN:

● Abendspaziergang »Pellworm bei Nacht«

Auf Pellworm gibt es viel zu erleben: die Nordsee, die Tierwelt, die Ruhe und natürlich den Sternenhimmel. Durch die geringe Lichtverschmutzung breitet sich nachts ein gigantisches Sternenzelt über den gesamten Himmel aus. Wer endlich einmal die Milchstraße sehen möchte, hat hier sehr gute Chancen. Über die Schutzstation Wattenmeer kann man den Lebensraum Wattenmeer nach Sonnenuntergang bei einer eineinhalbstündigen Führung gezeigt bekommen. Unter dem Motto »Pellworm bei Nacht« verläuft sie entlang des Deiches mit Blick auf Leuchttürme, Inseln und Halligen von Westerheversand auf Eiderstedt über Amrum bis Langeneß. Dabei erzählen die Guides Sagen und Geschichten rund um die Insel Pellworm – zum Beispiel davon, warum die Alte Kirche heute nur noch eine Ruine ist.

● Sternengucker-Bänke

Besonders auf dem Rücken liegend macht das Sterngucken Spaß! Auf der Insel Pellworm wurden daher sogenannte »Sternenkieker-Bänke« aufgestellt, wo Besucher bequem das Funkeln tausender Sterne am Nachthimmel betrachten können. Die Bänke stehen an den dunkelsten Ecken der Insel, überhaupt gehört Pellworm nachts zu den dunkelsten Orten ganz Deutschlands. Besonders gut lässt sich der Sternenhimmel über der Nordsee im Frühjahr und Herbst beobachten, wenn die Tage nicht allzu lang sind. Die Nachfrage nach Erkundungs-

Links oben: Durch grünes Marschland geht es mit der Pferdekutsche von Nordstrand zur Hallig Südfall.

Links: Die magische Abendstimmung auf Pellworm kann man bei einer geführten Inseltour nach Sonnenuntergang ganz besonders auskosten.

Oben: Der Bau der kleinen Kirche von Hallig Hooge erstreckte sich über mehrere Jahrhunderte und zahlreiche Sturmfluten.

Doch müde?

FERIENWOHNUNGEN NORDERMÜHLE
// Drei schöne, komfortabel eingerichtete Ferienwohnungen gibt es in der alten Holländer-Windmühle. Doch die Wohnung »Halligblick« sticht heraus. Sie erstreckt sich über die drei oberen Geschosse der Mühle und bietet nach allen Seiten einen wunderbaren Blick weit über Land und Meer – und natürlich auch gen Himmel.
https://fewo-nordsee-insel-urlaub.de/Fewo-Nordermühle

touren ist so groß, dass Veranstaltungen und Programme für Sterneninteressierte immer weiter ausgebaut werden. Sogar einen Audio-Guide soll es zukünftig zum Wissen über den Himmel geben.

☀ AM TAG ENTDECKEN:

● Nordstrand
Die 49 Quadratkilometer kleine Insel ist durch einen 2,5 Kilometer langen Straßendamm mit dem Festland verbunden. Von jeher durch schwere Sturmfluten immer wieder zerstört, ist Nordstrand heute durch so hohe Deiche geschützt, dass es als sturmflutsicher gilt. Im Jahr 1990 wurde es zum Nordseeheilbad ernannt. Besucher genießen es, die Insel auf dem hohen Deich zu umrunden, zu anderen Halligen aufzubrechen, oder sich auf dem Deichvorland bei Süderhafen den erfrischenden Nordseewind ins Gesicht pusten zu lassen.

● Föhr
Auf der fast kreisrunden Insel entdeckte schon König Christian VIII. Mitte des 19. Jahrhunderts die wohltuende Luft, die schöne Landschaft und den langen Sandstrand. Zentrum von Föhr ist das Nordseebad Wyk mit pittoreskem Hafen und einer einladenden Fußgängerzone. Im Norden und Osten der Insel dominiert Marschland, nur hier und dort ist ein Hof mit friesischer Ruhe zu finden – hier ist es stiller und weniger touristisch. Im August wird traditionell das Hafenfest gefeiert.

● Amrum
Südwestlich von Föhr liegt die beschauliche Insel mit ihren bis zu 30 Meter hohen Dünen, und dem 15 Kilometer langen Sandstrand: dem berühmten »Kniepsand«. Die Bewohner der 20 Quadratkilometer kleinen Insel leben in fünf Dörfern, von denen das Friesendorf Nebel das bekannteste ist. Wer einen Überblick haben will, sollte den 66 Meter hohen Leuchtturm zwischen Nebel und Wittdün besteigen: Von dort sieht man die gesamte Insel und manchmal sogar noch Föhr und einige Halligen. Bei Niedrigwasser kann man eine Wattwanderung zur Nachbarinsel Föhr machen.

● Halligen
Mehrfach im Jahr heißt es »Land unter!« auf den zehn Halligen vor dem Festland Nordfrieslands, die sich kreisförmig um Pellworm anordnen. Wenn die herbstlichen Stürme über das Meer fegen und Wiesen und Weiden überflutet werden, schließt man die Fenster, treibt das Vieh eilig in die Stallungen. Die wenigen Menschen auf den Warften führen ein einsames Leben im Winter und ein turbulentes im Sommer, wenn die Touristen kommen. Nur rund 230 Menschen leben auf den Halligen, von denen fünf bewohnt und bewirtschaftet sind: Gröde, Hooge, Langeneß, Nordstrandischmoor und Oland.

● Schleswig-Holsteinisches Wattenmeer
Mal strahlt diese Landschaft große Ruhe aus, dann wieder wird sie von den tobenden Elementen von Wind und Wetter regelrecht durchgepeitscht. Deutschlands größter Nationalpark misst über 4400 Quadratkilometer. Im Mittelalter war ein großer Teil noch festes Land. Doch immer wieder rissen Sturmfluten Teile davon mit sich und ließen schließlich eigenwillig geformte Reste zurück: die Nordfriesischen Inseln und die Halligen sowie viele kleine Sandbänke.

Paradiesisch-ländlich mit historischen Friesenhäusern präsentiert sich die Insel Amrum.

DEUTSCHLAND

OSTFRIESISCHES SPIEKEROOG

Der »Utkieker« ist das heimliche Wahrzeichen der Ostfriesischen Insel Spiekeroog. Die 3,5 Meter hohe Statue des Künstlers Hannes Helmke steht auf einer Aussichtsdüne und blickt über das Meer. Wer sich nachts zu ihm gesellt, wird die Positionslichter von Schiffen, die umliegenden Leuchttürme und in der Ferne sogar die Lichtglocke von Wilhelmshaven sehen. Begibt man sich jedoch an den »Dunkelort« nur einige Meter nördlich am Fuß der Düne, dann funkeln plötzlich nur noch die Sterne.

Eilig darf man es auf der 20 Quadratkilometer kleinen Wattenmeerinsel mit ihren rund 850 Einwohnern nicht haben, denn hier gibt es weder Autos noch eine Möglichkeit, sich ein Fahrrad zu mieten. Seit 1885 kann man sich mittels einer Pferdebahn – der letzten ihrer Art in Deutschland – fortbewegen.

Überhaupt wäre Eile hier unangebracht, denn man würde die Schönheiten der Insel, die bereits seit Mitte des 19. Jahrhunderts Seebad ist, verpassen: hinreißende Dünen, ein gigantischer Weitblick, artenreiche Salzwiesen im Westen, ein von Wasserläufen durchzogener Kurpark, ein interessantes Inselmuseum, das Wrack eines britischen Dampfers, der Ende des 19. Jahrhunderts vor Spiekeroog strandete, und das seit vielen Jahrhunderten unversehrte Dorf. Hier steht noch das alte Kirchlein aus dem 17. Jahrhundert, dessen Pietà, so sagt es eine Legende, von einem im Jahr 1588 vor Spiekeroog gestrandeten spanischen Schiff stammen soll.

Etwa 90 000 Übernachtungsgäste kommen pro Jahr auf die Insel, dazu fast noch einmal so viele Tagestouristen. Letztere legen teilweise nur eine Strecke mit der Fähre zurück, während sie die andere bei Ebbe mit einem erfahrenen Wattführer zu Fuß gehen.

Den einmaligen Sternenhimmel über Spiekeroog kann jedoch nur genießen, wer auf der Insel übernachtet – 22 mag/arcsec^2 wurden hier schon gemessen. Gemeinsam mit Pellworm wurde Spiekeroog im Jahr 2021 als Dark Sky Community zertifiziert. An besonders schönen Beobachtungspunkten stehen heute Liegebänke für Sternengucker. Außerdem gibt es zahlreiche Infoveranstaltungen, etwa Vorträge von Astronomen oder Sternenwanderungen. Außerdem hat die Insel ein besonderes Projekt: Gemeinsam mit dem Kinder- und Jugendhospizdienst »Sterneninsel« in Pforzheim wird Familienangehörigen lebensbedrohlich Erkrankter ein Erholungsaufenthalt auf der Sterneninsel Spiekeroog gesponsert.

Links: Unter einem nächtlichen klaren Himmel über dem Meer bestehen herrliche Voraussetzungen für Sterngucker.

Rechts: Freie Sicht zum weiten Abendhimmel hat man auch gemütlich von einem der beliebten Strandkörbe aus.

 NACHTS ERLEBEN:

• Sternenspaziergang Nationalparkhaus

Das Nationalparkhaus Wittbülten auf der Sterneninsel Spiekeroog ist ein Ort des Wissens. Ausstellungen wechseln sich dort regelmäßig ab und bieten Besuchern die Möglichkeit, sich näher mit der Insel und der Natur auseinanderzusetzen. Spannend sind vor allem die Wanderungen durch die Abenddämmerung, die von Einheimischen und Experten geführt werden. Dabei kann man das Wattenmeer, die Tierwelt der Insel oder auch den Nachthimmel besser kennenlernen. Experten erklären, wie man den Nordstern findet, oder wie die Namen der Sternbilder am Himmel sind. Bei einer Exkursion erleben die Teilnehmer die faszinierende Inselnatur in einem ganz anderen Licht und erfahren dabei Spannendes über die Dunkelheit und deren Schutz. Denn dunkel ist es auf Spiekeroog allemal. So dunkel, dass man die eigene Hand nicht mehr vor den Augen sieht.

AM TAG ENTDECKEN:

• Langeoog

Langeoog, die »Lange Insel«, ist eine besonders beliebte Ferieninsel, hat sie doch von allen Ostfriesischen Inseln das vielfältigste Angebot in Sachen Sport und Familie. Auf 20 Quadratkilometern Fläche finden die Gäste 14 Kilometer feinsten Sandstrand, ein Vogelschutzgebiet und eine wunderschöne 1,5 Kilometer lange Höhenpromenade und die über 20 Meter hohe Melkhorndüne. Das Wahrzeichen Langeoogs ist noch etwas höher: Der Wasserturm diente ab dem Jahr 1909 als Wasserspeicher. Ein weiteres Wahrzeichen ganz anderer Art ist der Dünenfriedhof mit

Links oben: Am Strand von Spiekeroog zeichnen vorübergehend dunkle Wolken einen Kontrast zum feinen Sand und zu den weißen Strandkörben.

Links unten: Lediglich der schlichte Rettungsturm unterbricht die unendlichen Weiten an der Küste von Wangerooge.

dem Grab der Sängerin Lale Andersen (»Lili Marleen«). Das Haus Sonnenhof in der hübschen Straße Gerk sin Spoor gehörte einst der Sängerin, ein Denkmal steht am Wasserturm.

● Wangerooge

Die zweitkleinste und östlichste der Ostfriesischen Inseln ist eine beschauliche, autofreie Familieninsel, deren Geschichte nach ihrer Entdeckung Anfang des 14. Jahrhunderts begann. Zu Ostfriesland gehörte sie eigentlich nie, dafür aber beispielsweise zu Russland. Und immer wieder wurde die nur fünf Quadratkilometer kleine Insel von Piraten überfallen. Von all den Turbulenzen merken die Gäste des 21. Jahrhunderts nichts, wenn sie mit der bunten Inselbahn an der grünen Lagunenlandschaft, einem ganzjährigen Vogelschutzgebiet, den Deichen und Stränden vorbeizuckeln, um ins Dorf Wangerooge zu gelangen. Dort kann man in der Zedeliusstraße einkaufen oder das älteste auf der Insel erhaltene Bauwerk, den 39 Meter hohen Alten Leuchtturm mit Museum, besichtigen. Weithin sichtbar ist der neue, genau 67,2 Meter hohe Leuchtturm.

● Buddelschiffmuseum Neuharlingersiel

Buddelschiffmuseen gibt es eine Menge. Das in Neuharlingersiel ist jedoch etwas ganz Besonderes: Rund 100 Modelle sind hier zu bestaunen. Sie alle wurden von einem einzigen Menschen gebaut. Jonny Reinert, der es zu mehreren Einträgen im Guinnessbuch der Rekorde gebracht hat, nahm die Herausforderung an, die Schifffahrtsgeschichte gewissermaßen in Flaschen zu füllen. Vom Einbaum bis zum Atom-U-Boot ist alles vorhanden. Auch der Untergang der Titanic ist zu sehen. Bauzeichnungen erzählen von der Entstehung der Exponate.

● Carolinensiel

Gleich drei Häfen hat Carolinensiel-Harlesiel zu bieten. Da ist zunächst der Museumshafen im Zentrum des Ortes. Er entstand im Rahmen der Deichbauarbeiten 1729. Wo die Harle vom Deich begrenzt wurde, entstand der Sielhafen, der einmal zu den wichtigsten Häfen Ostfrieslands gehörte. Heute ist er mit seinen Traditionsseglern und den Friesenhäusern ein Besuchermagnet. Passiert man die Klappbrücke Friedrichsschleuse, erreicht man den zweiten Hafen, nämlich den Jachthafen. Hinter dem Deich, auf dem die einzige Deichkirche Ostfrieslands zu finden ist, liegt der Außenhafen. Von hier aus starten die Fischer, die Ausflugsschiffe und die Fähre zur östlichsten Ostfriesischen Insel Wangerooge.

Im Museumshafen von Carolinensiel darf man sich des Öfteren am bunten Anblick traditioneller Segelschiffe erfreuen.

DEUTSCHLAND

STERNENPARK WESTHAVELLAND

Unendlich die Weite im brandenburgischen Naturpark Westhavelland, unendlich auch der Nachthimmel im Sternenpark, dem seit 2014 ersten Dark Sky Reserve Deutschlands. Obwohl der Naturpark nur etwa 80 Kilometer westlich der nachts von Millionen Lichtquellen erhellten Metropole Berlin liegt, sind hier die Bedingungen zum Sternegucken herausragend. Hier zelebrieren die Sterne ihr Fest der Lichter, werden ferne Galaxien und die vertraute Milchstraße mit bloßem Auge sichtbar. Hobbyastronomen und Naturfreunde können im Park übernachten und an Nachtwanderungen teilnehmen.

Nicht nur Sterne gibt es im Überfluss: Mit der Havel, ihren Nebenflüssen und Seen gehört die Region zu den gewässerreichsten Deutschlands. Weite Feuchtniederungen, große Moor- und Sumpfgebiete wie das Havelländische Luch oder das Rhinluch prägen zusammen mit kleinen, typisch märkischen Dörfern die Landschaft im Naturpark Westhavelland.

Tausende von Gänsen aus Nordeuropa rasten hier auf ihrem Zug in den Süden, und der Kampfläufer nutzt das feuchte Land als Bühne für Balzauftritte und leidenschaftliche Schaukämpfe. Mit dem gespreizten Federkragen ist der streng geschützte Vogel das Wappentier des Naturparks. In Deutschland ist er vom Aussterben bedroht. Trockenlegung der Landschaft für landwirtschaftliche Nutzung oder der Abbau von Torf aus Mooren machen dem einst in Deutschland häufig anzutreffenden Zugvogel das Leben schwer.

So leistet der Naturpark Westhavelland einen Beitrag zum Schutz des Kampfläufers – und ebenso wird sich hier für den Schutz des Nachthimmels eingesetzt. Denn auch Letzterer ist in unserer urbanisierten Welt nicht mehr selbstverständlich. Die ergriffenen Schutzmaßnahmen führen zu einem äußerst dunklen Himmel: Mit Werten um 21,5 mag/arcsec^2 gehört das Westhavelland zu den Spitzenreitern in Europa. Im Frühjahr ist mit Glück das Zodiakallicht beobachtbar. Wer im Herbst zur Sternenbeobachtung kommt, sieht das Himmels-W der Cassiopeia, im Sommer und Winter erfreut jeweils die Milchstraße.

Links: Im Naturpark Westhavelland leuchten nachts gut sichtbar die Sterne. 2014 wurde er zum ersten Sternenpark Deutschlands erklärt.

Rechts: Nach einer sternklaren Nacht geht morgens am Fluss Dosse langsam die Sonne wieder auf.

NACHTS ERLEBEN:

● Nachtwanderung

Parey ist eine Beobachtungsstation im Sternenpark Westhavelland. Hier werden Nachtwanderungen und Vorträge zum Thema Astronomie angeboten. Außerdem gibt es eine Leseecke zu astronomischer Literatur, die an Veranstaltungsabenden für Besucher geöffnet ist. Parey ist der ideale Treffpunkt für eine Nachtwanderung, denn es gehört zu den dunkelsten Regionen des Parks. Mit dem Licht einer Laterne wandert man als Gruppe durch Wiesen und Wälder und lernt eine Menge interessanter Dinge über die Sterne, die Sternbilder, die Milchstraße und das Planetensystem. Ganz anders als im Alltag, breitet sich die Stimmung der Nacht über alle Sinne aus und der Blick auf die Natur verändert sich. Selbst ein bewölkter Himmel bietet keinen Halt. Er soll den Eindruck sogar zusätzlich verstärken. Auch das ein oder andere Tier kann zu sehen oder zu hören sein.

 AM TAG ENTDECKEN:

● Stendal

Die Existenz einer markgräflichen Münzstätte sowie Markt- und Zollprivilegien ließen das Straßendorf »Steinedal« im Mittelalter aufblü-

Doch müde?

FERIENHAUS ZEMLIN // Wenn man im Schlafzimmer das Licht ausschaltet, wird in den Ferienhäusern am Lochower See der Sternenhimmel an die Decke projiziert. Aber natürlich kann man ihn auch von der Terrasse aus live sehen. Oder beim Sternenspaziergang mit Vermieter Detlef.
www.ferienhaus-zemlin.de

SONN'IDYLL // Das Hotel in Rathenow inmitten des Naturparks Westhavelland lädt mit schöner Saunalandschaft und Yogakursen zum Entspannen ein und bietet auch Aktivitäten zum Sterneschauen, denn die Region gehört zum ausgewiesenen Sternenpark.
https://sonnidyll.de

OEKOGEKKO GLASHAUS // Bei Wilhelmshorst kann man im Wald im Glashaus unter den Sternen schlafen. Bad und Küche gibt's nebenan in einem schönen, ökologisch sanierten Haus. Ein idyllischer Garten gehört auch dazu, zudem liegt die individuelle Unterkunft am Waldrand.
https://oekogekko.com

hen. Heute stellt der Marktplatz mit dem Rathaus und der dahinter aufragenden mächtigen Marienkirche eines der schönsten städtebaulichen Ensembles im nordöstlichen Deutschland dar. Vor dem Rathaus (15. Jahrhundert) mit Schweifgiebel und Zwerchhäusern steht der Roland, eine originalgetreue Nachbildung des verwitterten Originals von 1525. Die Marienkirche war außer Gotteshaus auch Markthalle und Versammlungsraum. Zeugnis davon legt das trennende Eisengitter in der prächtigen Chorschranke ab, das den Altarbereich schützte. Eine besondere Kostbarkeit findet sich mit der astronomischen Uhr aus dem 16. Jahrhundert unter der Orgelempore. Die Stiftskirche, allgemein auch als Dom bezeichnet, gilt als eine der gelungensten und größten Backsteinkirchen der Altmark. Als Teil der Stadtbefestigung hat sich das reich verzierte Uenglinger Tor, wohl das schönste märkische Stadttor, erhalten.

Links: Stendal hat mehrere Kirchen vorzuzeigen. Eine der katholischen Kirchen dort ist die Kirche Sankt Anna.

Unten: Der neugotische Kirchturm der Heilig-Geist-Kirche und die nostalgische Bockwindmühle zieren das Havelufer in Werder.

● Brandenburg an der Havel
Im fluss- und seenreichen Gebiet der mittleren Havel liegt die älteste Stadt der Mark, die ihr auch den Namen gab. Hier ist vor allem der reich ausgestattete Dom St. Peter und Paul aus dem 13. Jahrhundert sehenswert. Auch das Dommuseum lohnt einen Besuch. Weitere sehenswerte Gotteshäuser sind die Gotthard-, die Katharinen- und die Nikolaikirche. Imponierend ist auch das Altstädtische Rathaus, ein Paradebeispiel gotischer Backsteinbaukunst. Der turmbewehrte Bau verfügt über einen blendengeschmückten Staffelgiebel, neben dem Hauptportal steht eine Rolandstatue. Außerdem sind die Altstadt und die alte Befestigung eine Besichtigung wert. Im Heimatmuseum kann man sich über die Stadtgeschichte informieren und Plastiken von August Wredow bewundern.

● Werder
Inmitten des breiten Havelstroms liegt verträumt die schöne, mittelalterliche Inselstadt Werder. Vier Seen und die Havel umschließen die Stadt, deren ältester Teil, die Havelinsel, von der Havel umschlossen wird. Der Ort ist außerdem für seine großen Obstanbaugebiete und die Weinlage am Wachtelberg berühmt.

● Rathenow
Die fast 800-jährige Stadt war eines der ersten Zentren der optischen Industrie in Deutschland. Zu den Sehenswürdigkeiten der im Krieg stark zerstörten Stadt zählen der wiederaufgebaute Bismarckturm und ein weltweit einzigartiges Großfernrohr.

WANN IST DIE BESTE ZEIT ZUM STERNESCHAUEN?

Mondhelle Nächte sind wunderschön, sodass man dann gerne in den Himmel schaut. Zum Sternegucken sind diese Nächte aber weniger geeignet, da der Mond mit seinem Licht die Sterne überstrahlt. Deshalb sind die Nächte um Neumond herum besonders gut geeignet. Aber natürlich braucht es auch gutes Wetter mit wolkenfreiem Himmel, um etwas zu sehen. Damit es wirklich dunkel ist, sollte man ab Sonnenuntergang mindestens eineinhalb Stunden Zeit verstreichen lassen, bevor man auf Sternentour geht. Im Sommer ist das Zeitfenster für gelungene Beobachtungen damit oft sehr klein und in nördlichen Breiten überhaupt nicht mehr vorhanden. Ansonsten hängt die beste Zeit ganz davon ab, was man sehen möchte. Die Venus etwa, nach Sonne und Mond der dritthellste Punkt am Himmel, ist mal am Abend-, mal am Morgenhimmel zu sehen – und selbst da zeitweise nur sehr kurz. Auch bei vielen anderen Himmelsobjekten muss man sich vorher informieren, wann genau sie zu beobachten sind und dann pünktlich zur Stelle sein.

WIE FOTOGRAFIERE ICH AM BESTEN DEN STERNENHIMMEL?

Um tolle Sternenfotos zu machen, braucht man natürlich erst einmal einen möglichst dunklen, klaren Himmel – am besten rund um Neumond und ohne Wolken. Je kälter die Nacht, desto besser, denn kalte Luft ist klarer als warme. Dann benötigt man eine Kamera, bei der man alle Einstellungen manuell vornehmen kann, und möglichst auch ein Stativ. Denn man arbeitet mit Belichtungszeiten von 10 bis 30 Sekunden. Da darf nichts verwackeln. Die Faustregel: Man belichtet möglichst lange, aber nicht so lange, dass die Sterne strich- statt punktförmig aussehen. Bei der Blendenzahl wählt man zunächst die niedrigste, um so viel Licht wie möglich einzufangen. Auch die Lichtempfindlichkeit des Sensors sollte hoch eingestellt werden. Ein guter Wert ist meist 1600 ISO. Bei noch höheren Werten werden die Bilder meist grisselig – es sei denn, man hat eine sehr gute Kamera. Was das Objektiv angeht, ist ein möglichst weiter Winkel ideal. Für die richtige Schärfe stellt man den Fokus auf unendlich. Ist diese Einstellung nicht vorhanden, fokussiert man bei Tag ein möglichst weit entferntes Objekt und markiert sich die Einstellung.

DEUTSCHLAND

NATIONALPARK EIFEL

Schon bald nach der Gründung des Nationalparks Eifel im Jahr 2004 kam die Idee auf, nicht nur Flora und Fauna, sondern auch den dunklen Himmel über Deutschlands westlichstem Mittelgebirge zu erhalten. Im Jahr 2014 war es dann geschafft. Die Eifel wurde Dark Sky Park. Doch zunächst war die Zertifizierung nur vorläufig. Erst nach weiteren Anstrengungen wurde 2019 der Status endgültig bestätigt. Doch man will mehr. Langfristig soll ein großflächiges Dark Sky Reserve entstehen.

Der Nationalpark Eifel liegt nur 65 Kilometer vom Ballungsraum Köln entfernt und bildet gemeinsam mit dem benachbarten Hohen Venn einen grenzüberschreitenden belgisch-deutschen Naturpark. Größter Schatz sind die dort noch sehr ursprünglichen Hainsimsen-Buchenwälder, die früher große Teile der Eifel bedeckt haben. Heute dagegen finden Besucher im Nationalpark eine abwechslungsreiche Landschaft mit großen Wäldern, offenem Gelände und Gewässern wie der zwar nicht natürlichen, aber sehr malerisch gewundenen Urfttalsperre. Zu den Highlights gehört auch die Dreiborner Hochfläche bei Wollseifen, auf der im Mai und Juni das »Eifelgold« blüht – der Besenginster. Sie ist erst seit dem Jahr 2006 zugänglich, da sie lange Zeit vom belgischen Militär genutzt und erst noch von Altlasten geräumt wurde. Gleich nebenan befindet sich die einstige Nazi-Ordensburg Vogelsang, die nach dem Abzug der Belgier im Jahr 2005 neu entwickelt wird. Unter anderem gibt es dort eine spannende Ausstellung: »Wildnis(t)räume«.

Auf dem Gelände befindet sich auch eine Sternwarte, in der die Astronomie-Werkstatt »Sterne ohne Grenzen« regelmäßig Veranstaltungen anbietet. Ebenso liegt in der Nähe einer von zehn sogenannten »SternenBlicken« – Orte, die mit Bänken und Infotafeln zum Sternegucken einladen. Spezielle Führungen starten oft in Vogelsang und an anderen »Sternen Blicken«. Auch private Gastgeber haben sich zu »SternenGuides« ausbilden lassen, um den Gästen ein besonderes Erlebnis zu bieten. Damit auch der Morgen nach einer erlebnisreichen Nacht zum Genuss wird, bieten zertifizierte »SternenGastgeber« ein Langschläferfrühstück und einen späten Check-out an.

Und die Zukunftspläne? Für das künftige Dark Sky Reserve soll auch in einer 15 Kilometer breiten Zone rund um den Nationalpark die Lichtverschmutzung heruntergefahren werden. Doch dazu müssen die Kommunen dort in Schutzmaßnahmen investieren. Einige zeigen sich als Vorreiter, anderswo muss noch etwas Überzeugungsarbeit geleistet werden.

Links: Im Dark Sky Park Eifel glitzert und funkelt nachts der Himmel wie eine gigantische Kinoleinwand inmitten der Natur.

Rechts: Wenn sich die Milchstraße im Weinfelder Maar spiegelt, fühlt man sich selbst fast wie im Himmel.

NACHTS ERLEBEN:

• Sternenwanderung

Eine etwas andere Wanderung durch den Nationalpark Eifel erfolgt am besten bei Nacht. Ungefähr eineinhalb Stunden nachdem die Sonne untergegangen ist, wird es dort nämlich so dunkel, dass die Sterne umso heller leuchten und deutlich zu sehen sind. Um möglichst viel zu erkennen, lohnt es sich eine der Sternenwanderungen der Astronomie-Werkstatt zu buchen. Hier werden rund ums Jahr zahlreiche Himmelsbeobachtungen unterschiedlich inszeniert, abhängig vom aktuell zu sehenden Sternenhimmel. Erfahrene Guides führen durch die Nacht, immer mit dem Blick nach oben. Dabei wird man erfahren, welche Sternbilder momentan erkennbar sind, wie das Universum geboren wurde und warum wir Menschen eigentlich nur Sternenstaub sind. Einfach mit dem bloßen Auge, aber auch mit Instrumenten wie Ferngläsern und Teleskopen, wird Unsichtbares sichtbar gemacht. Es empfiehlt sich, warme Kleidung oder Decken mitzubringen.

• SternenBlicke

Im Nationalpark Eifel gibt es zehn Orte, wo der Nachthimmel dunkler und die Sterne heller sind als im Rest der Gegend: die sogenannten SternenBlicke. Von hier aus beobachten zahlreiche Sternenbegeisterte gerne das Himmelszelt, oder lassen sich bei einer geführten Wanderung den Nachthimmel erklären. Ausgestattet mit spannenden Installationen für die Gäste, bietet jeder einzelne Ort hilfreiche Informationen für die Sternenbeobachtung. Dabei ist jedem SternenBlick ein eigenes Thema wie beispielsweise »Kosmische Wellen«, »Lebensräume« oder »Sternenstaub« zugeordnet. Das jeweilige Thema sowie Aspekte zur Astronomie und auch örtliche Besonderheiten werden dort sehr informativ aufgearbeitet. Die zehn Plätze sind Vogelsang, Hellenthal, Dahlem, Nettersheim, Nideggen, Blankenheim, Monschau, Bad Münstereifel, Mechernich und Heimbach.

Links von oben: Das Radioteleskop Effelsberg ist eines der größten vollbeweglichen Radioteleskope der Erde.

Wer eine Führung der Astronomie-Werkstatt bucht, darf auch mit einem Teleskop in den Sternenhimmel blicken.

Rechts oben: Wenn man die pittoresken Häuser entlang der Rur so betrachtet, könnte man Monschau auch als Venedig der Eifel bezeichnen.

Rechts unten: Neben dem Rur- und dem Urftsee zählt auch der Obersee zur Eifeler Seenplatte.

Doch müde?

STERNENGARTEN EIFEL // Der schöne alte Fachwerkhof im Ort Mechernich-Lückerath hat einen großen Garten, in dem gemütliche Doppel-Sternenschaukelliegen stehen. Zudem ist der Besitzer SternenGuide und lädt in seine private Sternwarte mit Teleskop ein.
https://sternengarten-eifel.de

TREKKINGPLÄTZE EIFEL // 22 befestigte Plätze für jeweils zwei Zelte sind über den Nationalpark Eifel verteilt. Wer sie bucht, erhält die GPS-Koordinaten, kann dort biwaken und in die Sterne gucken. Jeder Platz hat eine Komposttoilette.
www.trekking-eifel.de/de/die-trekkingplaetze

Deutschland – Nationalpark Eifel

 AM TAG ENTDECKEN:

● Monschau

Die Einwohner Monschaus selbst bezeichnen ihre Stadt gern als »Eifelschatz«. Die Burg Monschau entstand vermutlich Anfang des 13. Jahrhunderts. Die Pfarrkirche St. Mariä Geburt gilt als schönstes Bauwerk des Bauernbarock in der Nordeifel. Das Rote Haus wurde 1752 von dem Tuchmacher Johann Heinrich Scheibler erbaut. Seine heute noch originale Einrichtung in den Stilen Rokoko, Louis-seize und Empire ermöglicht einen Einblick in die großbürgerliche Wohnkultur. In der über 100 Jahre alten Senfmühle von Monschau wird heute noch nach alter Tradition Senf hergestellt. Besucher können sich ein Bild von der Produktionsweise machen und im Senflädchen die frisch verarbeiteten Produkte erstehen.

● Rur-Stausee

Seine Ausmaße sind gigantisch: Der See liegt in den Kreisen Aachen und Düren am Kermeter und erreicht bei vollem Wasserstand eine Länge von 10,6 Kilometern, eine Gesamtfläche von 7,83 Quadratkilometern und ein Stauvolumen von 203,2 Kubikmetern. Mit diesen Abmessungen zählt der See zu den größten Talsperren Deutschlands. Die drei Inseln sind bei Besuchern beliebt, da man sie bei niedrigem Wasserstand auch zu Fuß erreichen kann und sie sogar über einen Badestrand verfügen.

● Aachen

Die einstige Residenz Karls des Großen war im Mittelalter eine der bedeutendsten Städte Europas. Bereits die Römer hatten sich hier angesiedelt, da sie die hiesigen Thermalquellen schätzten. Bis zur Krönung Karls V. Im Jahr 1531 war die Stadt Krönungsort der deutschen Könige. Noch heute zeugen viele Bauwerke von der großen Zeit der Kaiser und Könige, wie etwa das Rathaus oder die achteckige Pfalzkapelle, Herzstück des Aachener Doms, sowie die Domschatzkammer.

● Naturpark Hohes Venn-Eifel

Dieser Naturpark umfasst eine Fläche von 2700 Quadratkilometern, die jedoch nicht allein auf deutschem Gebiet liegt. Auch Teile von Belgien gehören zum Naturpark Hohes Venn-Eifel. Besonders stolz ist man auf die gut erhaltenen Hochmoore der Region. Überhaupt ist die Gegend wegen ihrer überdurchschnittlich hohen Niederschläge sehr wasserreich. Insgesamt gibt es hier 15 Talsperren. Daneben hat der Naturpark auch bewaldete Flächen, die Berghöhen der Hocheifel und die Ausläufer der Vulkaneifel zu bieten. Das Wahrzeichen und gleichzeitig der ganze Stolz des Naturparks ist das Birkhuhn. Es ist in der Bundesrepublik äußerst selten geworden.

● Bad Münstereifel

Auch diese Stadt verdankte ihren Wohlstand dem Tuchgewerbe. Ende des 13. Jahrhunderts ließen die Grafen von Jülich die Stadtbefestigung und die weniger gut erhaltene Burg errichten. Das Rathaus fällt durch die rot getünchte Fassade auf, die Jesuitenklosterkirche St. Donatus wurde 1670 geweiht.

DEUTSCHLAND

STERNENPARK RHÖN

Als »Land der weiten Fernen« ist die Rhön wegen ihrer waldreichen Niederungen und sanften Kuppen bekannt. Dank dünner Besiedlung bleibt auch der Himmelsblick vor Lichtverschmutzung verschont: Perfekte Bedingungen für einen Sternenpark.

Links: Wie ein gigantisches Gemälde zeichnet sich die Milchstraße über der kleinen Kapelle bei Hofaschenbach am sternenerhellten Nachthimmel ab.

Rechts: Vor dem weiten Sternenhimmel sieht das Radom an der Wasserkuppe einem rot gefärbten Mond zum Verwechseln ähnlich.

Es tut der Natur ganz gut, wenn der Mensch nicht immer auf ihr herumtrampelt. Und das ist definitiv im UNESCO-Biosphärenreservat Rhön der Fall. Gewaltige 2433 Quadratkilometer ist es groß und erstreckt sich im Dreiländereck Bayern, Hessen und Thüringen. Das entspricht fast der Fläche vom Saarland. Und mit rund 87 Einwohnern pro Quadratkilometer ist das Gebiet dünn besiedelt. Bereits seit 1962 existiert hier der 720 Quadratkilometer große Naturpark Hessische Rhön, um die ursprünglichen Buchenwälder vor der Verdrängung durch Fichten-Monokulturen zu schützen. Nach der Wiedervereinigung wurde das Schutzgebiet über die Ländergrenzen ausgeweitet, um durch gezielte Aufforstungen mit Edellaubhölzern die Artenvielfalt zu verbessern. 1991 kam die UNESCO-Auszeichnung als Biosphärenreservat dazu. Mit Erfolg: Im Frühjahr bilden Märzenbecher und Lerchensporn großflächige Blütenteppiche, viele Orchideenarten finden perfekte Biotope vor. Unter den Tieren tummeln sich rare Arten wie Wildkatzen, Birkhühner und Schwarzstörche.

Die Rhön ist aber nicht nur das »Land der weiten Fernen«, sondern auch des offenen Himmels, denn dank ihrer Hügellandschaft eröffnet sich von den Anhöhen ein herrlicher Panoramablick auch in die Höhe. Ungestört von Lichtstreuungen zeigt sich daher in klaren Nächten vor allem in den Kerngebieten des Biosphärenreservats, der Hohen Geba im Nordosten, der Langen Rhön in der Mitte und der Schwarzen Berge im Süden, eine gewaltige Sternenschau.

Deutschland – Sternenpark Rhön

NACHTS ERLEBEN:

• Himmelschauplätze

Sieben ausgewiesene »Himmelschauplätze« unterstützen die Astrofans bei der nächtlichen Himmelsschau, etwa durch Polarsternfinder und Fernrohraufsetzer. Informationstafeln geben zudem viele Hinweise. Und vielleicht trifft man auch auf sie: die äußerst seltene Mopsfledermaus, wie sie an den Waldrändern entlang der Baumkronen jagt. Auch sie profitiert von dem Biosphärenreservat, das seit 2014 zudem Heimstatt des Sternenpark Rhön ist. Dabei sind ihr Orion, Skorpion und Großer Bär vermutlich schnuppe. Sie interessiert sich eher für Falter, Motten und andere Nachtschwärmer.

AM TAG ENTDECKEN:

• Rotes Moor

Die ausgedehntesten Karpaten-Birkenwälder Mitteleuropas gibt es im Roten Moor zu bestaunen. Das Moor liegt zwischen Wasserkuppe und Heidelstein. Es ist das zweitgrößte Hochmoor der Rhön und eines der ältesten Naturschutzgebiete Hessens. Seit 1979 wird es renaturiert. Ein drei Kilometer langer Rundweg, der Moorlehrpfad, führt auf Bohlen den Moorweiher entlang und durch den Birkenwald. Vom Weg und von einem Aussichtsturm aus lassen sich Bekassinen und Wiesenpieper beobachten. Der Lehrpfad ist auch für Rollstuhlfahrer und Kinderwagen geeignet.

• Wasserkuppe

Vom höchsten Punkt Hessens, der 950 Meter hohen Wasserkuppe, hat man einen wunderbaren Ausblick. Ihn kann man von einer Plattform genießen, die rund um das Radom, die letzte verbliebene Radarkuppel auf dem Berg, verläuft. Die Wasserkuppe ist ein bei Sportfreunden sehr beliebtes Ziel. Hier treffen sich im Sommer Wanderer, Mountainbiker, Segel- und Modellflieger. Außerdem Freizeitspaß auf

 Doch müde?

STERNENPARK-HAUS // Auf dem höchsten Berg der Rhön warten Holzferienhäuser auf müde Gäste. Die Sternenhäuser haben große Panoramafenster über dem Bett, die man bei gutem Wetter auch aufschieben kann.
https://feriendorf-wasserkuppe.de/sternenpark-haus/

RHÖNER STERNENWAGEN // Im großen Garten des Hotels Grüne Kutte in Bernshausen in der Thüringischen Rhön wartet ein toll hergerichteter Bauwagen. Das Sternenmotiv zieht sich durch die ganze Einrichtung bis zum Dachfenster über dem Bett.
www.gruene-kutte.de/wohnen/sternenwagen

Der prachtvolle Dom St. Salvator markiert das Zentrum der barocken Anlagen von Fulda.

Herrliche Ausblicke: Nicht weit vom höchsten Berg der Rhön, der Wasserkuppe, entfernt liegt die Abtsrodaer Kuppe.

der Sommerrodelbahn garantiert. Im Winter kommen ebenfalls Rodler, aber auch Ski- und Snowboarder und Snowkiter auf den Berg.

● Fulda
Die Barockstadt Fulda ist das wirtschaftliche und kulturelle Zentrum Osthessens. Direkt gegenüber der schlichten romanischen Michaelskirche schufen virtuose Bauleute Anfang des 18. Jahrhunderts den monumentalen Dom St. Salvator. Vis-à-vis entstand ein prächtiges Barockschloss, akzentuiert durch einen Garten mit Orangerie von 1730 und umgeben von barocken Adelspalästen. Im Schatten der Domtürme lockt der Hexenturm in die mittelalterliche Altstadt. In Eichenzell birgt Schloss Fasanerie (Adolphseck) eine Sammlung mit Fuldaer Porzellan.

● Naturpark Bayerische Rhön
»Mit Rhönschaf und Hightech«: So wirbt die im Jahr 2000 gekürte »Zukunftsregion Rhön«. Eine regionale Arbeitsgemeinschaft betreut federführend diverse Projekte zur Förderung des Wirtschaftsraums im Grenzland zwischen Hessen, Thüringen und Franken. Dazu gehört auch die Vermarktung sogenannter Leitprodukte. In der Rhön sind dies, neben dem Rhönschaf, auch das Biosphärenrind und der Weideochse, die wohlschmeckenden Rhöner Apfelsorten und Bachforellen, das Kümmelbrot und nicht zuletzt das Ökobier. Apropos Bier: Wer in der reizvollen Natur ein nach altem Rezept gebrautes einheimisches Bier genießen möchte, dem sei eine Wanderung auf den 932 Meter hohen Kreuzberg bei Wildflecken empfohlen. Er gilt als »heiliger Berg der Franken«. Dazu besticht die vielfältige Landschaft der Region mit Borstgrasrasen, Hochmooren und Streuobstwiesen.

● Ostheim vor der Rhön
Befestigte Kirchen sieht man häufig in der Rhön, so etwa Deutschlands größte und am besten erhaltene Kirchenburg in Ostheim vor der Rhön. Mit doppelter Ringmauer, Wehrtürmen und Bastionen, die wohl im 15. Jahrhundert entstanden sind, beherrscht sie das altertümliche, von Fachwerkhäusern und verwinkelten Gassen geprägte Städtchen. Auch wer gerne Bionade trinkt, der ist in der Heimat der Limonade genau richtig und kann sogar an einer Führung rund um das köstliche Erfrischungsgetränk teilnehmen. Sogar der Besuch eines Holunder-Biobauern steht dann auf dem Programm.

DEUTSCHLAND

BIOSPHÄRENGEBIET SCHWÄBISCHE ALB

Liebliche Streuobstwiesen im Vorland, charakteristische Hangwälder an den steilen Flanken von Bergen und Schluchten, Wacholderheide, Magerrasen, aber auch eine traditionsreiche Kulturlandschaft und ein aufgegebenes Truppenübungsgelände, auf dem sich eine artenreiche Flora und Fauna entwickeln konnte: Seit 2009 ist die Schwäbische Alb als UNESCO-Biosphärenreservat anerkannt. Doch auch der dunkle Himmel ist etwas Besonderes. Astronomen und Naturschützer arbeiten daran, dass er auf Dauer geschützt wird.

Rau, karg und steinig zeigt sich die Schwäbische Alb in ihren Höhenlagen, doch je weiter man an den Fuß des knapp 200 Kilometer langen und circa 40 Kilometer breiten Mittelgebirges kommt, desto artenreicher, bewachsener und bewohnter wird die Landschaft. Die südexponierten Hang- und Felsflächen bieten einer Vielzahl verschiedener Schmetterlinge einen idealen Lebensraum. Aber auch seltene Vögel bewohnen die Alb. Wer Glück hat, kann einen Uhu, Wanderfalken oder eine Schleiereule beobachten. Das botanische Wahrzeichen der Region ist die Silberdistel. Aber auch verschiedene Enzianarten, einheimische Orchideen sowie Astern, die mehr als 50 Zentimeter hoch wachsen, erfreuen das Auge des aufmerksamen Wanderers. Vor allem im Frühling ist die Schwäbische Alb für ihre »blühenden Teppiche« bekannt.

Schwäbische Hobbyastronomen wissen längst, dass es auch tolle Plätze zum Sternegucken auf den einsamen Höhenlagen der Alb gibt. Deshalb haben sie sich zur Initiative »Projekt Sternenpark Schwäbische Alb« zusammengefunden und bieten bereits jetzt mehr Veranstaltungen an, als es sie in manchem etablierten Dark Sky Park gibt. Unter anderem haben sie auch aufwendige Messungen durchgeführt, um besonders dunkle Plätze zu finden. Diese stellen sie auf ihrer Website vor. Bei Zainingen wurde bereits ein Ort zum Sternegucken eingerichtet: Infotafeln, Beobachtungsbänke mit geneigter Lehne und genügend Platz für Teleskope laden hier dazu ein, in den Himmel zu schauen. Von hier starten auch immer wieder geführte Wanderungen. Andere gut geeignete Orte sind das alte Truppenübungsgelände Münsingen mit einem 20 Meter hohen Aussichtsturm oder der Schachen bei Buttenhausen. Um tatsächlich Dark Sky Area zu werden, ist es jetzt vor allem nötig, noch weitere Gemeinden davon zu überzeugen, dass sie ihre Beleuchtung umrüsten – was natürlich in Zeiten knapper Kassen kein allzu leichtes Unterfangen ist.

Links: Vorerst ist der Sternenpark Schwäbische Alb noch ein Projekt – der Nachthimmel spielt jedenfalls schon mal mit.

Rechts: Seit 2006 ist das verlassene Dorf Gruorn wieder zugänglich. Die Stephanuskirche ist hier ein interessantes Ausflugsziel.

🌙 NACHTS ERLEBEN:

• Sternguckerplatz

Im Biosphärengebiet Schwäbische Alb gibt es seit einigen Jahren einen Sternguckerplatz bei Zainingen/Römerstein. Eingerichtet wurden Liegen aus Holz und Tafeln mit interessanten Informationen zum Nachthimmel. Als Laie lohnt es sich, dort zu verweilen und mit bloßem Auge den Himmel und die Ruhe zu genießen.

Aber auch Profis nutzen diesen Ort und reisen gut vorbereitet und mit passendem Equipment an. Dabei wird unter anderem auf die aktuelle Mondphase und auf das Wetter geachtet. Je mehr Wissen man sich zur Astronomie aneignet, desto besser weiß man, welche Sternenbilder im Sommer und welche im Winter zu sehen sind, wie man Planeten von Sternen unterscheidet oder wann man am besten Sternschnuppen sehen kann. Den Sternguckerplatz kann man bequem mit dem Auto erreichen, was auch praktisch ist, wenn man mit Teleskop anreist.

• Nachtwanderungen

Wer die Milchstraße oder die Ringe des Saturns sehen möchte, schließt sich am besten einer geführten Nachtwanderung an. Im Sternenpark Schwäbische Alb werden im Rahmen der Ausstellung Sternenführungen angeboten. Ausgerüstet mit Ferngläsern und Teleskop geht man in Gruppen an besonders geeignete Orte. Auch das Beobachten der nächtlichen Landschaft und nachtaktiver Tiere ist dabei im Fokus. Bei den Wanderungen werden klassische Themen der Astronomie, aber auch damit zusammenhängendes wie beispielsweise Lichtverschmutzung behandelt. Neben dem Rahmenprogramm der Ausstellung können Nachtwanderungen auch zeitlich und örtlich flexibel gebucht werden. Die Veranstalter wollen nicht in Konkurrenz treten mit den Führungen der lokalen Sternwarten. Ihre Wanderungen sollen deren regelmäßiges Angebot nur ergänzen.

☀ AM TAG ENTDECKEN:

• Blaubeuren

Ein Gewässer, das seinem Namen alle Ehre macht: Der Blautopf ist tiefblau und mit dem durchschnittlichen Austreten von mehr als 2000 Litern pro Sekunde Deutschlands zweitgrößte Karstquelle. In seiner Nachbarschaft gründeten Benediktiner im Jahr 1085 das Kloster Blaubeuren. Die Klosteranlage präsentiert sich seit ihrem spätgotischen Umbau im 15. Jahrhundert bis heute nahezu unverändert. Künstler der Ulmer Schule schufen Chorgestühl und Hochaltar. Eine Reise in diese Zeit

Nein, kein Maler kippte seinen Farbeimer in den Blautopf – er ist von Natur aus so gefärbt.

Doch müde?

HOFGUT HOPFENBURG// Mit engen Dreimannzelten geben sich Campingtouristen auf der Schwäbischen Alb nicht zufrieden. Das Hofgut Hopfengut in Münsingen hat darauf reagiert. Vom Tipi über altertümliche Schäfer- oder Heidewagen bis hin zu Tuareg-Zelten oder Jurten bietet dieser Urlaubshof sämtliche Übernachtungsmöglichkeiten, die das Abenteurerherz begehrt.
www.hofgut-hopfenburg.de

ist auch der Besuch des Blaubeurer Gerberviertels. Das von der Aach durchflossene Altstadtviertel heißt bei den Einheimischen zu Recht auch »Klein-Venedig«.

● Uracher Wasserfall

Es ist ein tosendes Spektakel, wenn bis zu 240 Liter Wasser pro Sekunde aus 37 Meter Höhe über eine Tuffsteinkante ins Tal stürzen. Der Wasserfall in Bad Urach ist nicht umsonst eine der bekanntesten Naturattraktionen der Region und gleich aus mehreren Perspektiven zu bewundern. Von unten kann man die Wassermassen auf sich zustürzen sehen, man kann aber auch die steilen Stufen an der Seite des Falls hinaufklettern und, oben angelangt, auf einer Brücke über dem Wasserfall stehen und hinabblicken.

● Schloss Lichtenstein

Man spricht oft auch vom württembergischen Märchenschloss, und seine Existenz ist tat-sächlich einer literarischen Fantasie zu verdanken. Zwar gab es auf dem 817 Meter hohen Berg schon seit 1390 eine Burg, die aber nach dem Dreißigjährigen Krieg verfallen war. Herzog Wilhelm von Urach las den 1842 erschienenen Roman »Lichtenstein« von Wilhelm Hauff und war von dem Buch so beeindruckt, dass er die Ruine als eine romantische Ritterburg wiederauferstehen ließ. Auch die prachtvolle neogotische Innenausstattung entspricht den Vorstellungen, die man im 19. Jahrhundert von ritterlicher Hofhaltung hatte. Heute ist das Schloss in Privatbesitz von Wilhelm Albert von Urach, die einstigen Wohnräume von Herzog Wilhelm können im Rahmen von Führungen besichtigt werden.

● Zwiefalten

Das doppeltürmige Marienmünster (1739–1765), verschwenderisch ausgestattet und ausgemalt, mit herrlichem Stuck und berühmter Orgel, zählt zu den bedeutendsten Schöpfungen des Spätbarock. In der Umgebung lohnt das Barockschloss Mochental (1734), einstmals die Propstei des Klosters, mit schöner Schlosskapelle und Hubertussaal einen Abstecher. In den Zwiefalter Museen erhält man intensive Einblicke in die Volksfrömmigkeit und das Brauchtum des Ortes.

● Höhlen der Schwäbischen Alb

Die aufregende Unterwelt der Schwäbischen Alb, in deren Kalkgestein mehr Höhlen ausgewaschen wurden als irgendwo sonst in Deutschland, kann man in diversen Schauhöhlen erleben. Besonders schöne Tropfsteinformationen zeigen Nebel- und Bärenhöhle bei Sonnenbühl. Die Wimsener Wasserhöhle befährt man mit dem Kahn. In die Laichinger Tiefenhöhle steigt man 70 Meter tief hinab. Die längste Tropfsteinhöhle der Alb (580 Meter) ist die Charlottenhöhle bei Hürben.

Unten: Genau so stellt man sich das Schloss vor, in dem Dornröschen in einen hundertjährigen Schlaf fiel – Schloss Lichtenstein scheint einem Märchenbuch entsprungen.

Unten rechts: Wandernde können den Uracher Wasserfall, der steil über einen Felsen in die Tiefe stürzt, aus nächster Nähe bewundern.

DEUTSCHLAND

WINKLMOOS-ALM

Bekannt ist die Winklmoos-Alm vor allem als Skigebiet. Grandiose Skihänge, gut präparierte Langlaufloipen und herrliche Winterwanderwege laden in der kalten Jahreszeit dazu ein, seinen persönlichen Wintertraum zu erleben. Doch auch im Sommer lockt das Almgebiet mit erholsamen Spaziergängen, Mountainbike- und Fahrradtouren sowie einer attraktiven Nordic-Walking-Strecke. Und nachts scheint man dem glitzernden Sternenhimmel näher zu sein als anderswo.

Entgegen ihrem Namen ist die Winklmoos-Alm keineswegs nur eine Alm, sondern ein weitläufiges Almgebiet auf einem Hochplateau in den Chiemgauer Alpen. Es erstreckt sich auf knapp 1200 Meter Höhe oberhalb von Reit im Winkl und unterhalb der 1869 Meter hohen, markanten Steinplatte. Im Sommer führt eine steile Mautstraße nach oben, im Winter ist das Gebiet nur mit Schneeketten oder der Gondel zu erreichen.

Als etablierter Winter- und Sommersportort gibt es im Gebiet Winklmoos-Alm diverse Unterkünfte: Gasthöfe und Hotels, aber auch Alpenvereinshütten. Für die Einrichtung eines Sternenparks war das Hypothek und Segen gleichermaßen. Einerseits sind die Übernachtungsgäste hier mittendrin im Sternenpark und brauchen nur vor die Türe ihrer Unterkunft zu treten, um gen Himmel zu schauen. Auch mitgebrachte Teleskope müssen nicht mühsam an einsame Flecken gebracht werden. Zum anderen sind die Quartiere natürlich auch Lichtverschmutzer. Also mussten die Inhaber und Inhaberinnen überzeugt werden, zumindest größtenteils auf eine abgeschirmte Beleuchtung umzurüsten beziehungsweise unnötiges Licht auch ganz abzuschalten. Dies ist jedoch gelungen, und seit 2018 ist die Winklmoos-Alm als erster Sternenpark in den Alpen zertifiziert.

Die Sternguckerzeit beginnt nach 22 Uhr, wenn auch die Restaurants ihre Lichter ausgeschaltet haben. Der bevorzugte Beobachtungsplatz befindet sich bei der Alm-Kirche St. Johann im Gebirg. Dort sind drehbare Sternenliegen installiert, die einen bequemen Blick in alle Richtungen erlauben. Spaziergänger finden einen etwa halbstündigen Sternenwanderweg mit mehreren Beobachtungspunkten, der auch in der Dunkelheit leicht zu begehen ist. Von Mai bis September gibt es zweimal wöchentlich Sternenführungen mit dem Physiker Manuel Philipp, einem der entscheidenden Initiatoren hinter der Sternenpark-Idee.

Links: Bei Nacht verwandelt sich der Chiemsee mit den Chiemgauer Alpen am Horizont in ein Lichtermeer aus hellen Sternen.

Rechts: Die Chiemgauer Alpen könnten keine bessere nächtliche Kulisse bekommen als einen so gigantischen Sternenhimmel.

Deutschland – Winklmoos-Alm

🌙 NACHTS ERLEBEN:

• Sternführungen

Nach einem urigen Abendessen in einem der Gastronomiebetriebe der Winklmoos-Alm lässt sich der Abend mit einer Wanderung unter dem Sternenhimmel wunderbar ausklingen. Besonders angenehm ist es, sich von einem Guide und in Gesellschaft anderer Gruppenteilnehmer führen zu lassen. Auf der Winklmoosalm werden die Führungen von dem Astronomen und Physiker Manuel Philipp geleitet, der den Sternenpark außerdem initiiert hat. Er ist deutschlandweit bekannt aus Funk und Fernsehen und gefragter Vortragsredner zu astronomischen Themen sowie zur Lichtverschmutzung. Über das bloße Erklären der Sternbilder und Planeten hinaus, setzt Manuel Philipp das Universum außerdem mit unserem Leben in direkte Verbindung und unternimmt mit seinen Gästen auch eine kleine Exkursion ins Philosophische.

☀ AM TAG ENTDECKEN:

• Aschau im Chiemgau

Wahrzeichen des Luftkurortes Aschau, der eingebettet im Priental liegt, sind die drei-gezackte Felskulisse der Kampenwand (1669 Meter), die über dem Ort aufragt, sowie das imposante Schloss Hohenaschau. Ein gut ausgebautes Wanderwegenetz lädt zu Erkundungen der herrlichen Bergwelt ein, im Winter lockt ein Skiparadies mit zwölf Kilometer Pisten für Skifahrer und Snowboarder. Der unter Naturschutz stehende Bärnsee, ein dunkler Moorsee, kann auf einem gut ausgeschilderten Rundweg erkundet werden. Und wer selbst einmal im Moor schwimmen möchte, kann das im Natur-Moor-Freischwimmbad ausprobieren.

• Marquartstein

Schon Richard Strauss liebte den Ort Marquartstein und kam gerne zur Sommerfrische hierher. Gelegen zwischen dem Hochgern und

Links von oben: Schloss Hohenaschau bei Prien wird heute vor allem als Erholungsheim genutzt, kann aber im Rahmen von Führungen besichtigt werden.

Umgeben von der herrlichen Bergwelt liegt Aschau im schönen Priental.

Die Bergwelt rund um das Gebiet Winklmoos-Alm lädt nicht nur zum Wandern, sondern auch zum Mountainbiken ein.

Die Chiemgauer Alpen sind ein Paradies für Wanderbegeisterte. Zahlreiche Hütten, wie die Piesenhauser Hochalm (oben), warten mit einmaligen Panoramen auf ihre Einkehrer.

der Hochplatte, direkt an der Tiroler Ache, ist die Region ideal zum Wandern, Mountainbiken und Radeln. Für Familien mit Kindern ist ein Besuch im Märchen-Erlebnispark ein unvergessliches Ereignis. Burg Marquartstein, einst herzogliches Pfleg- und Kastenamt, erhebt sich majestätisch hoch über dem kleinen Ort. Sie ist heute in Privatbesitz und kann nicht besichtigt werden.

● Ruhpolding

Hohe Gipfel und sanfte Wiesenhänge umgeben das malerische Dorf Ruhpolding, das in gleich vier Museen – Glockenschmiede, Heimatmuseum, Holzknechtmuseum und Schnauferlstall – die Historie des Chiemgaus lebendig erhält. Zu den lokalen Sehenswürdigkeiten zählen Sakralbauten wie die Pfarrkirche St. Georg mit ihrer romanischen Ruhpoldinger Madonna aus dem 12. Jahrhundert und die Wallfahrtskirche Maria Schnee. Im Winter ist Ruhpolding vor allem durch die Austragung des Biathlon-Weltcups bekannt, der in der Chiemgau Arena stattfindet. Im Frühjahr und Sommer kann man bei Brauchtumsveranstaltungen wie dem Aufstellen des Maibaums, dem Fronleichnamsumzug nach Pfingsten oder beim Almabtrieb des Viehs im Spätsommer bayerische Volkskultur hautnah miterleben.

● Reit im Winkl

Der charmante Bergort Reit im Winkl liegt auf einer Höhe von 700 Metern im Süden des Chiemgaus. Mit seinem typisch oberbayerischen Ortskern, rustikalen Bauernhöfen und den Hochalmgebieten Winklmoosalm und Hemmersuppenalm ist die Region ideal, um Berge und Almen sowie die sie über Jahrhunderte prägende Bewirtschaftung kennenzulernen. Auf den Almen werden regelmäßig Hüttenabende veranstaltet, selbst Bauerntheater hat hier eine feste Tradition. In und um Reit im Winkl gibt es 200 Kilometer Wanderwege, die auch mit Wanderführern erwandert werden können. Im Winter lockt das familienfreundliche Skigebiet.

● Schleching

Mehr als ein Drittel des Gemeindegebietes von Schleching umfasst wertvolle Naturräume wie das Naturschutzgebiet Geigelstein, das Hochmoor Mettenhamer Filze oder das Raitener Flutried. Für ihr Engagement im Ökomodell Schlechinger Tal wurde die Gemeinde bereits mehrfach ausgezeichnet, unter anderem mit dem Bayerischen Umweltpreis und dem Europäischen Dorferneuerungspreis für ganzheitliche, nachhaltige und mottogerechte Dorfentwicklung von herausragender Qualität.

SCHWEIZ

NATURPARK GANTRISCH

Wenn es die Bewohner von Bern, Thun und Fribourg raus in die Natur zieht, dann meist ins Berner Oberland, in den Naturpark Gantrisch. Weniger als 30 Kilometer sind es jeweils von der Stadt in eine intakte Naturlandschaft. In den Sommermonaten locken Themenwanderwege und Radtouren, ein Seilpark und ein Klettersteig die Menschen in die Natur, im Winter vor allem Skitouren. Doch trotz dieser Nähe zu drei größeren Städten ist es im Süden des Parks dunkel genug, um auch wegen des Sternenhimmels zu kommen.

Der 414 Quadratkilometer große und seit 2012 bestehende Regionale Naturpark Gantrisch zieht sich von Bern im Norden über das Voralpenland bis zur markanten, über 2000 Meter hohen Gantrischkette im Südosten. Im Südwesten findet sich der Breccaschlund, entgegen dem Namen kein tiefer Trichter, sondern ein von Gletschern geformtes, fast mystisch anmutendes und entsprechend von Sagen umwobenes Bergtal oberhalb des schwefelhaltigen Schwarzsees. Kunsthistorisch interessant sind die Abegg-Stiftung in Riggisberg, ein Museum mit rund 7000 bedeutenden Textilien, die Klosterruine von Rüeggisberg und das Vrenelimuseum in Guggisberg, ein Heimatmuseum um das älteste Volkslied der Schweiz, um die Ballade von der tragischen Liebe der Bauernkinder Vreneli und Hans-Joggeli.

Bereits Ende der 1980er-Jahre trafen sich auch zum ersten Mal Hobbyastronomen zu einer »Sternenparty« auf dem Parkplatz »Panzerplatte« auf dem Gurnigel, einem Höhenzug zwischen Breccatal und Gantrischkette. Jeder, der möchte, ist eingeladen, zu kommen, eventuell auch sein Teleskop aufzubauen und sich mit den anderen Teilnehmern auszutauschen. Im Jahr 2016 kam die Idee auf, den dunklen Himmel über dem Gurnigel zu schützen. Dabei ging es ausdrücklich nicht nur um den Sternenblick, sondern auch um die Moorlandschaft Gurnigel-Gantrisch, die nicht nur zu den größten und schönsten der Schweiz zählt, sondern auch Internationales Vogelschutzgebiet ist. Das Mosaik aus Hoch- und Flachmooren, Wiesen, Weiden und subalpinen Fichtenwäldern ist Heimat geschützter Tiere wie etwa des Birkhuhns und des Auerhahns, aber im Herbst auch Durchzugsgebiet für viele Zugvögel. Auch ihnen erleichtert die Dunkelheit die Orientierung. Seit 2024 ist ein 100 Quadratkilometer großes Gebiet im Süden des Naturparks als Dark Sky Park zertifiziert und heißt nun offiziell Gantrisch Dark Sky Zone – was unter anderem mit der 36. Sternenparty auf dem Gurnigel gebührend gefeiert wurde.

Links: Seit 2024 ist Gantrisch offiziell Dark Sky Zone, und alle Augen dürfen sich auf den sternenübersäten Nachthimmel richten.

Rechts: Im Sommer 2024 fand am Gurnigel auf etwa 1600 Meter Höhe die 36. Schweizer Sternenparty statt.

NACHTS ERLEBEN:

• Space Eye

Nicht weit von Bern befindet sich das Space Eye, das Observatorium für Weltraum und Umwelt mit dem größten öffentlichen Teleskop der Schweiz. Hier werden verschiedene Veranstaltungen geboten. Auch für Familien mit Kindern ist es ein passender Ort voller Abenteuer. Neben einer Ausstellung beinhaltet eins der Programme eine Himmelsbeobachtung an den Teleskopen, einen Film im Planetarium und anschließend einen kleinen Gaumenschmaus. Abgesehen von den Spitzenteleskopen gibt es eine weitere Faszination, die viele Besucher anlockt: Dank seiner Partnerschaften und einer Hochleistungs-Internetverbindung wird das Space Eye in Zukunft in der Lage sein, Bilder von Großteleskopen aus der ganzen Welt ins Planetarium zu übertragen. Dadurch kann das Programm zukünftig auch bei schlechtem Wetter durchgeführt werden.

AM TAG ENTDECKEN:

• Bielersee

Am Südostrand des Jura erstreckt sich der knapp 40 Quadratkilometer große Bielersee, der mit dem Murtensee und dem Neuenburger See zu den drei großen Juraseen der Schweiz gehört. Er steht nicht nur bei Liebhabern von Schiffsrundfahrten hoch im Kurs. Rund um die Ufer verlaufen mehrere Weinwanderwege. Unterwegs haben die Wanderer des Öfteren die Möglichkeit, mit Blick auf den See die heimischen Gewächse zu verkosten. Auf dem Jurahöhenweg, der von Biel nach Twann führt, gelangt man ab und an durch Wälder und über Wiesen. Immer wieder fällt der Blick auf die unverwechselbaren Bauernhäuser der Region. Der bedeutendste Ort am Ufer ist die Stadt Biel/Bienne. Da sich der See auf der Sprachgrenze zwischen Deutsch und Französisch befindet, haben auch die Ortschaften rund um den See zweisprachige Namen.

Doch müde?

SCHLOSS HÜNIGEN//»Lebhaft« sei es im 19. Jahrhundert auf Schloss Hünigen zugegangen. Zumindest beschreibt es so der Berner Mundartdichter Rudolf von Tavel, der einige Male hier zu Gast war. Im historischen Ambiente des barocken Von-May-Saals mit seinen prachtvollen Wandmalereien und stuckverzierten Decken, im modernen Haller Saal oder der Schlossstube mit Kachelofen lässt es sich heute ausgelassen feiern, in den stilvollen Räumen angenehm nächtigen. Romantisch präsentiert sich der Schlosspark im Sommer, wenn unzählige Rosen blühen und ihren süßen Duft verbreiten.
www.schlosshuenigen.ch

SCHLOSS SCHADAU//Schon der erste Blick in den reich verzierten, mit edlem Holz und goldenen Tapeten geschmückten Gartensaal weckt den Wunsch, für immer hierbleiben zu dürfen. Spätestens wenn man an den elegant eingedeckten Tischen Platz genommen hat und durch die großen Glastüren hinaus ins gepflegte Grün des Schlossgartens blickt, dürfte es endgültig um einen geschehen sein: Das am Südufer des Thunersees gelegene Schloss Schadau ist ein echtes Kleinod. Heute steht es unter Denkmalschutz und beherbergt seit dem Jahr 2019 ein exklusives Hotel.
www.schloss-schadau.ch

Oben: Geprägt vom Genfer See und geradezu malerisch ist jeder Anblick der historischen Stadt Nyon.

Rechts: In Thun reihen sich einladende Cafés und Restaurants entlang der Aare aneinander.

Unten: Den besten Blick auf den Bielersee hat man bei einer Wanderung durch die Weinberge.

Bern

Malerisch liegt die Berner Altstadt auf einem Plateau in einer Schleife des Flusses Aare. Hier gründete 1191 der Überlieferung nach Herzog Berchthold V. von Zähringen die Stadt. Dank kriegerischer Expansion konnte die seit 1218 Freie Reichsstadt ihr Territorium enorm vergrößern; im 16. Jahrhundert avancierte sie zum größten Stadtstaat nördlich der Alpen. Unter den Schweizer Städten ist die Bundesstadt heute nur die viertgrößte. Auch was die internationale Bedeutung als Wirtschaftsstandort anbelangt, haben ihr die Finanzmetropolen Zürich und Genf und das industriell ausgerichtete Basel deutlich den Rang abgelaufen. Dennoch ist Bern keinesfalls »Provinz«, sondern das politische Zentrum der Schweiz und ein viel besuchtes Reiseziel mit breitem Kulturangebot und einem gut erhaltenen Stadtkern.

Thun

Die Stadt Thun am unteren Ende des Thunersees ist das Tor zum Berner Oberland. Die historische Altstadt, in deren Zentrum das Schloss Thun aus dem 12. Jahrhundert mit dem Schlossmuseum thront, liegt etwa einen Kilometer vom Seeufer entfernt an der Aare. Bereits 2500 v. Chr. entstand am heutigen Standort die erste Siedlung. Das mächtige Schloss mit dem zwischen 1180 und 1190 errichteten Wehrturm wurde von den Herzögen von Zähringen gebaut. In den Turmsälen ist ein historisches Museum untergebracht, das Funde aus der Ur- und Frühgeschichte, mittelalterliche Gegenstände sowie Waffen und Uniformen des 18. und 19. Jahrhunderts zeigt. Das Prunkstück des Schlosses ist jedoch der restaurierte Rittersaal aus dem 12. Jahrhundert. Weitere Sehenswürdigkeiten in der Altstadt sind die Stadtkirche mit ihrem Turm aus der Zeit um 1330, das Rathaus aus dem 16. Jahrhundert, die Altstadt selbst und die zahlreichen Restaurants und Cafés entlang der Aare.

Genfersee

Der Genfersee ist ein Gewässer der Superlative: Mildestes Klima, größter See der Schweiz und wasserreichster See Mitteleuropas heißen die Rekorde, die er verzeichnen kann. Großes Wasser, »Lem an«, nannten die Kelten den Genfersee, der auch heute auf Französisch »Lac Léman« heißt. Und groß ist er wahrlich. Auf seiner Wasserfläche von 582 Quadratkilometern fahren Kursschiffe, historische Raddampfer und kleine Fähren. Die Schifffahrt auf dem Genfersee verzeichnet denn auch Rekorde. Die Compagnie Générale de Navigation sur le Lac Léman (CGN) betreibt acht Schaufelraddampfer, die größte europäische Flotte dieser Art. Kursschiffe verbinden die zahlreichen Dörfer und Städte miteinander, kleine Fähren, »Mouettes« genannt, bringen Passagiere in Genf rasch und zu allen Tageszeiten von einem Ufer zum anderen.

SCHWEIZ

NATURPARADIES DISENTIS/MUSTÉR

Kampf gegen zunehmende Lichtverschmutzung? Während viele Gemeinden beträchtliche Kosten und Mühen auf sich nehmen, um ihren dunklen Himmel auf Dauer zu schützen und nach Jahren endlich die Zertifizierung als Dark Sky Area zu erhalten, gibt es versteckt in den Alpen jene Orte, die noch von Natur aus einen rabenschwarzen Nachthimmel haben und ganz ohne Maßnahmen und Zertifizierung den Goldstandard erreichen. Das Schweizer Disentis/Mustér gilt als einer der schönsten dieser inoffiziellen Sternenorte.

Strahlend weiß erhebt sich der quaderförmige Klosterbau aus dem Ortsbild: Disentis ist geprägt vom Benediktinerkloster, das bereits im 8. Jahrhundert gegründet wurde. Es bewachte den Lukmanierpass, durch den die deutschen Kaiser des Mittelalters nach Italien zogen. Die heutige Anlage entstand Ende des 17. Jahrhunderts im barocken Stil. Mit seiner reich ausgestatteten Klosterkirche und der angeschlossenen kunsthistorischen Sammlung ist die Abtei auf jeden Fall einen Besuch wert. Danach böte sich noch das Mineralmuseum an, das besonders schöne Bergkristalle zeigt, die in dieser Gegend gefunden wurden.

Danach aber nichts wie ab in die Natur! Herrlich lässt es sich über die Bergwiesen wandern, wer das Abenteuer sucht, kann einen Goldwaschkurs in den Flüssen buchen. Oder einfach nur die mitgebrachte Jause auspacken und den Schweizer Bergsommer genießen. Insgesamt gibt es rund um die Gemeinde rund 180 Kilometer Wanderwege verschiedenster Schwierigkeitsgrade. Im Winter warten ein Skigebiet und etwa 30 Loipenkilometer.

Wer nachts den Sternen besonders nahe sein will, der bucht am besten eine Übernachtung in einer Berghütte. Am nächsten, jedoch nur für erfahrene Bergwanderer erreichbar, ist die auf über 2600 Meter gelegene Cavardiras-Hütte. Ebenfalls wunderschön gelegen, aber nicht so schwer zu erreichen, ist weiter westlich die Etzlihütte, die sogar bis Ende Oktober bewirtschaftet ist und im Winter ein Selbstversorgerbiwak anbietet. Der Campingplatz von Disentis liegt etwas außerhalb des Ortes und eignet sich so bestens zum Sternegucken. Fährt man das Surselvatal etwa 40 Kilometer nach Osten, kommt man nach Falera, wo sich das größte öffentlich zugängliche Observatorium der Schweiz befindet. Der rätoromanische Name Mirasteilas bedeutet »Sterngucker«.

Links: Die Bergwelt rund um Disentis ist tagsüber wie nachts ein Hingucker.

Rechts: Zelten unter freiem Himmel ist allein schon ein Erlebnis. Mitten in den Bergen kommt unter dem Sternenhimmel eine ganz neue Stimmung auf.

Schweiz – Disentis/Mustér

NACHTS ERLEBEN:

● **Rodeln unterm Nachthimmel**

Wenn die Berge tief verschneit sind, ist es sehr verlockend Rodeln zu gehen. Besonders abenteuerlich kann es dabei werden, wenn die Nacht bereits eingebrochen ist.
In Milez–Dieni gibt es jeden Donnerstag die »SnowNight«, wo Rodler jeden Alters den vier Kilometer langen Schlittelweg von Milez nach Dieni hinuntersausen können. Zuerst führt der Weg entlang einer Skipiste recht steil, später über eine präparierte Fahrstraße gemütlicher hinab. Nachdem man die Bahnlinie unterquert hat, legt man die letzten Meter bis zum Sessellift zu Fuß zurück und wer noch lange nicht genug hat, kann gleich noch mal hinauffahren!

AM TAG ENTDECKEN:

● **Vierwaldstättersee**

Ob der Vierwaldstättersee nun der schönste ist in diesem an Seen so reichen Land, bleibt Geschmackssache. Gewiss aber bietet kein Schweizer See eine so vielfältige Szenerie wie die vom Reussgletscher geformte fünftgrößte Wasserfläche des Landes.
Das Klima ist mild und gleicht dem an den Tessiner Seen. Dazu kommt eine legendenreiche Geschichte, die durch die Tell-Sage und Schillers berühmtes Drama weit über die Landesgrenzen hinaus bekannt wurde. Auf der Rütliwiese soll die alte Eidgenossenschaft mit dem Rütlischwur begründet worden sei. Die Stätte, die erhaben über dem See liegt, könnte schöner nicht gewählt sein.

● **Schöllenen**

Die Schöllenenschlucht mit der Teufelsbrücke ist das historische Wahrzeichen am Eingang des Urserntals und in der Gotthardregion. Wer sich inmitten der steilen Felswände etwas Zeit nimmt, fühlt den Mythos dieser gewaltigen Schlucht hautnah.
Wer einen schaurigen Blick in die Schöllenenschlucht erhaschen möchte, sollte unbedingt während der Sommermonate den Rundweg Schöllenen einplanen. Er ist einfach begehbar und dauert bei gemütlichem Tempo höchstens 30 Minuten.

Doch müde?

TERRIHÜTTE// Die Umgebung: ein Traum. Die Hütte: ganz genauso. Wildnis pur verspricht die Greina-Hochebene und hier wartet die Terrihütte auf ihre Gäste. Sie bietet für über 100 Wanderer einen bequemen Schlafplatz. Die Aussicht ist der Hauptgrund, warum man sich nicht sofort ins Innere der Hütte begeben sollte, sondern besser einen Platz auf der Terrasse einnimmt. Von hier blickt man hinab ins Val Sumvitg und hinauf zum Tödi. Mit Sonnenuntergang schweift der Blick dann vom Bergpanorama weg in Richtung Himmel, wo Tausende Sterne funkeln.
https://terrihuette.ch

Schlittenfahren unterm Nachthimmel ist ein aufregendes Erlebnis. Von Milez nach Dieni geht es über rund vier Kilometer zunächst steiler, später gemächlicher den Hang hinunter.

• Dammastock

Der Dammastock liegt auf der Grenze zwischen dem Kanton Bern und dem Kanton Uri am Kessel des Rhonegletschers und ist ein wunderbarer Ausichtspunkt. Nicht verwunderlich, denn der markante Gipfel ist mit 3630 Metern der höchste Punkt der Urner Alpen. Auf- und Abstieg sind sehr lang, aber verhältnismäßig leicht und führen über die weiten Flächen des Rhonegletschers. Auf die große Spaltengefahr ist natürlich am gesamten Gletscher zu achten. Gerade bei Nebel und Schneefall bekommt man schnell Orientierungsprobleme auf den weiten Flächen. Im Frühling erobern die Skitourengeher den Dammastock vom Hotel Belvédère aus. Erstbestiegen wurde der Dammastock 1864.

• Surselva

Die Tallandschaft des Vorderrheins hält zahlreiche landschaftliche und kulturelle Höhepunkte bereit. Dazu zählen beispielsweise die Greina-Hochebene, die Wasserfälle am Lag da Pigniu, die Rheinschlucht oder das Val Frisal. Wörtlich übersetzt bedeutet der Name Surselva «oberhalb des Waldes». Gemeint ist der Wald, der sich im Gebiet des Flimser Bergsturzes, der Ruinaulta, befindet. Auch auf der Südseite der Rheinschlucht findet man Wald. Die meisten Gemeinden der Surselva sprechen noch Sursilvan.

• Ruinaulta

An seiner Nordgrenze berührt der Naturpark Beverin eine geologische Besonderheit der Alpen – den Flimser Bergsturz. Hier rutschte nach dem Ende der Eiszeit eine gewaltige Masse Kalkstein in die Tiefe und blockierte das Tal des Vorderrheins, der, zunächst aufgestaut, sich dann durch die Schuttmassen seinen Weg graben musste. Daher die steilen Abbrüche, daher die wilden Schlingen des Flusses. Dieser schluchtartige Abschnitt heißt Ruinaulta, Rheinschlucht. Die Bergsturzmassen bedecken eine Fläche von rund 50 Quadratkilometern. Der Ort Flims liegt 1100 Meter hoch am Übergang der Bergsturzmasse zum Abbruchbereich, wo ein Hochtal entstanden ist.

Rechts von oben: Türkisfarben rauscht die Reuss durch die Schöllenenschlucht. Zusammen mit den senkrechten Felswänden bietet sie einen faszinierenden Anblick.

Der höchste Berg der Urner Alpen – der Dammastock – spiegelt sich in einem Gebirgssee.

Nicht schlicht und rund, sondern kunstvoll verästelt mit Halbinseln – so zeigt sich der Vierwaldstättersee aus der Luftperspektive.

ÖSTERREICH

STERNENPARK ATTERSEE–TRAUNSEE

Das Salzkammergut ist eine der schönsten, aber auch touristischsten Regionen Österreichs. Keine Gegend, wo man eine besonders geringe Lichtverschmutzung vermuten würde. Doch die Gemeinden rund um Atter- und Traunsee zeigen, was durch ein konsequentes Lichtmanagement möglich ist. Künstliche Leuchten wurden durch abgeschirmtes Licht ersetzt, überflüssige Lichter abgeschaltet. Im Jahr 2021 wurde der Naturpark, der sich zwischen beiden Seen erstreckt, zu Österreichs erstem Sternenpark ernannt.

Links: In Österreichs erstem Sternenpark zwischen Traunsee (links) und Attersee (rechts) gibt es viele aussichtsreiche Plätze zum Sterngucken.

Rechts: Bei Sonnenaufgang wandern und nach Sonnenuntergang in den Sternenhimmel schauen – magische Momente gibt es am Attersee genügend.

»Lacus felix«, den »glücklichen See«, nannten die Römer den Traunsee, das mit 191 Metern tiefste aller oberösterreichischen Gewässer. Ihre Begeisterung lässt sich gut nachempfinden: Das steile Ostufer am Fuße des Traunstein blieb bis heute nahezu naturbelassen. Und auch sein Vis-à-vis ist über weite Strecken von Felswänden gesäumt, weshalb sich noch im späten 19. Jahrhundert der Personen- und Warenverkehr zwischen Nord- und Südende des Sees über das Wasser abspielte.

Auch den benachbarten Attersee charakterisiert ein unmittelbares Nebeneinander von steilem Fels und sanften Wiesen. Mit fast 50 Quadratkilometern ist er das größte Gewässer der Region und dank des regelmäßig wehenden »Rosenwindes« auch ein Seglerparadies. Die Orte Nussdorf und Attersee im Nordwesten sind jüngst zu Refugien der Schönen und Reichen avanciert. Merklich nostalgischer zeigt sich die Ostseite mit ihrer kurvigen Uferstraße, den verträumten Gärten und Villen. Kunstbegeisterte pilgern hier nach Schörfling und Seewalchen, wo ein Museum und ein Themenweg an den womöglich prominentesten Sommerfrischler, Gustav Klimt, erinnern.

Zwischen beiden Seen erstreckt sich Österreichs größter Naturpark, der von den sanften Höhenrücken des Hongar im Norden bis zu den schroffen Wänden des Höllengebirges im Süden reicht. Der Naturpark ist »Waldkammergut«: dicht bewaldet, dünn besiedelt, aber auch von baumlosen Hügeln durchsetzt, die herrliche Ausblicke bieten – am Tag wie in der Nacht. Dank des konsequenten Beleuchtungsmanagements in den Anrainergemeinden gibt es nicht nur tief im Naturpark, sondern auch direkt an den beiden Seen empfehlenswerte Plätze zum Sterngucken. Daneben wird jedoch auch ein regelmäßiges »Schauleuchten« angeboten. Dabei zeigen erfahrene Schmetterlings- und Insektenforscher durch gezielt eingesetztes Licht, welche Wesen hier in der nächtlichen Dunkelheit unterwegs sind.

Österreich – Sternenpark Attersee-Traunsee

 **NACHTS ERLEBEN:**

● **Nacht-Naturschauspiel**

Ein nächtlicher Spaziergang durch das Waldkammergut ist mit etwas Glück voller Entdeckungen, wenn man sich einer mit Laternen geführten Tour des Veranstalters »Naturschauspiel« anschließt. Alle Sinne werden hier durch die Vielfalt der Natur und die innovative Gestaltung der Wanderung gefordert. Geschichten werden erzählt – über die Jäger der Nacht oder den Tanz der Schwärmer. Dann und wann wird ein Licht-Tipi aufgespannt und riesige Nachtfalter werden sichtbar. Ohne blendende Lampen erforscht man die Geheimnisse des Waldes, der Tierwelt und des Sternenhimmels. Die Milchstraße und zahlreiche Sternbilder werden nicht nur Astronomiebegeisterte erfreuen. Diese nächtliche Tour wird sehr flexibel auf die Teilnehmenden und sich ergebende Umstände abgestimmt.

 **AM TAG ENTDECKEN:**

● **Gmunden**

Der einstige Hauptumschlagplatz für das »weiße Gold« aus dem Salzkammergut atmet mit seiner adretten Altstadt und der Esplanade bis heute biedermeierliche Behaglichkeit, gewürzt mit einem Schuss Italianità. Das erklärt, weshalb sich im 19. Jahrhundert viele Mitglieder des europäischen Hochadels hier am Nordende des Traunsees prächtige Sommersitze wie die Villa Toscana oder die Schlösser Ebenzweier und Cumberland errichteten. Gmunden besitzt aber auch architektonische Schätze früherer Epochen: die Pfarrkirche aus dem 15. Jahrhundert, das Renaissancerathaus mit seinem Keramikglockenspiel und mit seinem 130 Meter langen Holzsteg im Rang eines Wahrzeichens das über 800 Jahre alte, TV-Serien-erprobte Seeschloss Ort. Letzteres besteht aus zwei Gebäuden: dem auf einer Insel erbauten Seeschloss und dem damit verbundenen Landschloss. Sehenswert ist auch das landeskundliche Museum im Kammerhof, der ehemalige Sitz der habsburgischen Salinenverwaltung.

● **Traunkirchen**

In diesem Ort, der sich im südlichen Abschnitt des Westufers, direkt gegenüber dem Traunstein, äußerst pittoresk auf einer in den See ragenden Halbinsel erhebt, steht im Mittelpunkt des Blickfelds ein Sakralbau: Die Pfarrkirche Zu Ehren der Krönung Mariens, auf deren Boden angeblich schon im 7. Jahrhundert eine Abtei und ab 1020 ein Nonnenkloster stand. Sie birgt die berühmte Fischerkanzel.

Rechts oben: An die mondäne Zeit des 19. Jahrhunderts erinnert das ehemalige Kurhaus in Bad Ischl, das seit 1997 »Kongress & Theaterhaus« genannt wird.

Rechts unten: Schloss Ort liegt auf einer Insel im Traunsee und ist über eine Brücke mit Gmunden verbunden.

Unten: Nebelfetzen legen sich sanft auf die Wasserfläche des Traunsees, während die Felsen leuchten in warmem Licht leuchten.

Ihr unbekannter Schöpfer schnitzte im Jahr 1753 die biblische Szene des Fischfangwunders, in der die Apostel Johannes und Jakob ein reich gefülltes Netz in ihr Boot hieven. Auch der Felsen nebenan, auf der die Johanniskapelle steht, ist uralter Kulturboden, wovon römische Funde zeugen. Noch älter ist der Uferort Altmünster, dessen Pfarrkirche mit ihrem kunstvoll aus hellem Sandstein geschmirgelten Allerheiligenaltar ebenfalls einen Zwischenstopp verdient.

● St. Wolfgang

Geradezu eine Pflichtstation für Salzkammergut-Reisende ist zweifelsohne St. Wolfgang. Der operettenselige Marktflecken, in dessen Kern das legendäre Hotel »Weißes Rössl« an Ralph Benatzkys nicht minder legendären Bühnenerfolg gleichen Namens erinnert, gilt mit seinen verwinkelten, von geschäftigem Gewusel erfüllten Gassen nicht ohne Grund als Hochburg für Tagestouristen. Doch das Urteil ist nicht ganz gerecht. Erstens war der Ende des 10. Jahrhunderts durch Bischof Wolfgang von Regensburg als Eremitenklause gegründete Ort schon im Spätmittelalter eines der beliebtesten Pilgerziele Europas und entsprechend überfüllt. Zweitens kann man mit der Dampfzahnradbahn bequem auf den Gipfel des Schafbergs (1783 Meter) entfliehen. Und drittens birgt die örtliche Pfarrkirche ein Kunstwerk, das jedes Gedränge vergessen lässt: den Pacher-Altar. Dieser ist ein spätgotisches Meisterstück des Südtiroler Schnitzers und Malers Michael Pacher.

● Bad Ischl

Der zwischen Hallstätter und Traunsee, am Zusammenfluss von Ischler Ache, Rettenbach und Traun gelegene Hauptort des Salzkammerguts wirkt ein wenig wie eine Insel im Strom der Zeit. Seine Gründerzeithäuser und historistischen Villen, aber auch die gern trachtentragenden Bewohner verleihen ihm eine wohltuend unzeitgemäße Beschaulichkeit. Es war ein Arzt namens Dr. Franz Wirer, dem das Städtchen seinen Aufstieg zum Kurort und Sommerfrische-Treff der K.-u.-k.-Hautevolee verdankt. Dieser eröffnete hier Anfang des 19. Jahrhunderts Österreichs erstes Solebad – den Vorläufer der heutigen modern-mondänen Therme. Franz Lehár, der drei Jahrzehnte hier verbrachte, trug entscheidend dazu bei, dass Ischl vor allem während der Operettenwochen im Sommer auch ein Zentrum der leichten Muse wurde.

ÖSTERREICH

NATIONALPARK GESÄUSE

Nur 16 Kilometer ist das Durchbruchstal der Enns zwischen Admont und Hieflau lang. Doch was das Wasser dieses österreichweit längsten Binnenflusses hier im Lauf der Jahrmillionen in den Kalkstein gefräst hat, zählt zu Österreichs bizarrsten und sehenswertesten Gebirgsszenerien. Das schäumende, geradezu »dahin sausende« Wasser gab dem Tal auch seinen Namen. Größere Städte sind weit entfernt und so zählt das Gesäuse zu Österreichs dunkelsten Orten, auch wenn es keine Zertifizierung als Dark Sky Area hat.

Zu beiden Seiten der Enns ragen im Gesäuse steile Felswände empor, oft über 1500 Meter hoch und fast senkrecht abfallend. Dahinter türmen sich die bis über 2300 Meter hohen Gipfel der Hochtor- und Buchsteingruppe. Dazwischen liegen tiefe Schluchten, Gräben, dicht bewaldet und weitgehend unberührt. Mit etwas Glück kann man hier Gämsen und Murmeltieren begegnen – und auf den Wiesen rund 50 Orchideenarten entdecken. Kein Wunder, dass man im Jahr 2002 mehr als 100 Quadratkilometer dieses ökologisch so wertvollen Landstrichs zum Nationalpark erklärte. Und kein Wunder auch, dass sich Wanderer, Bergsteiger, Kletterer, Fischer und Wildwasserfahrer bei schönem Wetter zuhauf in dieses Outdoor-Paradies aufmachen.

Mit Gstatterboden gibt es im Tal selbst nur einen einzigen Ort. Dafür finden sich in den Höhenlagen zwischen 1000 und 1700 Meter zahlreiche Hütten mit atemberaubendem Alpenpanorama – und wundervollem nächtlichen Sternenhimmel. Kulturhistorisch interessant sind die beiden Orte am Rand des Tales: Admont mit seinem weltberühmten Stift und die einstige Eisenwerksiedlung Hieflau. Das Holz, das man hier früher in den Schmelzöfen verfeuerte, wurde zuvor über die Stromschnellen des Gesäuse getriftet.

Für Sternegucker ist das Naturerlebniszentrum Weidendom interessant. Es liegt an der Einmündung des Johnsbaches in die Enns. Das rund um die Uhr frei zugängliche Gelände eignet sich bestens für den nächtlichen Blick in den Himmel. Außerdem werden hier geführte Exkursionen oder Kurse zur Sternenfotografie angeboten. Weitere Sterneguckerplätze sind die Parkplätze im hinteren Johnsbachtal und auf dem Buchauer Sattel. Von nächtlichen Wanderungen im Gelände auf eigene Faust dagegen bitten die Ranger des Naturparks Abstand zu nehmen, um die nachaktiven Wildtiere nicht zu stören. Einziger Wehmutstropfen: Im malerischen Gesäuse bleiben gerne Regenwolken hängen, die dann womöglich den Blick auf die Sterne verdecken.

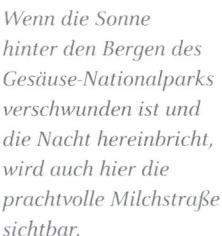

Wenn die Sonne hinter den Bergen des Gesäuse-Nationalparks verschwunden ist und die Nacht hereinbricht, wird auch hier die prachtvolle Milchstraße sichtbar.

🌙 NACHTS ERLEBEN:

● Nachthimmelfotografie lernen

Die Fotoschule im Nationalpark Gesäuse bietet ein breites Angebot für jeden, der bereits fotografiert oder es noch lernen möchte. Das Programm der Nationalpark Fotoschule hat ein hochkarätiges Angebot zu zahlreichen Bereichen der Naturfotografie. Durch die Kurse soll jeder Teilnehmer seinen eigenen Stil finden, die Natur zu fotografieren. Einer der Kurse beschäftigt sich mit der Naturfotografie im Zeitalter der Lichtverschmutzung. Dabei geht es nicht ausschließlich um die Nachteile der Lichtverschmutzung, sondern auch um Chancen, die sich dadurch auftun. Über das Fotografieren hinaus beinhalten die Kurse Vorträge und Diskussionen, um sich dem Thema Universum zu widmen. Verschiedene Geräte können ausgetestet werden und auch die Sternwarte des Nationalparks spielt bei den Workshops keine unwichtige Rolle.

☀ AM TAG ENTDECKEN:

● Nationalpark Kalkalpen

Gut 20 000 Hektar ist er groß und seine Kennzeichen sind naturnahe Wälder, Almen, Berggipfel, an die 2000 Meter hoch, und dazwischen abgeschiedene Schluchten. Der Nationalpark Kalkalpen umfasst, eingerahmt von Eisenwurzen und Totem Gebirge, dem Weyer Land an der Enns und dem Steyrtal, das Sengsen- sowie das Reichraminger Hintergebirge. Er ist Lebensraum und Refugium für seltene Tiere und Pflanzen: 50 Säugetier- und 80 Brutvogelarten, 1400 Schmetterlinge und mehr als 1000 Blütenpflanzen, hübsche Moose sowie Farne.

Zugleich ist er auch ein wertvolles Erholungsgebiet für Menschen. 800 Kilometer Radwege durchziehen die Region. Sie führen in wildromantische Seitentäler, auf aussichtsreiche Bergstraßen oder auch zu historischen Denkmälern wie Schmieden und Hammerwerken.

💤 Doch müde?

SCHÄFERWAGEN AM MOARHOF // Direkt unter den Sternen steht der gemütliche, traditionelle Schäferkarren mit Doppelbett und Kochmöglichkeit auf dem Moarhof in Palfau, 15 Kilometer nördlich von Hieflau. Zum Hof gehört ein Raftingcamp.
www.raftingcamp.at/quartiere/schaeferwagen

ENNSTALERHÜTTE // Eine für die Kondition anstrengende, aber nicht technisch schwierige Tour führt von Gstatterboden auf die urige Ennstalerhütte, die älteste Alpenvereinshütte im Nationalpark Gesäuse, auf der sich bei klarem Himmel eine zauberhafte Bergnacht verbringen lässt.
www.alpenverein.at/ennstalerhuette/

Von oben: Ein bedeutungsvoller und spannender Ort ist der Erzberg nahe der Stadt Eisenerz.

Im Nationalpark Kalkalpen findet man noch ursprüngliche und herrlich unberührte Natur.

Österreich – Nationalpark Gesäuse

Leoben

Die mit knapp 25 000 Einwohnern zweitgrößte Stadt der Steiermark fungiert seit dem Mittelalter als ein Zentrum der Eisen- und Schwerindustrie. Sie ist Standort einer international renommierten montanistischen Universität. Die Industriegeschichte der Region, der sogenannten Mur-Mürz-Furche, findet sich spektakulär und innovativ im Museumscenter aufbereitet. Auch sonst birgt Leoben für Kulturreisende Interessantes: einen Marktplatz, zwischen dessen prächtigen Häusern mehrere barocke Kleindenkmäler – Engels- und Bergmannsbrunnen plus eine Pestsäule – im doppelten Wortsinn herausragen. Wahrzeichen ist das einzige erhaltene Stadttor, nach seiner pilzförmigen Haube Schwammerlturm genannt. Im Stadtteil Göss beachtenswert ist die frühgotische Kirche. Auf dem Gelände des zugehörigen um 1000 gegründeten, längst aufgehobenen Klosters ist die bekannte Brauerei Gösser beheimatet. Und wer gerne Rad fährt, hat den schönen Flussradweg Murradweg R2 hier direkt vor der Haustür.

Benediktinerstift Admont

Am westlichen Eingang zum Gesäuse, einer schluchtartigen Engführung des Flusses Enns, thront das Benediktinerstift Admont. Ein Großteil dieser bereits 1074 von Mönchen aus St. Peter in Salzburg besiedelten und dank Salzgewinnung und Erzabbau zu immensem Reichtum gelangten Abtei fiel im Jahr 1865 einem Brand zum Opfer. Beinahe alle Trakte und auch das Münster sind Neubauten aus den Jahren danach. Verschont blieb damals wie ein Wunder die berühmte barocke Bibliothek mit ihren kostbaren Buchbeständen, den 1400 Handschriften und beinahe 1000 Inkunabeln. Öffnet man die unscheinbare Tür zu ihrem lichtdurchfluteten Prunksaal, versteht man, warum er nach seiner Vollendung im Jahr 1776 »das achte Weltwunder« genannt wurde: In den weiß-goldenen Regalschränken stehen etwa 70 000 Bände dicht aneinandergereiht. Einzigartige Fresken, raffinierte Skulpturen und die besondere Architektur verschmelzen hier zu einer perfekten Einheit.

Erzberg

Der Beiname spricht Bände: Als »steirischen Brotlaib« bezeichnen die Einheimischen den Erzberg und unterstreichen damit seine Bedeutung für die sonst wirtschaftlich wenig entwickelte Region im Norden des Landes. Tatsächlich war die 1500 Meter hohe Pyramide mit ihren ockerfarbenen Terrassen über Generationen der Hauptlieferant von Erz für Österreichs Eisen- und Stahlindustrie – kulturprägender Arbeitgeber und faszinierender Fremdkörper inmitten der grünen Gebirgslandschaft. Seit über 1000 Jahren wird hier Gestein abgebaut; der Berg ist die größte Siderit-Lagerstätte weltweit. Für Besucher ist es ein großes Abenteuer, den Berg auf speziellen Schwerkraftlastwagen zu erkunden. An seinem Fuße liegt die Stadt Eisenerz. Das dortige Museum zeigt Techniken des Hüttenwesens sowie des Tage- und Grubenbaus. Eine alte Schmalspurbahn führt durch ein Schaubergwerk. In Vordernberg kann man historische Schmelzöfen, Schmieden und die Lokomotiven einer Zahnrad-Förderbahn besichtigen.

Unten: Um das Jahr 1680 stattete man das Hacklhaus in Leoben mit einer prächtigen Stuckfassade aus.

Ganz unten: Der Architekt Josef Hueber wusste: »Wie den Verstand soll auch den Raum Licht erfüllen.« Das ist ihm im Bibliothekssaal des Benediktinerstifts Admont auch gelungen.

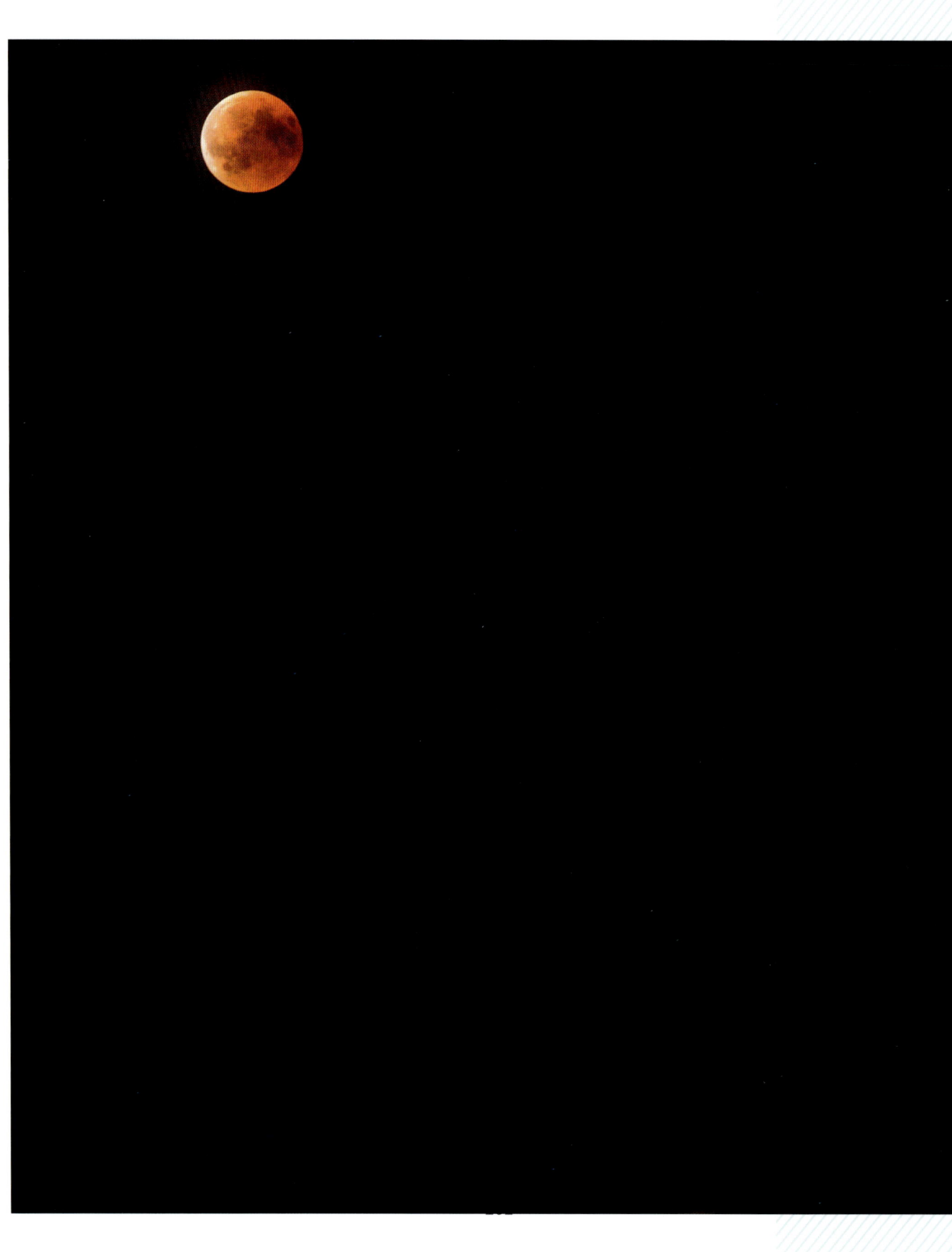

ÖSTERREICH

LICHTSCHUTZGEBIET DÜRRENSTEIN

Das Wildnisgebiet Dürrenstein-Lassingtal in den Ybbsteiner Alpen ist zunächst einmal vor allem ein Waldschutzgebiet. Es beherbergt einen der letzten und größten Urwälder Mitteleuropas: den Rothwald. Bereits im Jahr 1875 sorgte der Wiener Bankier und Mäzen Albert von Rothschild dafür, dass dieses Waldstück, das seit dem Ende der letzten Eiszeit nie forstwirtschaftlich genutzt worden war, unter Schutz gestellt wurde. Dass die Region nun auch zum Lichtschutzgebiet werden soll, hätte Rothschild wohl gefallen. Denn zu seinen vielfältigen Interessen gehörte auch die Astronomie.

70 Quadratkilometer groß ist das Schutzgebiet nach der letzten Erweiterung im Jahr 2021. Die Kernzone bildet noch immer der gut 4 Quadratkilometer große Rothwald. Über 50 Meter hohe und weit über 500 Jahre alte Tannen und Fichten mit Umfängen bis zu fünf Meter sowie über 35 Meter hohe, mehr als 400 Jahre alte Rotbuchen wachsen hier. Sterben die Bäume ab, dürfen sie auf natürliche Weise verwittern. Dieser alte Baumbestand und der Reichtum an sogenanntem Totholz macht das Waldgebiet ökologisch besonders wertvoll und bietet Tier-, Pflanzen- und Pilzarten einen Lebensraum, die in jüngeren »aufgeräumteren« Wäldern nicht oder kaum existieren können. Damit das so bleibt, werden alle menschlichen Eingriffe minimal gehalten. Dazu gehört auch, dass Besucher strikt angewiesen sind, sich nur auf den gekennzeichneten Wanderwegen zu halten und nur im Rahmen geführter Touren mit sachkundigen Rangern tiefer in die Wildnis eindringen dürfen. Das Gleiche gilt für das Baden an der Lassing, wo scheinbar vegetationsarme Schotterbänke einen wertvollen Lebensraum und sogar Brutplatz für viele Insekten und sogar manche Vögel wie den Flussregenpfeifer darstellen.

Eine Zertifizierung als Dark Sky Area ist angestrebt. Weil aber die Minimierung von menschlichen Eingriffen automatisch auch eine Minimierung künstlicher Beleuchtung mit sich bringt, wird bereits jetzt der Goldstandard erreicht. Auch gibt es schon Nacht- und Sternenwanderungen für Erwachsene und – gerade auch – für Kinder. Die sollen aber nicht nur nach den Sternen gucken, sondern überhaupt mal lernen, sich im Dunkeln zu orientieren und dabei auch die nachtaktiven Tiere wahrzunehmen. Wer genügend Erfahrung hat, kann eine nächtliche Wanderung auf den 1878 Meter hohen Dürrensteingipfel unternehmen, wo sich ein toller Rundblick nach allen Seiten eröffnet. Für die anderen bietet sich eine Übernachtung auf der unschwer zu erreichenden Ybbstaler Hütte an.

Links: Eine totale Mond- oder auch Kernschattenfinsternis ist ein seltenes und sehr besonderes Ereignis.

Rechts: Bei Vollmond wirkt die Bergwelt rund um den Ötscher und den Dürrenstein beinahe hell erleuchtet.

Der Bau des Rothschildschlosses in Waidhofen an der Ybbs geht auf das 13. Jahrhundert zurück. Erst 2007 renovierte man es zuletzt.

 **NACHTS ERLEBEN:**

● Zodiakallicht und Gegenschein

Sehr idyllisch mitten in den Ybbstaler Alpen, liegt die Ybbstaler Hütte. Viele Reisende bleiben nach Wanderungen wie der Drei-Seen-Tour über Nacht und das lohnt sich nicht nur wegen des guten Essens! Von der Hütte hat man nachts einen wunderbaren Blick auf den Sternenhimmel. Neben Sternbildern und Planeten gibt es hier sehr häufig noch etwas anderes zu sehen: das Zodiakallicht und seinen Gegenschein. Sehr selten bekommt man dieses Phänomen in Europa zu sehen, da die Lichter der Städte das Licht in der Zone des Zodiaks meistens überstrahlen. Das Licht ist als diffuser Lichtkegel am Horizont zu sehen. Es entsteht durch Reflexion und Streuung des Sonnenlichts und sieht oft aus wie der Strahl einer Taschenlampe, die von oben auf die Erde leuchtet. Gerade nach einer Wanderung durch die Natur ist dieser Anblick sehr erfüllend.

 **AM TAG ENTDECKEN:**

● Mariazell

Dies ist Österreichs größter und bedeutsamster Wallfahrtsort. Der Legende nach soll hier, in der Einöde hinter Lahn- und Seebergsattel, im Jahr 1157 ein Mönch, dem ein Fels den Weg versperrte, zu einer selbst geschnitzten Marienfigur gebetet haben. Der Stein spaltete sich. Die Kunde von dem Wunder verbreitete sich schnell, die ersten Pilger kamen. Eine Gnadenkapelle wurde errichtet. An ihre Stelle trat erst eine romanische, dann die gotische Hallenkirche Mariä Geburt. Ab 1644 wurde diese barock ausgebaut. Nun erklärten die Habsburger den Ort gleichsam zum Reichsheiligtum. Heute pilgern Hunderttausende Gläubige aus ganz Europa hierher, um zur »Magna Mater Austriae« zu beten. Der Wallfahrtsprospekt ist in zehn Sprachen abgefasst, das Souvenirangebot enorm. In der Hauptsaison findet vormittags jede Stunde eine Messe statt.

● Wildalpener Salzatal

Wildalpen ist eine kleine Gemeinde im Tal der Steirischen Salza, wildromantisch gelegen am Fluss und in den Seitentälern. Bereits 1958 wurden rund 20 Kilometer Fließstrecke des Flusses sowie das beidseitig angrenzende Gebirge zum Naturschutzgebiet erklärt. Neben dem Karwendel ist es eines der größten Naturschutzgebiete Österreichs und umfasst mehr als 50 Hektar Fläche. Das Gebiet ist durch zahlreiche Quellen, Hochmoore und den Waldreichtum geprägt. Es erstreckt sich in die Hochschwabgruppe im Süden sowie die Ybbstaler Alpen im Norden hinein und umfasst Höhen von 490 bis 2277 Meter. Dazu gehören die Nordflanken des Hochschwabs und einiger Nebenberge, Teile der Ybbstaler Voralpen und der Göstlinger Alpen sowie die Südflanken der Zellerhüte in den Lassingalpen. Das Gebiet ist ein Teil eines Schutzgebietsverbunds, der von

Österreich – Lichtschutzgebiet Dürrenstein

den Grenzen Wiens fast bis zum Dachstein reicht. Im Naturschutzgebiet liegt auch die besonders geschützte Arzberghöhle, die im Rahmen einer Führung begangen werden kann. Bei der Tour erfährt man so einiges über die Eiszeit im Salzatal sowie die Höhlenbären und Eiszeitjäger, die die Höhle einst bewohnt haben sollen.

● Naturpark Steirische Eisenwurzen

Der Naturpark Steirische Eisenwurzen umfasst den in der Steiermark liegenden Teil der Eisenwurzen. Große Teile des Naturparks bestehen aus Wald – überwiegend Bergmischwald mit Fichten, Tannen, Kiefern und Buchen. Besonders hervorzuheben sind die Schluchtwälder mit Kiefern, die schon unmittelbar nach der Eiszeit die dominierende Waldgesellschaft bildeten und deshalb nur noch auf solchen Reliktstandorten vorherrschen. Typische Blumen im Gebiet sind Schneerosen, verschiedene Hahnenfußarten, Huflattich, Leberblümchen, Buschwindröschen und Seidelbast. Weiter oben findet man Almen, die heute meist als Ausflugsziel dienen. Nur die Niederalmen werden heute noch bewirtschaftet. Zu den besonderen Pflanzenraritäten auf den Bürstlingsrasen, den Weideregionen der Almen, zählen Weißer Germer, Almampfer, Arnika, Blauer Eisenhut und Silberdistel.

● Waidhofen an der Ybbs

Ein besonderes städtebauliches Kleinod glitzert dort, wo die Ybbs den Schwarzbach in sich aufnimmt und ihr Tal sich allmählich zum Voralpenland hin weitet: die altehrwürdige Statutarstadt Waidhofen. Wegen ihres malerischen Ensembles aus Wehrmauern, Türmen, Toren und Schindeldächern auch gern als österreichisches Rothenburg bezeichnet, bildete sie während der Blüte der Eisengewinnung ein Zentrum im Wirtschaftsgefüge der Region. Ein Bummel von der neogotischen Burg bis hinunter zur gotischen Bürgerspitalkirche offenbart auf Schritt und Tritt soliden Wohlstand. Oberer und Unterer Stadtplatz sind lückenlos von prächtigen Bürgerhäusern gesäumt und die Kirchen mit Kunstwerken bestückt. Ein zauberhaftes Gesamtpanorama genießt man unmittelbar neben dem Rathaus aus der Türmerstube des Stadtturms.

● Naturpark Ötscher-Tormäuer

Er umfasst über 9000 Hektar und ist damit Niederösterreichs größter Naturpark. Mit seinen dichten Wäldern, weiten Almböden und steilen Felsgipfeln bildet er ein Wanderparadies par excellence. Seine besondere Attraktion sind, neben dem namensgebenden, fast 1900 Meter hohen Berg Ötscher, die Ötschergräben und Tormäuer – jene mehrere Dutzend Kilometer langen Flusstäler mit ihren bis zu 300 Meter tiefen, bizarren Klammen und Schluchten, die Ötscherbach und Erlauf in den Kalkstein gefräst haben. Was es zu tun gibt? Man kann sie im Kanu durchpaddeln. Man kann auch einen Gesteinslehrpfad durchwandern, den Voralpengarten auf dem Hochbärneck und das Holzknechtmuseum in Trübenbach besuchen oder, vom Ötscherschutzhaus startend, die ganze Pracht als Paraglider aus der Vogelperspektive ins Auge fassen.

Wildromantisch und teilweise leuchtend grün schlängelt sich der Fluss Salza durch vegetationsreiche Täler und bewaldete Berghänge.

TSCHECHISCHE REPUBLIK | POLEN

STERNENPARK ISERGEBIRGE

Der Sternenhimmel über der Iser wurde schon in einem alten Pfadfinderlied von 1923 besungen. »Hohe Tannen weisen die Sterne an der Iser wildspringender Flut«, heißt es da. »Liegt das Lager auch in weiter Ferne, doch du, Rübezahl, hütest es gut.« Die hohen Tannen konnte Berggeist Rübezahl nicht vor starken Umweltschäden bewahren. Der Sternenhimmel aber ist eindrucksvoll wie ehedem. 2009 wurde im Isertal der erste grenzüberschreitende Dark Sky Park eingerichtet.

Zwischen dem 1124 Meter hohen Berg Smrk, zu Deutsch: Tafelfichte, und dem tschechischen Wintersportort Harrachov mit seiner berühmten Skiflugschanze winden sich die Iser und ihr Nebenfluss Jizerka (Klein-Iser) durch ein fast menschenleeres, von Bergen umfasstes Moorgebiet. Die Einheimischen lieben es zum Wandern, vor allem aber für einsame, winterliche Langlauftouren. Dieses teils in Tschechien, teils in Polen liegende Areal macht auch den Dark Sky Park aus, der lichttechnisch bei etwa 21,25 mag/arcsec² und damit in der Kategorie Silber liegt.

Zentraler Ort auf tschechischer Seite ist der kleine Weiler Jizerka am gleichnamigen Flüsschen kurz vor seiner Mündung in die Iser. Hier gibt es einen Parkplatz mit Informationstafeln zum Sternenpark und hier findet sich auch das kleine Isergebirgsmuseum, in dem regelmäßige Veranstaltungen stattfinden. So laden etwa wissenschaftliche Organisationen, die das Dark-Sky-Park-Projekt begleiten, wie die Tschechische Astronomische Gesellschaft oder das Astronomische Institut der Akademie der Wissenschaften, immer wieder zu Vorträgen oder Himmelsbeobachtungen ein. Auf polnischer Seite gibt es Veranstaltungen in Jakuszyce, einem kleinen Langlauf- und Biathlon-Resort, sowie im Forstamt von Świeradów (Bad Flindsberg), am Rande des Sternenparks.

Auch tagsüber lohnt es sich, durch den Sternenpark zu streifen. Denn die Region ist gleich in zweifacher Hinsicht Schutzgebiet. In den 1980er-Jahren hat das Waldsterben hier heftig zugeschlagen und einen Großteil der Bergwälder geschädigt. Inzwischen hat die Aufforstung Früchte getragen. Außerdem ist es gelungen, den ökologisch wertvollen Moorboden zu bewahren. Vor allem aber ist die Landschaft wunderschön und von den umliegenden Fremdenverkehrsorten Tag und Nacht gut zugänglich. Mit etwas Glück findet man aber auch eine Übernachtungsgelegenheit in einem der Weiler im Schutzgebiet.

Links: Der Sperlingskauz ist die kleinste europäische Eule. Er wird kaum größer als ein Star und ist vor allem in der Dämmerung aktiv.

Rechts: Die Sonne schickt ihre letzten Strahlen über die sanften Weiten des Isergebirges.

NACHTS ERLEBEN:

● Entspannen unter dem Sternenhimmel

In einem blubbernden Whirlpool sitzen und nach oben in den Sternenhimmel schauen, muss nicht länger nur ein Traum sein. Bei Izera Glamping in Gajowka gehört das zur Tagesordnung. Die Gäste können bequem aus ihren luxuriösen Jurten in wenigen Schritten zum Spa spazieren und dort den Abend bei einem Saunagang oder einem Bad im Whirlpool ausklingen lassen. Wunderbar ist dabei der Blick ins Universum oder in die Ferne auf den Kamm des Isergebirges. Obwohl die Unterkunft nur eine Autostunde zu vielen sehenswerten Orten entfernt ist, ist die Lichtverschmutzung so gering, dass der Sternenhimmel gut zu sehen ist.

 AM TAG ENTDECKEN:

● Świeradów Zdrój

Die Heilkraft der Mineralquellen wurde im 16. Jahrhundert entdeckt. Daher und wegen des angenehmen Mikroklimas entwickelte sich Flinsberg früh zum Kurbad. Das erste Badehaus wurde 1795 errichtet, gut 100 Jahre später das Kurhaus mit seinem 45 Meter hohen Turm und einer 80 Meter langen hölzernen Wandelhalle mit Panoramafenstern. Eine Gondelbahn fährt den Hausberg hinauf. Ein

Doch müde?

SCHLOSS FISCHBACH// Die wohl berühmtesten Bewohner erhielt Schloss Fischbach, als 1822 Prinz Wilhelm von Preußen und seine Gemahlin Prinzessin Marianne das Anwesen kauften. Der Bruder des damaligen Königs und seine Nachfolger des Geschlechts der Hohenzollern ließen am Schloss einige Umbauarbeiten vornehmen, einzelne Pläne stammen dabei auch aus der Feder des bekannten königlichen Baumeisters Karl Friedrich Schinkel. Seitdem prunkt das Schloss Fischbach neugotisch. 2010 wurde es aufwendig saniert und die Räumlichkeiten erhielten ihren alten Glanz zurück. Über 20 traumhafte Zimmer erwarten die neugierigen Gäste.
www.zamekkarpniki.pl/de

CHATKA GÓRZYSTÓW // Die einstige Schule ist das Einzige, was von dem ehemaligen Dorf Groß-Iser auf der polnischen Seite des Dark Sky Parks noch übrig geblieben ist. Mit ihrer malerischen Lage auf der »Großen Iserwiese« und vielen Wanderwegen, die direkt an der Hütte vorbeiführen, ist sie heute eine beliebte Touristenunterkunft.

Links: Die berühmten Pielgrzymy (»Dreisteine« oder »Pilgersteine«) im Riesengebirge sind eine imposante Ansammlung dicht beieinanderliegender Felsformationen aus Granitgestein.

Rechts von oben: Hübsche Häuser zieren Jelenia Góra. Seine erste Blüte erlebte Hirschberg im 16. Jahrhundert mit dem Aufschwung der Leinweberei. Diese prägte die Region neben Glasbläserei und Bergbau bis ins 20. Jahrhundert.

Einladend präsentiert sich das Kurhaus von Świeradów Zdrój seinen erholungssuchenden Gästen.

Sternenpark sorgt dafür, dass die Sicht in die Milchstraße erhalten bleibt. Im Winter lädt die Polana Jakuszycka, Polens größtes Langlaufgebiet, zur aktiven Erholung ein.

● Jelenia Góra
Das einst deutsche Hirschberg liegt wunderbar in einem Tal. Den Altstadtmarkt prägen hübsche barocke Laubenhäuser. Im Zentrum des Platzes steht das Rathaus mit den benachbarten »sieben Häuschen«. In einer Jugendstilvilla am Stadtpark dokumentiert das Riesengebirgsmuseum die Regionalgeschichte. Im 19. Jahrhundert entwickelte sich das Hirschberger Tal zum kulturellen Treffpunkt des europäischen Hochadels. Die historische Zackenbahn bringt Fahrgäste in die Höhen von Iser- und Riesengebirge und nach Tschechien.

● Cieplice Śląskie Zdrój
Das auf deutsch Bad Warmbrunn genannte Heilbad gilt als das älteste Niederschlesiens. Es zog Persönlichkeiten wie Goethe oder Fürstin Izabela Czartoryska an. Um das Kurhaus und das Schaffgottsche Palais aus dem 18. Jahrhundert entwickelte sich eine hübsche kleine Altstadt. Wohltuend ist ein frühmorgendlicher Spaziergang durch den Kur- und Schlosspark. Die hübsche Anlage eröffnet verschiedene Sichtachsen auf den höchsten Gipfel des Riesengebirges.

● Bukowiec
Als Graf von Reden Ende des 18. Jahrhunderts seine »Ornamental Farm« anlegen ließ, begründete der preußische Bergbauminister den Boom des Hirschberger Tals. Seine Gattin Friederike von Reden brachte Gäste aus ganz Europa hierher, darunter bedeutende Künstler und Gelehrte wie Caspar David Friedrich und Johann Wolfgang von Goethe. In kürzester Zeit kauften sich preußischer Hochadel und Königsfamilie im Tal ein, ließen viele der rund 30 Schlösser und Burgen restaurieren und romantische Landschaftsparks anlegen. Heute wandeln Besucher durch den weitläufigen Park und genießen von einem Teepavillon aus den Panoramablick zur Schneekoppe.

● Riesengebirge
Obwohl sich viele Mythen um diese schroffen Berge ranken, ist es eine falsche Legende, dass sie nach dem launischen Bergriesen Rübezahl benannt worden seien. Er haust zwar noch immer dort. Doch die Bezeichnung Riesengebirge stammt eher von anderen Riesen: von den hölzernen Rinnen gleichen Namens, auf denen früher geschlagene Baumstämme wie auf einer Rutschbahn ins Tal transportiert wurden. In der Gegend leben rund 40 Säugetierarten, darunter allein 16 Fledermausarten. Eine Attraktion des Nationalparks ist das Mufflon.

POLEN

DARK SKY COMMUNITY SOPOTNIA WIELKA

In einem einsamen Bergtal in den Saybuscher Beskiden ganz im Süden Polens gelegen, war Sopotnia Wielka schon seit Langem ein Geheimtipp für Hobbyastronomen. Doch es brauchte einen langen Atem, um aus einem leidlich dunklen Tal eine zertifizierte Dark Sky Community zu machen. Ende der 1990er-Jahre starteten Bewohner und Lichtschutz-Aktivisten ihre Initiative. 2023 erfolgte dann endlich die Anerkennung als Dark Sky Community.

Der Name Sopotnia leitet sich vermutlich von einem alten Wort für Wasserfall ab. Um die Wende vom 15. zum 16. Jahrhundert siedelten sich hier romanischsprachige Walachen an. Ihr Auskommen bestritten sie vor allem als Holzfäller. Ein Wasserrad am Fluss Sopotnia trieb eine Sägemühle an. Als sich 1772 Preußen, Österreich-Ungarn und Russland große Teile Polens unter den Nagel rissen – die sogenannte »Erste Polnische Teilung« – kam das Gebiet als Teil der Landschaft Galizien zu Österreich-Ungarn und nach dem Ersten Weltkrieg wieder zu Polen. Doch zur slowakischen Grenze sind es keine zehn Kilometer. Allerdings endet die Straße im Talkessel. Danach geht es zu Fuß oder mit dem Mountainbike hoch in die Saybuscher Beskiden, über deren Kamm die Grenze verläuft. Der Hausberg von Sopotnia Wielka, der 1557 Meter hohe Pilsko liegt bereits auf slowakischer Seite, auch wenn der Zugang vor allem über Polens Seite erfolgt. Die meisten Beherbergungsbetriebe befinden sich im Nachbartal von Sopotnia Wielka rund um den Winterkurort Korbielów.

Im Tal von Sopotnia dagegen ist es nicht nur einsamer. 2011 wurde auch die gesamte öffentliche Straßenbeleuchtung auf abgeschirmtes Licht umgestellt. Von den Bergen aus ist der Ort jetzt kaum noch auszumachen und die Dunkelheit des Himmels hat mit etwa 21,5 mag/arcsec² Silberstandard. Wissenschaftler der Universität Krakau haben festgestellt, die Ausleuchtung der Straßen ist nicht schlechter geworden und es spart rund 30 Prozent Energie. Parallel findet weiter eine Aufklärung der Bevölkerung statt, um möglichst viele zu Lichtschutzmaßnahmen zu animieren. Mit der Anerkennung als Dark Sky Community hat sich das ausgezahlt.

Links: Über den Wäldern Südpolens funkeln die Sterne – seit 2023 ist die Gegend um Sopotnia Wielka in den Schlesischen Beskiden als Dark Sky Community zertifiziert.

Rechts: Eine mystische Stimmung legt sich in der Abenddämmerung über die schlesische Bergwelt der Beskiden.

*Von oben:
Seit 1951 offiziell eine gemeinsame Stadt: In den Straßen von Bielsko-Biała stehen prachtvolle Häuser.*

Die Stadt Żywiec hat viele schöne Fleckchen zu bieten, dazu zählt auch der Hauptplatz, an dem das Rathaus steht.

🌙 NACHTS ERLEBEN:

● Polaris

Der Verein Polaris von Sopotnia Wielka bietet ein breites Angebot an Aktivitäten rund um die Astronomie. Sowohl tagsüber als auch nachts gibt es dort viel zu erleben. Sogar die nächtliche Straßenbeleuchtung der Stadt wird ausgeschaltet, um das Sternenerlebnis der Besucher zu verstärken. An den Abenden wird zum Beispiel gemeinsam durch ein Teleskop geschaut, wo Milchstraße, Nebel, Sternhaufen und entfernte Galaxien zu sehen sind. Ein anderes Abendprogramm findet auf Liegestühlen statt, wobei mit bloßem Auge viele Sternbilder und hin und wieder sogar die ISS gesichtet werden.

Die meisten Kurse beginnen spät um 21 Uhr und enden in der Früh gegen 5 Uhr mit Sonnenaufgang. Für die technikaffinen Besucher gibt es zudem Kurse zu Geräten der Wetterstation, dem Bordcomputer, Nachtsichtgeräten und zur Astrofotografie.

☀ AM TAG ENTDECKEN:

● Bielsko-Biała

Die Großstadt am Fuß der Beskiden bezaubert mit dem besonderen Flair der K.-u.-k.-Monarchie. Ursprünglich lagen die Schwesterstädte in unterschiedlichen Herrschaftsbereichen: Bielsko gehörte zum Teschener Schlesien,

Doch müde?

SCHRONISKO GÓRSKIE »RYSIANKA«
// Die 1937 erbaute Berghütte des polnischen Touristenverbandes (PTTK) liegt etwas südwestlich von Sopotnia Wielka auf einer Alm mit toller Aussicht am Nordhang des Gipfels Rysianka und direkt am Beskidenhauptwanderweg. Sie bietet Zimmer, Nachtlager und Verpflegung an. Eine weitere PTTK-Hütte »Hala Miziowa« gibt es am Pilsko.
www.rysianka.com.pl

Biała zur polnischen Woiwodschaft Krakau. Dem verdankt der Ort zwei Zentren, viele Kirchen, Paläste und Jugendstilvillen beiderseits des einstigen Grenzflusses Biała. Das Zentrum der ringförmigen Altstadt von Bielsko bildet der rechteckige Rynek mit hübschen Arkadenhäusern und Cafés. An ihrem Rand liegt das Sułkowski-Schloss, dessen Ursprünge ins 13. Jahrhundert zurückreichen. Heute hat hier das Historische Museum seinen Sitz. Den alten Kern von Biała markiert die ul. 11 Listopada. Die geschlossene Bebauung aus dem 18. bis frühen 20. Jahrhundert wird nur von zwei Marktplätzen unterbrochen.

● Żywiec

Die Stadt in den Saybuscher Beskiden ist wegen des gleichnamigen Bieres in aller Munde. Die Brauerei wurde 1856 vom damaligen Besitzer der Stadt, Erzherzog Albrecht von Österreich-Teschen, als Erzherzögliche Brauerei Saybusch gegründet. Das hauseigene Museum der »Grupa Żywiec« führt in den historischen Kellern durch Geschichte und Gegenwart der Braukunst. Besucher können den Hopfensaft auch probieren. In einem weitläufigen Park am Rand der Altstadt steht das klassizistische Neue Schloss der Habsburger aus dem 19. Jahrhundert neben dem Alten Schloss der Komorowskis, das mit einem dreigeschossigen Arkadenhof im Stil der Renaissance bezaubert und als Sitz des Stadtmuseums dient.

● Schlesische Beskiden

Zusammen mit Ustroń und Szczyrk bildet Wisła, die Heimatstadt von Skisprunglegende Adam Małysz, das Wintersportzentrum der Woiwodschaft. Zahlreiche Skiresorts versprechen Pistenspaß auf Ski und Snowboard. Auf der Malina-Schanze in Wisła finden regelmäßig internationale Wettbewerbe statt. In der schneefreien Saison verwandelt sich die ansonsten naturbelassene Berglandschaft in ein beliebtes Wandergebiet. Vom traditionsreichen Heilbad Ustroń führt eine Gondelbahn auf den Rücken der Czantoria Wielka. Um den 995 Meter hohen Hausberg sind über 40 Kilometer Wanderwege ausgewiesen. Einer davon diente zwischen den Weltkriegen dem Schmuggel von Waren.

● Landschaftsschutzgebiet Horná Orava

Überquert man südlich von Sopotnia Wielka die polnisch-slowakische Grenze landet man im Landschaftsschutzgebiet Horná Orava. Das fast 600 Quadratkilometer große Gebiet ist landschaftlich sehr vielfältig und hat damit Wanderern und Radfahrern eine Menge zu bieten. Es umfasst schroffe Bergketten, weites Hügelland, den Fluss Biela Orava, einen Stausee und vor allem große Torfmoorflächen. Diese sind das Refugium gefährdeter Moorpflanzen wie dem Sumpfporst oder dem Hergottslöffel. Sehenswert ist auch das Freilichtmuseum Orava bei Zuberec.

Eine bunte Mischung aus Bergen und Wäldern macht die Schlesischen Beskiden für Besucher besonders attraktiv.

In dem nordspanischen Dorf Becerril de Campos wurde die historische Kirche San Pedro in ein Museum für Astronomie umgewandelt. Bei einem geführten Besuch erfährt man spannendes Wissen.

SÜDEUROPA

Europas Süden bildet für die meisten Reiseenthusiasten lohnende Ziele mit reichen Kulturschätzen und kulinarischen Verführungen. Doch es gibt auch Naturregionen fernab von Großstadtlichtern, die sich zu Geheimtipps für Hobbyastronomen mausern und auf staunende Besucher warten.

SPANIEN

NATIONALPARK ISLAS ATLÁNTICAS DE GALICIA

In der Provinz Pontevedra liegt der wunderbare Nationalpark Islas Atlánticas. Das 2002 gegründete Naturreservat umfasst eine Landfläche von zwölf und eine Meeresfläche von 72 Quadratkilometern. Zum Park gehören die Inselgruppen Cortegada, Ons, Sálvora und Cíes sowie mehrere kleinere Inseln. Die Inseln sind auf der dem Atlantik zugewandten Westseite durch schroffe Felsklippen gekennzeichnet, während die dem Festland zugewandte Ostseite beeindruckende Dünenlandschaften sowie herrliche Strände aufweist.

Über 200 Algen- sowie mehr als 400 Pflanzenarten sind hier beheimatet. Auch verschiedene Delfinarten wurden hier gesichtet. Die Insel Cortegada verfügt über einen der größten Lorbeerwälder Europas. Vor allem aber beherbergt der Park die größten Mittelmeermöwen- und Krähenscharbenkolonien Spaniens. Noch heute lässt sich auf einer der Cíes-Inseln eine Siedlung aus vorrömischer Zeit besichtigen. Auch Einsiedeleien und Kapellen von mittelalterlichen Mönchsorden sind erhalten.

Aber nicht nur tagsüber kann die Region mit ihrer Schönheit punkten. Auch nachts, wenn es hier dunkler ist als an vielen anderen Orten, beschert der Nationalpark seinen Besuchenden eine atemberaubende Aussicht. Die Sterne funkeln hier so klar, dass es die Dunkelheit und nicht das Licht ist, die die Natur in ihrem vollen Glanz erstrahlen lässt. Die Gestirne sind von den Cíes-Inseln besonders gut zu beobachten. Diese sind unbewohnt und zeichnen sich durch absolute Abwesenheit artifizieller Licht- und Geräuschquellen aus. Selbst Himmelskörper, die Millionen von Lichtjahren entfernt sind, wie der Andromedanebel, können aufgrund der optimalen Bedingungen gesehen werden. Um Menschen an der Schönheit unseres Firmaments teilhaben zu lassen, bietet der Nationalpark jeden Sommer kostenfreie Aktivitäten an. Von Vorträgen über die Gestirne, Erzählungen lokaler Mythologien und Seefahrergeschichten über das Bestaunen der Perseidenregen im August, wird der Zauber des Kosmos zum Greifen nah gemacht. 2016 wurden die dort vorherrschenden idealen Bedingungen für den Blick in die Sterne mit der Starlight-Auszeichnung honoriert. Die gleichnamige Starlight Stiftung macht es sich zur Aufgabe, Orte auszuzeichnen, die aufgrund ihrer natürlichen Gegebenheiten oder institutioneller Bemühungen besonders klare Sicht auf die Gestirne bieten.

Links: Der Leuchtturm von Corrubedo hat immer noch eine wichtige Funktion, denn die Küste ist stark zerklüftet. Auch wenn der Sternenhimmel in klaren Nächten noch für gute Sicht sorgt.

Rechts: Auch die Sonnenuntergänge können sich hier als unvergessliche Naturschauspiele inszenieren.

🌙 NACHTS ERLEBEN:

● Ruta Starlight

Ein Blick auf das Himmelszelt ist vom Land aus bereits beeindruckend. Besonders magisch wird das Erlebnis, wenn man die Sterne vom Meer aus betrachtet. Fern vom Ufer und isoliert von äußeren Einflüssen präsentiert sich der Kosmos in spektakulärer Schönheit. Bei Sonnenuntergang werden die Segel gehisst, um die Wasser des Nationalparks zu befahren. Während zu Beginn ein Guide die Cíes-Inseln und deren Umgebung vorstellt, erklärt Fachpersonal im Anschluss die Sterne mitsamt ihren Konstellationen. Wissenschaft, Geschichte und Mythologie verschmelzen und vermitteln ein Gefühl davon, welche Bedeutung der Sternenhimmel einst für Seeleute gehabt haben dürfte. In manchen Nächten, in denen die Sterne besonders günstig stehen, lassen sich Saturn, Mars, Venus und Jupiter erspähen.

☀ AM TAG ENTDECKEN:

● Vigo

Bereits für die Römer war Vigo ein wichtiger Hafen auf ihrem Weg nach Gallien und Britannien. Heute ist es Umschlagplatz für den industriellen Atlantikverkehr und für die Thunfisch- und Sardinenfischerei. Im Laufe der vergangenen Jahre wurde es zu einem beliebten Sporthafen. Das liegt nicht allein am natürlichen Hafenbecken, sondern auch an der Altstadt rund um das alte Fischerviertel Berbés mit den verwinkelten Gässchen, kleinen Bars und pittoresken Plätzen.

● Pontevedra

Nur wenige Kilometer von Vigo entfernt, am Ende eines Fjordarms, der weit ins Inland inmitten grüner Hügel reicht, liegt die Stadt Pontevedra. Gotik, Renaissance und Barock haben alte Kirchen, reiche Adelspaläste und solide Bürgerhäuser in der romantischen Altstadt geprägt.

💤 Doch müde?

CAMPING DE ISLA DE ONS // Der gepflegte Campingplatz lädt dazu ein, sich inmitten des Nationalparks nach dem Sterneschauen in eines der geräumigen Glamping-Zelte mit bequemen Betten zurückzuziehen und den nächtlichen Klängen der Natur zu lauschen.
https://campingisladeons.com

Links: Im Zentrum von Pontevedra kann man unter anderem die altehrwürdige Fassade der Iglesia de San Bartolome bewundern.

Spanien – Nationalpark Islas Atlánticas de Galicia

● **Dünen von Corrubedo**

Ein spektakuläres Naturschauspiel bieten die Dünen von Corrubedo im Parque Natural Dunar de Corrubedo, einem rund zehn Quadratkilometer großen Naturpark angrenzend zu der Atlantikküste am Rand der Halbinsel Barbanza.

Eine etwa 250 Meter breite, 20 Meter hohe und mehr als einen Kilometer lange Wanderdüne ist für viele Spanienreisenden eine große Attraktion im meistbesuchten Naturpark Galiciens. Selbst Filmemacher kommen immer wieder hierher, um die atemberaubenden Dünen in Wüstenfilmen zu verewigen. Die erhabenen weißen Dünen befinden sich stetig in Bewegung und prägen damit in zeitlichen Endlosfolgen das Aussehen dieser Naturlandschaft. Außer dem imposanten Dünenkomplex umfasst der Naturpark auch die Lagunen Carregal und Vixán, ein Netz aus Kanälen und Seen, Kiefernwälder, morastiges Küstenland und einige der schönsten Strände Spaniens. Der Park, der 2,5 Kilometer lang und an der breitesten Stelle 1,5 Kilometer breit ist, beherbergt außerdem eine vielfältige Vogelwelt mit seltenen Arten wie Eistauchern, Seiden- und Fischreihern, Seeregenpfeifern, Stockenten und Kormoranen. Auch verschiedene Reptilien- und Säugetierarten so wie die munteren Otter leben hier.

Von oben: Die Iglesia de la Peregrina (Pilgerkapelle zur Jungfrau) und die Plaza de Ferrería (rechts im Bild) prägen die Altstadt von Pontevedra.

Jeder Augenblick ist einzigartig, das gilt besonders für die stetig in Bewegung befindlichen Wanderdünen von Corrubedo.

SPANIEN

SAN PEDRO CULTURAL

Inmitten der weiten Ebenen Kastiliens versteckt sich das kleine Dorf Becerril de Campos zwischen den endlos scheinenden Getreidefeldern der Region. Nur 15 Kilometer von der Provinzhauptstadt Palencia entfernt befindet sich das 700-Seelen-Dorf, das ein außergewöhnliches Erlebnis für Sternenliebhaber bereithält. »Per aspera ad astra« (dt.: Durch das Raue zu den Sternen) — kaum ein Satz könnte passender für San Pedro Cultural sein.

Das, was heute ein astronomisches Museum ist, waren einst die Ruinen der ehemaligen Kirche San Pedro. Heute, nach dem Wiederaufbau der Gemäuer, laden astronomische Instrumente und Installationen zum Bestaunen der Gestirne ein.

Ursprünglich erbaut im 12. Jahrhundert, war das Bauwerk jahrhundertelang wichtiger Treffpunkt für die Einwohner von Becerril. Nachdem das Gotteshaus schließlich 1940 wegen zunehmender Landflucht und daraus resultierendem Ausbleiben von Besuchenden geschlossen wurde, überließ man es seinem Schicksal, das es zunächst zur Ruine machen sollte. Um diesem traurigen Zustand entgegenzuwirken, wurden 2013 Restaurierungsarbeiten in Angriff genommen, die die ehemalige Kirche seit 2015 wieder zugänglich für die Öffentlichkeit machen. Statt Gottesdiensten finden in den Hallen nun astronomische Führungen statt. In San Pedro Cultural stoßen Tradition, Moderne und Wissenschaft aufeinander und kreieren dadurch einen einzigartigen Kulturraum, der seine Gäste in die Welt der Sterne entführt. Unter den Sehenswürdigkeiten von San Pedro Cultural befindet sich ein Foucaultsches Pendel, mit dem, unabhängig von astronomischen Beobachtungen, die Erdrotation nachgewiesen werden kann. Neben verschiedenen Sonnenuhren bietet das Museum zudem eine Nachbildung des Firmaments am Deckengewölbe, in dem Sternbilder betrachtet werden können, sowie eine in den Boden eingelassene Meridianlinie, die das Licht der Sonne einfängt und den Betrachtenden die Bewegung der Erde in Echtzeit zeigt. Die Linie wird sogar in den Außenbereich des Museums gezogen, wo sie nachts leuchtet. Ebenfalls unter freiem Himmel befindet sich ein Brunnen, der ein scheinbar schwebendes Himmelszelt abbildet. In einem Spiel aus Wasser und Licht lassen sich die Sternbilder so in kleinem Maßstab erkunden.

Links: Der Himmel über Becerril zählt zu den dunkelsten Spaniens und bietet damit einen außergewöhnlichen Blick auf die Gestirne.

Rechts: Das alte Gemäuer von San Pedro Cultural bildet eine stimmungsvolle Kulisse für Wissensvermittlung zum nächtlichen Sternenhimmel.

Spanien – San Pedro Cultural

NACHTS ERLEBEN:

● Sternenhimmel über Becerril de Campos

Auch außerhalb der Gemäuer von San Pedro Cultural sind die Sterne in Becerril de Campos zum Greifen nahe. Denn wenn die Sonne hier hinter den Hügeln untergeht und die Dunkelheit sich über das weite Land legt, enthüllt sich ein ganz besonderes Schauspiel: ein Sternenhimmel von atemberaubender Klarheit. In klaren Nächten ist die Milchstraße deutlich sichtbar und spannt sich wie ein funkelndes Band über das Firmament. Die Abwesenheit künstlicher Lichtquellen macht das Dorf zu einem idealen Ort für Astronomie-Enthusiasten und alle, die den Nachthimmel in seiner reinen Form erleben möchten.

AM TAG ENTDECKEN:

● Frómista

In dem kleinen Städtchen steht die wohl schönste romanische Kirche des gesamten Jakobsweges. Begonnen wurde ihr Bau im Jahr 1066, entsprechend stilrein sind ihre romanischen Formen. Sowohl der achteckige Vierungsturm als auch die kleinen Rundtürme im Westen erinnern an Wehrtürme, die Dachüberstände sind mit über 300 Fabelwesen, Tieren, Pflanzen und Ornamenten verziert. Im Inneren des Sakralbaus befindet sich ein Bildnis des heiligen Martin aus dem 14. Jahrhundert und eines des heiligen Jakobus aus dem 16. Jahrhundert. Einzigartig sind aber vor allem die mit Tiermotiven und Bibelszenen überreich verzierten Kapitelle.

● Valladolid

Die Hauptstadt der Region Castilla y León erstreckt sich auf einer fruchtbaren Ebene am Ufer des Río Pisuerga, der südwestlich der Stadt in den Río Duero mündet. Valladolid ist mit 320 000 Einwohnern eine der größten Städte Zentralspaniens. Nur wenige historische Gebäude sind in der Altstadt erhalten geblieben.

Etwa 500 Meter östlich der Plaza Mayor, die als Vorbild für ähnliche Plätze in Madrid und anderen Städten diente, erhebt sich die Kathedrale. Der Baubeginn erfolgte 1580, vollendet wurde der Kirchenbau bis heute nicht. Kennzeichen der Kathedrale sind ihre relativ einfache Bauweise bei insgesamt gewaltigen Ausmaßen, das Kircheninnere ist 122 Meter lang und 62 Meter breit. Hinter der Kathedrale befindet sich die 1346 gegründete Universität mit einer schönen Barockfassade. Ältestes Gotteshaus der Stadt ist die Kirche Santa María la Antigua (13./14. Jahrhundert).

Ein Kleinod im Häusermeer der Stadt ist die Casa de Cervantes. Dies gilt auch für die kleine Casa de Colón, das Sterbehaus von Christoph Kolumbus. Nicht versäumen sollte man einen Besuch des Museo Nacional de Escultura im Norden des Stadtzentrums. Das im Colegio de San Gregorio (15. Jahrhundert) untergebrachte Skulpturenmuseum ist das bedeutendste Museum für religiöse Holzbildhauerei in Spanien.

● Canal de Castilla

Der Canal de Castilla zieht sich als lang gestreckte Wasserstraße scheinbar endlos durch die von Landwirtschaft geprägte Landschaft. Oft säumen Silberpappeln, Weiden und Schilfrohr seinen Weg. Der Kanal gilt als technische

Oben: Die romanische Kirche San Martin in Frómista stammt aus dem 11. Jahrhundert. Ihre kreativ gestaltete Fassade zeigt sich vor allem in den Konsolenfiguren.

Rechts: Für die modernen Pilger muss es nicht mehr unbedingt eine spartanische Unterkunft sein, das Monasterio de San Zoilo beherbergt heute ein Luxushotel. Historisch eindrucksvoll bleibt die dazugehörige Kirche mit dem vergoldeten Altar.

Meisterleistung der Ingenieurskunst und war einst einer der wichtigsten spanischen Wasserwege. Auf ihm transportierten Schiffe das Getreide Kastiliens zu den nordspanischen Hafenstädten. Sein Wasser trieb an gemauerten Schleusen Getreidemühlen und später Rotoren zur Stromerzeugung an und diente darüber hinaus zur Bewässerung der Felder. Wie ein großes umgedrehtes Ypsilon liegt der Kanal auf einer Länge von 207 Kilometern mit seinen drei Armen in den Provinzen Burgos, Palencia und Valladolid, die Schleusen überwinden 150 Höhenmeter. Erste Überlegungen zu einem Kanalbau gab es bereits im 16. Jahrhundert. Begonnen wurde der Bau aber erst 1753, weitere 100 Jahre später ging der Wasserweg in Betrieb. Heute hat er seine ökonomische Bedeutung verloren, ist aber ein wichtiger Naturraum: An seinen Ufern leben Greifvögel, Reiher, Gänse und Schwäne.

● Boadilla del Camino

Wie viele Orte in der Provinz Palencia wurde auch Boadilla del Camino gegen Ende des 10. Jahrhunderts gegründet. Das Fuero Municipal, die alte Zusammenstellung des lokalen Rechts, datiert den Ort auf das Jahr 970. Sein Name setzt sich aus Camino für »Weg« und Boadilla, wohl eine Verkleinerungsform des lateinischen agua bovata, »Ochsenwasser«, zusammen. Tatsächlich versumpft die umgebende Landschaft zeitweise, im Winterhalbjahr bilden sich sogar temporäre Seen. Berühmt in dem kleinen Dorf mit der dreischiffigen Pfarrkirche Iglesia de la Asunción mit ihrem Renaissancealtar ist die spätgotische Gerichtssäule Rollo jurisdiccional aus dem 14. Jahrhundert. Diese Säulen waren in Kastilien nicht nur Symbol der Gerichtsbarkeit, sondern auch eine Art Schandpfahl: Die Verurteilten band man öffentlich an der Säule fest, sodass das Volk sie begaffen und beleidigen konnte.

● Carrión de los Condes

Im Monasterio de San Zoilo erfüllen gregorianische Gesänge aus Lautsprechern den Kreuzgang, geheimnisvolle Totenköpfe, Büsten von Adam und Eva, David oder Maria und Josef sind kunstvoll in Stein gemeißelt, geschwungene Ornamente verzieren die monumentalen, gotischen Bögen. Eigentlich ist das einstige Benediktinerkloster heute ein Hotel. Hier steigen jedoch in erster Linie Pilger ab, sodass das Bauwerk und vor allem der Kreuzgang immer noch eine kontemplative Stimmung verströmen. Das Kloster liegt im Westen von Carrión de los Condes und war während seiner Gründung im 10. Jahrhundert Johannes dem Täufer gewidmet. Erst im Jahr 1047 erfolgte die Umweihung auf den heiligen Zoilo. Dieser gehörte zu einer Gruppe von Märtyrern aus Córdoba, die während der römischen Christenverfolgungen unter Kaiser Diokletian Anfang des 4. Jahrhunderts grausam gefoltert wurden und ihr Leben ließen.

SPANIEN

SERRA DEL MONTSEC

Im Nordosten Spaniens, in den Regionen Katalonien und Aragón, erstreckt sich das Gebirgsmassiv Serra del Montsec als Teil der Pre-Pyrenäen. Durch die Mischung von mediterranen und vorpyrenäischen Ökosystemen sind Flora und Fauna hier besonders divers. So schafft die Serra Lebensräume für eine Vielzahl von Pflanzen und Tieren, darunter seltene und endemische Arten.

Der Gebirgszug ist Heimat von Steinadlern, Gänsegeiern und anderen Greifvögeln, die in den steilen Klippen nisten. Das gigantische Kalksteinmassiv mit seinen schroffen Felsformationen, tiefen Schluchten, üppigen Wäldern und türkisblauen Flüssen ist jedoch nicht nur Heimat für eine Vielzahl an Arten. Die Serra ist ein Wunder der Natur, das Besuchende aus aller Welt mit seiner Schönheit anzieht.

Ein besonderes Naturspektakel des Massivs ist die Schlucht Congost de Mont-Rebei, die Katalonien von Aragón trennt. Es ist der Fluss Noguera Ribagorçana, der sich tief in den Kalkstein gegraben hat, sodass bis zu 500 Meter hohe Felswände entstanden, die die Flussufer säumen. Diese atemberaubende Ansicht genießen Wanderfreunde gleichermaßen wie Kajakfahrende, Kletterer oder Gleitschirmflieger. Wer lieber den Boden unter den Füßen behält, dem Himmel aber dennoch ganz nah sein möchte, verbringt nächtliche Stunden in den Weiten des Gebirgsmassivs zum Beobachten der Sterne. Fernab von der Zivilisation erlebt man hier das »wilde Spanien«, das unberührt von Störfaktoren wie Lärm oder Licht ist. Dies macht das Gebirgsmassiv zu einem idealen Startpunkt für die Erforschung des Universums. Im Herzen der Serra del Montsec befindet sich das Centre d'Observació de l'Univers (COU), ein modernes astronomisches Observatorium und Besucherzentrum, das 2008 eröffnet wurde. Es ist mit einem großen Teleskop und einer Planetariumskuppel ausgestattet und bietet sowohl Wissenschaftlern als auch der Öffentlichkeit die Möglichkeit, den Sternenhimmel in beeindruckender Detailtreue zu erkunden. Aufgrund dieser fantastischen Gegebenheiten wurde die Region als Starlight Tourist Destination anerkannt. Diese Auszeichnung würdigt Gebiete, die besondere Anstrengungen unternehmen, um den Nachthimmel zu schützen und für Astrotourismus zugänglich zu machen.

Wer will in solchen Nächten schlafen? Über dem Gebirgszug Serra del Montsec spielen sich fantastische Himmelsspektakel ab, oftmals sieht man klar die weißen Schleier der Milchstraße. Im Zelt kann man sich noch Ruhepausen gönnen und ist im Zweifel sofort wieder an Ort und Stelle, um nichts zu verpassen.

NACHTS ERLEBEN:

● **»Music below the Stars«**
Montsec Astronomical Park

»Music Below the Stars« ist eine besondere Veranstaltungsreihe, die im Parc Astronòmic Montsec angeboten wird: Live-Konzerte unter dem Sternenhimmel. Von Juni bis November lässt sich Musik katalanischer Künstler open Air genießen. Das Erlebnis beginnt bei Sonnenuntergang mit einer astronomischen Einführung oder einem Vortrag, die sich auf Sternbilder, Planeten und andere Himmelsphänomene der jeweiligen Nacht beziehen. Danach folgt das musikalische Highlight des Abends, dessen Genre von Klassik über Jazz bis hin zu zeitgenössischen Klängen variieren kann. Die natürliche Kulisse, umgeben von den majestätischen Bergen und unter einem tiefschwarzen Himmel voller Sterne, schafft die ideale Atmosphäre für ein unvergessliches Erlebnis für Musik- und Sternenliebhaber.

AM TAG ENTDECKEN:

● **Les Avellanes**

Diese alte Abtei in La Noguera am Fuß des Gebirgszuges Montsec wurde von Joan d'Organyà im 12. Jahrhundert unter dem Schutz der Grafen von Urgell gegründet.
Später wurde die wunderbare Kirche Santa María del Bellpuig (14. Jahrhundert) hinzugefügt und das ganze Areal schließlich dem Augustinerorden übertragen. Seit dem Jahr 1910 leben hier die Maristenbrüder, die sich völlig der Verehrung der Jungfrau Maria widmen. Sie haben den Komplex auch in eine ländliche Herberge mit 36 Zimmern umgewandelt, die Glaubensvorstellungen der Gäste sind nicht mehr relevant.

● **Organyà**

Der abseits gelegene Bergort ist berühmt für die »Homilies d'Organyà«, eine mittelalterliche Predigtsammlung, die als einer der ältes-

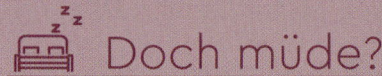
Doch müde?

ESPAI D'ESTELS // Als »horizontales Hotel« besteht Espai d'Estels aus zehn modernen Holzbungalows, die jeweils bis zu vier Personen ein komfortables Quartier bieten. Astrotourismus ist hier mehr als eine Floskel: Die Außenbeleuchtung wurde für den Lichtschutz optimiert und jeder Bungalow bietet eine Dachterrasse, von der es sich hervorragend in den Himmel blicken lässt.
www.resortager.com/en/hotel-espai-destels

Blick auf den Ortskern und die Stiftskirche Santa María von Balaguer, die weithin sichtbar auf einem Hügel thront.

...ten erhaltenen Texte in katalanischer Sprache gilt. Obwohl das Dorf nicht auf den üblichen Routen liegt, ist es wegen seiner Lage inmitten einer reizvollen Landschaft auf jeden Fall einen Besuch wert.

● Balaguer

Die mit 13 000 Einwohnern wichtigste Stadt der Region Noguera wurde 897 am rechten Segre-Ufer gegründet und war im Mittelalter die Hauptstadt der Grafschaft Urgell. Es sind einige Teile der Stadtmauer erhalten, Reste der Burg Castell Formòs aus dem 14. Jahrhundert und auch einige Bauteile des ursprünglichen, maurischen Palastes, über dem die Burg errichtet wurde. Sehenswert sind zudem bedeutende Kirchen: Die Kirche Santa María (Stiftskirche), die während der bewaffneten Auseinandersetzungen zwischen den katalanischen Adligen und dem König von Aragón zerstört wurde; im Jahre 1575 wurde sie erneut geweiht, Teile des Turms und des Sockels sind aber noch original erhalten.

Außerdem lohnen San Salvador oder Santo Cristo und das Kloster Santo Domingo einen Besuch. Im Bereich der Profanarchitektur sticht besonders die Bebauung an der Plaça del Mercadal hervor, nach wie vor ein Zentrum des städtischen Lebens. Bedeutsam ist auch der Renaissancebau des Krankenhauses, das schon 1480 eingeweiht wurde und noch heute den mittelalterlichen Platz beherrscht. Im Rathaus kann man das Stadtmuseum für Architektur und Archäologie besichtigen.

● Lleida

Mit knapp 140 000 Einwohnern ist Lleida Kataloniens größte Stadt außerhalb des Großraums Barcelona. Schon in der Römerzeit besaß sie durch ihre Lage am Riu Segre strategische Bedeutung. Im Mittelalter befand sie sich rund 400 Jahre unter maurischer Herrschaft. Nach der Reconquista 1149 bauten die Christen zum Zeichen ihres Sieges eine weithin sichtbare Kathedrale auf dem Hügel über der Stadt. Ihr achteckiger Glockenturm (14. Jahrhundert) war seinerzeit mit 60 Metern der höchste seiner Art in Katalonien und diente zugleich als militärischer Ausguck. Nebenan im Castell del Rei residierten die Könige von Aragón in Lleida. Die Kunstschätze aus Kathedrale und Burg befinden sich heute im hochmodernen Museu de Lleida. Malerische Altstadtgassen führen zur Seu Nova. Diese neue, barock-klassizistische Kathedrale wurde zwischen 1745 und 1781 unter König Carlos III. errichtet, um die im Spanischen Erbfolgekrieg stark zerstörte alte Kathedrale zu ersetzen. Die Fußgängerzone Carrer Major säumen Paläste aus mehreren Jahrhunderten, von der Romanik bis zum Modernisme sind alle Architekturstile vertreten. Hervorzuheben ist das Rathaus im Palau de la Paeria (13. Jahrhundert).

● Babastro

Diese Stadt liegt am Zugang zu zwei fruchtbaren Pyrenäentälern und im Zentrum einer Region, die für die hohe Qualität ihrer Weine bekannt ist. Gegründet vom Römer Decius Brutus im 2. vorchristlichen Jahrhundert, war Barbastro später eine maurische Festung der Banû-Qasî-Dynastie aus Saragossa.

In der spätgotischen Kathedrale, die im 16. Jahrhundert über der Moschee errichtet wurde, kann man ein schönes Kreuzgewölbe und Kapellen im Stil des Churriguerismus, des üppigen spanischen Barock, besichtigen. Im Bischofspalast wird eine große Sammlung von Gobelins gezeigt. Rund um die Plaza Mayor stehen Adelspalais; besonders beachtenswert ist der Palast der Argensola (die jahrelang Miguel de Cervantes als Steuereintreiber beschäftigten).

Links unten: Lleida wird überragt von der ehemaligen Kathedrale, der Seu Vella, die seit dem Spanischen Erbfolgekrieg nicht mehr als Gotteshaus genutzt wird.

Unten: Das absolute Highlight im Kloster Les Avellanes ist sein schöner Kreuzgang.

SPANIEN

STERNENPARK ALBANYÀ

Das katalanische Albanyà liegt idyllisch im Kreis Alt Empordà unweit der französischen Grenze. Von dichten Wäldern und felsreichen Bergen umgeben, ist der altertümliche Ort am Muga-Fluss ein beliebtes Ferienziel – und Spaniens erster Sternenpark. Denn hier zeigt sich in klaren Nächten ein fantastischer Sternenhimmel. Kaum ein Streulicht, das stören würde, denn die Region ist dünn besiedelt

Keine 160 Menschen leben im Ort. »Albanyà ist von einem Wald umgeben, der wie ein Schutzwall gegen die Lichtverschmutzung wirkt«, so Pere Guerra, Astronom und Gründer des 2017 eröffneten Observatori Astronòmic Albanyà. Dank seiner Bemühungen ist ein 94 Quadratkilometer großes Gebiet seit 2017 von der International Dark-Sky Association (IDA) als Sternenpark anerkannt. »Weniger als zwei Stunden von Barcelona entfernt befindet sich eine Naturoase, in der Sie die Milchstraße sehen können«, zeigt sich Pere Guerra begeistert.

Albanyà ist heute ein moderner Pilgerort für Astronomiefans geworden. Denn was gibt es Schöneres, als in einer lauen Sommernacht das glitzernde Firmament zu bewundern, die Planeten und Sternbilder zu suchen und bei dem Anblick eines Kometen sich etwas zu wünschen? Ein besonderes Ereignis sind nächtliche Events, bei denen Live-Aufnahmen des Sternenhimmels unter freiem Himmel mit musikalischer Begleitung gezeigt werden. Hier, unter dem sternenübersäten Firmament, das von den Gipfeln der Pyrenäen gerahmt wird, erlebt man den Himmel in ursprünglicher Schönheit.

Wem nach den beeindruckenden Naturerlebnissen und Wissensvermittlungen der Sinn nach Kultur und Stadttrubel steht, hat im Sternenpark Albanyà bzw. dem ohnehin lohnenden Übernachtungsplatz im romantischen Starlight Camp einen idealen Ausgangsort gefunden. Nicht weit entfernt liegen nämlich die geschichtsträchtigen Orte Figueres mit dem berühmten Dalí-Museum und Girona mit den Arabischen Bädern. Bei diesen Baños Árabes handelt es sich um einen romanischen Komplex aus dem 12. Jahrhundert mit drei großen Sälen für Thermalbäder in verschiedenen Temperaturen; errichtet wurden sie im klassischen Thermenstil.

Links: Schon Goethe wusste »Über allen Gipfeln ist Ruh' ...«. In Albanyà sind die meisten Nächte definitiv zu schade, um einfach nur im Bett zu ruhen.

Rechts: Es gleicht einem Kino der Extraklasse, das einen Blick in die Zukunft gewähren kann. Das Observatori Astronòmic d'Albanyà ist ein professionell geführter Ort für alle, die mehr von Sternen und Planeten wissen wollen.

Dicht gedrängt reihen sich die Häuser Gironas entlang des Flusses Onyar auf, die Stadtsilhouette wird überragt von der Kathedrale Santa María.

NACHTS ERLEBEN:

● Observatori Astronòmic d'Albanyà

Eingebettet in die unberührte Natur des Alt Empordà liegt das Observatori Astronòmic d'Albanyà. Weit entfernt von den Lichtern der Stadt, bietet das Observatorium ideale Bedingungen für den Blick in die Sterne. Der Himmel über Albanyà gilt als einer der dunkelsten in Südeuropa und wurde 2015 als erster Ort auf der Iberischen Halbinsel mit dem Starlight-Zertifikat ausgezeichnet. Ausgestattet mit einem der größten Teleskope Kataloniens ermöglicht das Observatorium detaillierte Beobachtungen von Planeten, Nebeln und fernen Galaxien.

AM TAG ENTDECKEN:

● Albanyà

Der beschauliche Marktflecken hat einiges zu bieten: Mauerreste aus dem 12. Jahrhundert, die Kirche Sant Pere d'Albanyà im romanischen Stil, enge Gassen und altertümliche Häuser, umgeben von dem bewaldeten Hochtal entlang des Pyrenäenflusses Muga mit endlosen Wandermöglichkeiten. Historische Stätten wie die Brücke Pont del Bertran oder die verfallenen Gotteshäuser Sant Feliu de Carbonils und Sant Jordi zeugen davon, dass das bergreiche Gebiet vor Jahrhunderten Zwischenstation für Händler und Pilger war.

● Figueres

Über viele Jahrhunderte war Figueres eher eine recht bescheidene Stadt, blickt aber auf eine lange Geschichte zurück. Die industrielle Revolution brachte dem Ort eine günstige Position als wichtiger Verkehrsknotenpunkt nahe der französischen Grenze. Heute ist Figueres das Zentrum der Region Alto Ampurdán, Handel und Tourismus spielen eine große Rolle. Die mit Abstand bedeutendste Attraktion ist das Dalí-Museum, nach dem Prado in Madrid das meistbesuchte Museum in ganz Spanien.

Doch müde?

STARLIGHT CAMP // Der Campingplatz Bassegoda wirbt als Spaniens erstes »Starlight Camp«. Was wie eine Reality-Show klingt, ist ernst gemeint: Für Jugendfreizeiten und Schulgruppen ist der Besuch in der Sternenwarte von Albanyà fester Bestandteil des Programms, es gibt sogar mehrtägige Kursangebote in Astronomie. Das Betreuungsteam ist in Sachen Himmelsphänomene gut geschult. Um den nächtlichen Himmel nicht zu stören, verfügt der Bassegoda Park über ein Beleuchtungssystem, das die Lichtverschmutzung des Campingplatzes minimiert. Das hat sich herumgesprochen. Kinder toben vergnügt herum, Erwachsene bauen Zelte auf oder ab und Jugendliche grillen unter viel Lachen und Gesprächen Würstchen am Lagerfeuer – der Bassegoda Park unterscheidet sich auf den ersten Blick kaum von anderen Campingplätzen Spaniens. Gute zwei Fahrstunden von Barcelona entfernt, bietet er vor allem für Familien mit Kindern und Jugendgruppen aus der Region hervorragende Outdoor-Möglichkeiten. Von Wandern über Mountainbiken und Angeln bis Canyoning.

www.bassegodapark.com/de

Sehenswert sind daneben das Museo l'Emprodà mit einer archäologischen und historischen Sammlung sowie das originelle Spielzeugmuseum im alten Hotel de París an der Rambla, der äußerst belebten Hauptstraße des Ortes. Außerhalb der Mauern liegt die imposante Burg Castell de Sant Ferrán, die noch überraschend neu wirkt (18. Jahrhundert) und sich in einem ausgezeichneten Zustand befindet.

● Girona

Girona bezaubert durch sein mittelalterliches Gassengewirr, eine imposante Kathedrale sowie einige beachtenswerte Museen. Seit dem 5. Jahrhundert als römisches Gerunda besiedelt, später von den Mauren zerstört, erlebte das Städtchen seine Hochblüte im Mittelalter. In dieser Zeit entstand hier eine bedeutende sephardische Judengemeinde, die eine europaweit beachtete kabbalistische Schule hervorbrachte. Ihr Ende kam, als 1492 durch das Alhambra-Edikt alle spanischen Juden des Landes verwiesen wurden. Das jüdische Viertel El Call blieb jedoch unzerstört, sodass man in Girona eines der besterhaltenen jüdischen Viertel Europas besichtigen kann. Ferner bestehen noch Teile der römischen Grundmauern und der mittelalterlichen Stadtbefestigung sowie die sogenannten »Arabischen Bäder«. Die Stadt liegt zu beiden Seiten des Onyar, den man mühelos überqueren kann, denn es gibt fast ein Dutzend Brücken. Am linken Flussufer erstreckt sich die lebendige Neustadt, zum großen Teil auch aus dem 19. Jahrhundert, mit ihrem ebenso riesigen wie ruhigen Parc de la Devesa. Er gilt als weitläufigster städtischer Park in ganz Katalonien. Unter den Sakralbauten Gironas ist an erster Stelle die Kathedrale Santa María zu nennen, eine der schönsten in ganz Spanien, weil sie verschiedene Baustile harmonisch miteinander vereint: Von der Romanik über die Gotik und die Renaissance bis hin zum Barock ist alles vertreten.

● Parc Natural de la Zona Volcànica de la Garrotxa

Zwischen Besalú und Olot erstreckt sich der Nationalpark La Garrotxa, das größte Vulkangebiet auf der Iberischen Halbinsel. Mehr als 40 erloschene Vulkane, u. a. Montolivet, Traiter, Bisarocas, La Garrinada und Croscat sind hier zu erkunden – mit den verschiedensten Kraterformen, einige mit Steilhängen und Basaltformationen. Reizvoll sind der Montsacopa, der hoch über den umgebenden Ortschaften thront, und der Santa Margarida, dessen Krater einen Durchmesser von fast 500 Metern und eine Tiefe von 50 Metern aufweist.

● Besalú

Zu dem denkmalgeschützten mittelalterlichen Ort führt eine römische Wehrbrücke über den Fluss Fluvià. Im Zentrum des alten Stadtkerns liegen die mit Säulengängen eingefasste Plaça Major sowie die Kirche Sant Vicenç (10. Jahrhundert), die Klosterkirche Sant Pere und das Hospital de Sant Julià (12. Jahrhundert). Ein außergewöhnliches Zeugnis jüdischer Kultur ist die Mikwe, das Haus für rituelle Bäder, das einzige seiner Art in Spanien. Man kann die steinernen Wasserbecken entdecken, die einst vom Fluvià gewässert wurden.

Von links: Das Dach des Teatre Museu schmückte Dalí mit riesigen Eiern, sein häufig verwendetes Lieblingssymbol für Hoffnung und Liebe.

Nostalgisches Flair strahlt die ländliche Gemeinde Albanyà. in ihren Gassen aus.

PORTUGAL

DARK SKY ALQUEVA

Mitten im portugiesischen Alentejo erscheint der fantastische Himmel von Alqueva wie dunkler Samtstoff, ausgekleidet mit einer unendlichen Sternendecke. Es ist einer der besten Orte weltweit für Sternenbeobachtung und anerkanntes Dark Sky Reserve. Die umliegenden Gemeinden reduzieren nachts sogar die öffentliche Beleuchtung, um auch die Peripherie des Gebiets zu schützen. Besucher können sich an verschiedenen Beobachtungsplätzen niederlassen – darunter das Dark Sky Observatory in Monsaraz –, um den atemberaubenden Nachthimmel zu betrachten.

Die naturgegebenen Schätze nutzen und bewahren, das haben die so beschenkten Orte rund um den Barragem do Alqueva erkannt und in die Tat umgesetzt. Alandroal, Reguengos de Monsaraz, Portel, Mourão, Moura, Barrancos, Redondo, Évora, Serpa und Mértola haben einen Zusammenschluss gebildet, um den Blick in den nächtlichen Himmel weiterhin möglichst ungestört zu erhalten. Denn Sterne, Planeten und Galaxien wie die Milchstraße leuchten über der stillen Landschaft und spiegeln sich zauberhaft in der Oberfläche des Alqueva-Stausees.

Schon Laien erkennen hier mit bloßem Auge die bekannten Sternbilder von Wassermann und Stier, mit Hilfsmitteln und unter fachkundiger Anleitung des Observatoriums können Besucher dann noch zahlreiche weitere Entdeckungen machen.

Ganz uneigennützig ist die Initiative der Dörfer natürlich nicht, im Laufe der letzten Jahre haben sie eine entsprechende Infrastruktur geschaffen: Es locken hübsche Bungalows und Ferienhäuschen verschiedener Größen, teilweise auch mit Pool, um sowohl kurze als auch längere Aufenthalte von Astrofans so angenehm und gemütlich wie möglich zu machen.

Neben nächtlichem Stargazing und abendlichem Solar Observations, bei der mit speziellen Teleskopen die Sonnenoberfläche erkundet werden kann, sind auch originelle und unterhaltsame Aktivitäten wie Moonlight Dinner, Kanu- und Bootsfahrten unterm Sternenzelt und Blind Wine Tasting im Angebot. In Cumeada wurde zudem in einer alten Grundschule ein kleines Museum und eine dauerhafte Fotoausstellung eingerichtet, man spürt die Leidenschaft zur Astronomie.

Links: Das Alqueva Dark Sky Reserve konnte entstehen, weil die Bewohner der Umgebung das Potenzial ihrer Heimat entdeckten. Viel Natur, keine Großstädte und zahlreiche wolkenlose Nächte im Jahr.

Rechts: Auch die Straßen in und nach Alqueva sind überwiegend unbeleuchtet, die Autofahrt gleicht einer traumhaften Achterbahn durch das Universum.

 NACHTS ERLEBEN:

● Nächtliche Beobachtungen im Observatório

Eingebettet in das erste von der UNESCO anerkannte »Starlight Tourism Destination«-Gebiet bietet das Dark Sky Observatorium Alqueva außergewöhnliche Bedingungen für die Sternenbeobachtung. Abgeschiedenheit und wenig Lichtverschmutzung machen die Nächte hier besonders dunkel, was zu einer beeindruckend klaren Sicht auf den Nachthimmel führt. Ideal also, um durch leistungsstarke Teleskope einen Blick in den Kosmos zu werfen. Von den Kratern des Mondes über die Ringe des Saturn bis hin zu fernen Galaxien – das Observatorium ermöglicht es, diese Wunder aus nächster Nähe zu betrachten. Wer sich außerdem fundiertes Fachwissen über die Himmelsobjekte aneignen möchte, hat die Möglichkeit, an einer der organisierten Touren teilzunehmen. Interessante, themenspezifische Workshops zur Astrofotografie gehören ebenfalls zum Angebot.

 AM TAG ENTDECKEN:

● Barragem do Alqueva

Der Stausee mit seinen zahlreichen Inseln in der Grenzregion zu Spanien gilt mit seinen mehr als 1000 Kilometern Uferlänge und einem Volumen von 4,15 Milliarden Kubikmetern als größter künstlich angelegter See Europas. Die Aufstauung des Rio Guadiana war bereits ein Projekt des portugiesischen Diktators Salazar in den 1950er-Jahren. Doch es sollte noch bis ins Jahr 2002 dauern, bis der See geflutet werden konnte.

Unter den Wassermassen wurden wie so oft auch Opfer gebracht und nicht nur Siedlungen, sondern auch archäologische Stätten wie der Cromlech von Xerez wurden mit der Flutung begraben. Große Bedeutung im positiven Sinne kommt dem Barragem do Alqueva für die Bewässerung der umliegenden, sehr ariden Regionen des Alentejo und der spanischen Extremadura zu; insgesamt werden damit mehr als 120 000 Hektar landwirtschaftlicher Fläche bewässert. Und der Stausee erfreut sich heute auch als Freizeitparadies bei allen Wassersportfans wie Bootfahrern, Anglern und Windsurfern immer größerer Beliebtheit.

● Castelo de Mourão

Das Dorf am Guadiana nahe der Grenze zu Spanien war lange Zeit ein Zankapfel zwischen den beiden Reichen. 1226 verlieh der portugiesische König das Land dem Johanniterorden; 60 Jahre später erscheint eine Schenkung von Murão durch den spanischen König Sancho IV. an einen Adeligen seines Hofstaats. Erst 1297 wurde Murão endgültig Portugal zugeschlagen und kurz darauf eine erste Burg im gotischen Stil aus Schiefer, Granit und Marmor errichtet.

Eine zweite Ausbauphase erlebte das Castelo de Murão nach dem Sieg der Portugiesen über die Spanier ab 1640. Nun endgültig zur Grenzfeste geworden, erhielt die Burg ein zeitgemäßes Verteidigungssystem aus zwei sternförmig angelegten Wällen und sechs Wachtürmen, die strategisch im Umfeld platziert die Feste zusätzlich sicherten. Teil der Verteidigungsanlage ist auch die im 17. Jahrhundert erbaute Igreja Matriz des Ortes. Das unterhalb der Burg liegende Städtchen Mourão schmücken zahlreiche weiße Häuschen mit schmiedeeisernen Balkonen. Originelle Kamine recken sich Minarett-ähnlich in den Himmel.

● Monsaraz

Den Nordosten des Alentejo beherrscht der bewaldete Gebirgszug der Serra de São Mamede. Hier bewachte eine Reihe gut befestigter Orte und Städtchen die Region – so auch Monsaraz, 50 Kilometer östlich von Èvora, eine der besterhaltenen mittelalterlichen Ortschaften Portugals. Ein Spaziergang durch Monsaraz gleicht einer Reise in die Vergangenheit. Das Städtchen besticht durch weiß gekalkte Häuser und kopfsteingepflasterte Gassen, die dem Gebirgsort einen ganz besonderen Charme verleihen. Sehenswert sind die im

Von oben: Der Stausee Barragem do Alqueva fügt sich heute wie eine natürliche Seenplatte in die Landschaft.

Interessantes Zusammenspiel aus dreieckigem Grundriss und viereckigen Türmen – das Castelo de Mourão.

Beim Besuch des pittoresken Dorfes Monsaraz begibt man sich auf eine verträumte Zeitreise ins Mittelalter.

16. Jahrhundert errichtete Befestigungsmauer, das Kastell aus dem 14. Jahrhundert sowie die gotische Pfarrkirche und der Pelourinho (beide 17. Jahrhundert). Von den Türmen des Kastells, um das die geschlossene Stadtmauer verläuft, schaut man heute hinunter auf das kolossale Pumpkraftwerk für die Stauseeanlage Barragem dio Alqueva.

In der Nähe gibt es viele Fundorte von Menhiren und Cromlechen aus der Steinzeit, so etwa Olival da Pega, Poço da Gateira, der »Fels der Liebenden« sowie der Menir de Outeiro. Letzterer ist stolze 5,6 Meter hoch und damit der zweithöchste Menhir ganz Portugals.

● Évora

Die größte und schönste Stadt im Alentejo ist wegen ihres historischen Stadtkerns, ihrer prachtvollen Plätze, Bürgerhäuser aus dem 16./17. Jahrhundert, der Paläste und Kirchen sowie der mittelalterlichen Stadtmauer seit dem Jahr 1986 bereits ein ausgezeichnetes UNESCO-Weltkulturerbe.

Évora ist einer der ältesten Handelsplätze der Iberischen Halbinsel. Das Bild der Altstadt wird von großartigen Baudenkmälern verschiedener Epochen geprägt. Im Zentrum, das römischen Ursprungs ist, stehen noch heute insgesamt 16 korinthische Säulen als Reste eines Tempels. Erhalten gebliebene Teile eines Aquädukts und eines Kastells erinnern an die einstige Bedeutung Évoras als römischer Handelsplatz. Die Anlage der Stadt selbst trägt orientalische Züge; die Herrschaft der Mauren dauerte bis in das Jahr 1165. Der königliche Palast, in seiner jetzigen Gestalt unter Emanuel I. errichtet, ist das schönste Bauwerk der Stadt. Die harmonische Renaissancefassade der Kirche Santo Antão bildet den Abschluss der Praça do Giraldo nach Nordwesten. Auf Geheiß des Kardinals von Évora und temporären Königs von Portugal, Henrique I., wurde das alte gotische Gotteshaus 1557 abgerissen und die neue Kirche errichtet. Weitere bedeutende Bauwerke sind die Kirche São Brás, das Kloster São João Evangelista im Stil der Manuelinik und die Kirche São Francisco.

SPANIEN

LA PALMA

La Palma ist eine der geologisch jüngsten Kanareninseln, deren Vulkanismus an vielen Kratern und Lavaströmen entlang der Vulkanroute auf der Cumbre Vieja und dem großen Krater der Caldera de Taburiente noch sichtbar ist. Nicht umsonst ist La Palma auch als »Isla Bonita« (dt.: schöne Insel) bekannt – sie entfaltet ihre Schönheit auch nachts. Die nordwestlichste Insel der Kanaren ist weltweit für ihre herausragenden Bedingungen zur Sternenbeobachtung bekannt.

La Palma ist mit 40 Prozent Waldbedeckung im Vergleich zu den anderen Kanaren die waldreichste und trägt daher noch einen weiteren Beinamen Isla Verde (Grüne Insel).

La Palma gilt als eine der höchsten Inseln der Welt in Bezug auf ihre Oberfläche. Sie ist ein Miniaturkontinent, der in verschiedenen Höhen alle repräsentativen Ökosysteme der Makaronesischen Region enthält – eine biogeografische Region, die die Archipele der Kanaren, Madeira, der Azoren und Kapverden zusammenfasst. Besonders bemerkenswert sind spektakuläre Lorbeerwälder. Unter der Fauna finden sich zahlreiche endemische Insektenarten und Vögel wie die Bolles- und die Weißschwanz-Lorbeertaube. Das Klima auf dem Eiland prägen Passatwinde, die dazu beitragen, dass sich Wolken in niedrigen Höhenlagen sammeln, während die höheren Lagen frei von Wolken und atmosphärischen Störungen bleiben. Dies in Kombination mit der isolierten Lage im Atlantik, den strengen Schutzmaßnahmen gegen Lichtverschmutzung und den bis auf über 2.400 Meter hohen Bergen, macht La Palma zu einem Paradies für Astronomiefreunde und Sternenliebhaber. Das erkannte auch die UNESCO an und zeichnete die Insel sowohl als »Starlight Reserve« als auch als »Starlight Tourist Destination« aus. Um diese Bedingungen zu erhalten, hat die Insel strenge Vorschriften zur öffentlichen Lichtnutzung etabliert, die im sogenannten »Ley del Cielo« (dt.: Himmelsgesetz) verankert sind. Jegliche Lichtquellen der Außenbeleuchtungen werden dadurch in ihrer Intensität, der Farbtemperatur und ihren Nutzungszeiten reguliert.

Angebote für Astrotouristen haben sich inzwischen etabliert. Zahlreiche Anbieter organisieren Sternenbeobachtungstouren, Sternenfotografie-Workshops oder Observationen in den vielen Sternwarten der Insel. Aber auch wer sich auf eigene Faust der Magie des Sternenhimmels hingeben möchte, hat auf La Palma perfekte Bedingungen.

Links: Das fabelhafte Observatorio del Roque de los Muchachos, benannt nach dem rund 2400 Meter hohen Berg, auf dem es steht, hat für Laien wie Wissenschaftler einen unfassbaren Wert.

Rechts: Wer nachts auf den Straßen von La Palma unterwegs ist, sollte Acht geben, im Bann des fantastischen Sternenhimmels nicht von der Straße abzukommen.

 NACHTS ERLEBEN:

● Sternenbeobachtung

Auf der Insel befindet sich eines der bedeutendsten Observatorien der Welt, das Observatorio del Roque de los Muchachos. Es beherbergt einige der modernsten Teleskope, darunter das Gran Telescopio Canarias, das größte optische Teleskop der Welt. Wissenschaftler von nah und fern kommen hierher, um das Universum zu erforschen. Doch das Observatorium bietet auch spezielle Touren für interessierte Laien an.

Ausgestattet mit leistungsstarken Teleskopen und begleitet von Experten können Teilnehmende nicht nur die Milchstraße, sondern auch unzählige Sternbilder, ferne Galaxien und Planeten mitsamt ihrer Monde entdecken. Besucher, die den Himmel lieber auf eigene Faust erkunden, kommen auf auf La Palma ebenfalls auf ihre Kosten. Denn auf den unzähligen Anhöhen lassen sich durch die guten Sichtbedingungen sogar schwache Sterne oder unsere Nachbargalaxie Andromeda mit bloßem Auge erkennen.

 AM TAG ENTDECKEN:

● Santa Cruz de la Palma

Die Hauptstadt von La Palma begrüßt den Besucher mit Zeugnissen einstigen Glanzes – viele Adelshäuser mit geschnitzten Balkonen entstanden, als die Stadt wegen des Überseehandels eine Metropole im spanischen Weltreich war. Erst mit der Anlage des Hafens von Santa Cruz de Tenerife ging ihre Bedeutung zurück.

Ein Streifzug durch zwei parallel verlaufende Boulevards erschließt die zahlreichen Kostbarkeiten dieser Stadt: die Avenida Marítima – Promenade am Meer mit netten Straßencafés und prunkvollen Palästen – sowie die Calle O'Daly – Flaniermeile mit Boutiquen und der dreieckigen Plaza de España, einem der schönsten Plätze der Inselgruppe.

● Roque de los Muchachos

Den mit 2426 Metern höchsten Punkt von La Palma erreicht man entweder direkt von Santa Cruz de la Palma oder auf einer längeren Fahrt, die von der Hauptstadt nach Norden und dann nach Westen führt, nach Santo Domingo de Garafía. Eine Abzweigung von dieser Route führt nach El Tablado im Norden, wo einige alte Drachenbäume stehen.

Von Santo Domingo de Garafía geht die Straße in Serpentinen zum Roque de los Muchachos hoch; vom Parkplatz sind es nur wenige Minuten zum Gipfel. Der Blick schweift über die Caldera de Taburiente. Seit 1985 steht nahe dem Gipfel eines der größten Spiegelteleskope der Welt, ein magischer Anziehungsort für alle Himmelsbegeisterten.

Von oben: Auf dem Kraterrand des Roque de los Muchachos wirken die Gebäude des Observatoriums wie extraterrestrische Objekte.

Die gepflegten, bunten Häuser mit blumenumrankten Fensterläden zeichnen Santa Cruz de la Palma aus.

Parque Nacional de Caldera de Taburiente

Das unverfälschte Naturschutzgebiet auf La Palma umfasst dichte Kiefernwälder, eine Fülle von Süßwasserquellen, Wasserfällen und Bächen, beeindruckende Felsformationen wie die knapp hundert Meter hohe Felsnadel Roque Idafe, die höchsten Berge der Insel wie den 2426 Meter hohen Roque de los Muchachos und viele Kilometer an Wanderwegen. Die riesige Senke, umgeben von fast senkrecht abfallenden Felswänden mit einem Durchmesser von acht Kilometern und einem Höhenunterschied von 2000 Metern wurde durch Eruptionen, Trümmerlawinen und Wasser geformt. Der Zugang erfolgt von den Aussichtspunkten Los Brecitos oder La Cumbrecita (oft gesperrt) bzw. von der imposanten Felsschlucht Las Angustias.

Fuencaliente

Der südlichste Ort von La Palma wird von Wein und Vulkanismus bestimmt. Reben reichen bis an den Rand von Fuencaliente, Weinkellereien laden zur Verkostung ein. Nahe dem Ort erhebt sich der 657 Meter hohe San Antonio. Eine Umrundung des Kraters zählt zu den klassischen Wanderungen auf den Kanaren.

Von oben: In Fuencaliente dürfen alter und neuer Leuchtturm nebeneinander existieren, der ältere beherbergt ein spannendes Meeresmuseum.

Die Playa las Monjas bei Puerto Naos wird von schwarzem Fels und entsprechenden Sand geprägt. Übersetzt heißt er Strand der Nonnen und das, obwohl er als FKK-Strand gilt.

SPANIEN

GRAN CANARIA

Gran Canaria ist die drittgrößte Insel der Kanaren. Ihr wird, genau wie Teneriffa, nachgesagt, wegen ihrer unterschiedlichen Landschaften und Klimazonen ein Kontinent im Kleinformat zu sein. Auch nachts ist Gran Canaria ein empfehlenswertes Ziel! Besonders beeindruckend sind die Beobachtungen während der Neumondphasen, wenn der Himmel außergewöhnlich dunkel ist und die Milchstraße in ihrer ganzen Pracht sichtbar wird. Wie auch auf der Schwesterinsel La Palma gibt es auf Gran Canaria Bemühungen, den Nachthimmel zu schützen und die Lichtverschmutzung zu minimieren.

Die höchste Erhebung der Insel, der Pico de las Nieves (1949 Meter), liegt zentral, beinahe in ihrer Mitte. Von hier aus fällt die Höhe gleichmäßig in alle Richtungen ab zum Meer. Im Norden und Westen ist die Küste schroff und felsig, und es gibt ein paar urwüchsige Fischerdörfer. Das Klima ist eher feucht und kühl und begünstigt die Landwirtschaft, die allerdings immer mehr hinter der Arbeit im Tourismusgewerbe zurücksteht. Der Südosten zieht mit seinen feinsandigen Stränden seit Langem die Touristen an.

Das Inselinnere hingegen reizt mit seinen einsamen Bergen und ausgedehnten Kiefernwäldern. Hier bieten sich noch Gelegenheiten, die unberührte Natur zu genießen. Aufgrund seiner geografischen Lage in der Nähe des Äquators lassen sich auf Gran Canaria weite Teile des Himmels, sowohl der nördlichen als auch der südlichen Hemisphäre, beobachten.

So sind dort Sternbilder und Himmelsobjekte sichtbar, die in anderen Teilen der Erde schwer oder gar nicht zu sehen sind.
Die Beschaffenheit der Insel an sich trägt zur besonders klaren Sicht auf das Himmelszelt bei. Besonders in höheren Lagen wie in den Bergen von Tejeda und im Naturpark Tamadaba, finden sich ausgezeichnete Bedingungen für die Sternenbeobachtung.

Und natürlich kommen am zentral gelegenen Pico de las Nieves Himmelsgucker auf ihre Kosten. Auf 1.949 Metern Höhe kann man erst die Sonne über den Wolken untergehen sehen und dann bei zunehmender Dunkelheit erst Sterne sowie weitere Himmelskörper bestaunen. Klare Sicht, geringe Luftfeuchtigkeit und die saubere Luft verbessern die Sichtverhältnisse und reduzieren die atmosphärische Störung, was für scharfe, klar erkennbare Sternenbilder sorgt.

Links: Die weiten und nur leicht erhöhten Sanddünen auf Gran Canaria bilden eine perfekte Bühne für die magisch anmutende Milchstraße.

Rechts: Dort, wo die Berge dem Himmel am nächsten sind, herrschen häufig stabile Wetterbedingungen – ideale Voraussetzungen für lohnende Blicke gen Himmel!

NACHTS ERLEBEN:

• Geführte Sternenbeobachtung

Abseits der Küstenlichter und Touristenorte zeigen die Guides Astronomiebegeisterten in den höher gelegenen Regionen der Insel nicht nur die bekannten Planeten und Sternbilder, sondern geben auch tiefere Einblicke in die Astronomie, wie das Beobachten von Sternhaufen, Nebeln und fernen Galaxien. Dank der professionellen Anleitung werden selbst komplexere astronomische Phänomene verständlich erklärt.

Wer etwas tiefer in die Materie einsteigen möchte, kann für eine Nacht zum Astronomen werden: In Laien-Observatorien können Interessierte mit professionellem Equipment Aufnahmen von fremden Galaxien machen, Meteoriten und Kometen verfolgen und mit wissenschaftlichen Kameras ferne Sternengeburtsstätten beobachten.

AM TAG ENTDECKEN:

• Las Palmas de Gran Canaria

Die Hauptstadt der Insel erstreckt sich zwischen zwei herrlichen Stränden, der Playa de las Alcaravaneras im Südosten und der Playa de las Canteras im Nordwesten. Las Palmas ist eine dynamische Metropole mit sehr viel spanischem Flair. Die 1478 gegründete Stadt entwickelte sich von einem kleinen Ankerplatz durch den Bau des Hafens zu einem florierenden Wirtschaftszentrum. Die größte und lebhafteste Stadt der Kanarischen Inseln birgt eine Reihe von Bauwerken, die den Wandel vom Handelsplatz zu einer der bedeutendsten Hafenstädte Spaniens dokumentieren.

Zu den Wahrzeichen der Stadt gehört die fünfschiffige Catedral de Santa Ana. Entsprechend der langen Bauzeit – vom Ende des 15. bis ins 19. Jahrhundert – vermischen sich Elemente verschiedener Stilepochen.

Wissenswertes über Geschichte und Kunsthandwerk der Insel – darunter auch viele Objekte aus der vorspanischen Zeit – vermittelt das Museo Canario. Das Stadtbild von Las Palmas formen ausladende Plätze und breite Straßen. Die Plaza Santa Ana in der Altstadt wird von schmucken Bürgerhäusern umrahmt, zu feierlichen Anlässen wird sie prachtvoll mit Blumen geschmückt. Nur wenige Kilometer südwestlich von Las Palmas befindet sich der Jardín Botánico, der zu den größten botanischen Gärten von Spanien gehört. Zu den Schmuckstücken der Anlage zählt ihre umfangreiche Kakteensammlung.

• Cenobio de Valerón

Im Gebiet der Gemeinde Santa María de Guía liegt eine der aufsehenerregendsten archäologischen Fundstätten Gran Canarias: Die über 290 Höhlen, die hier von den Ureinwohnern Gran Canarias in den Tuffstein des Vulkankegels Montaña del Gallego gehauen wurden, dienten vor der spanischen Eroberung der Insel den Altkanariern als Kornspeicher. Auf

Von den herrlichen Aussichtspunkten in der Montaña de Tamadaba aus genießt man einen traumhaften Blick auf die Bergwelt der Insel.

Maspalomas ist umgeben von einem Meer aus sanft ruhenden Dünen, die an die sandigen Weiten der Sahara erinnern. Je nach Sonnenstand leuchten die Dunas de Maspalomas in unterschiedlichen Farben – von hellgelb bis orange.

mehreren Ebenen wurden hier zahlreiche Silos angelegt, die sich im Inneren des Berges sowohl in den Wänden als auch in den Böden befinden und einst durch Türen oder Deckel verschlossen waren. Zur beeindruckenden Sehenswürdigkeit gelangt man über die Straße Cuesta de Silva. Auf dem Rundweg informieren Tafeln über Geschichte, Geologie, Landschaft, Flora und Fauna der Gegend.

● Montaña de Tamadaba

16 Kilometer nordwestlich von Artenara finden Erholungssuchende ein fantastisches Naturgebiet. In der Umgebung der 1444 Meter hohen Montaña de Tamadaba ziehen sich idyllische Wanderwege durch sonnendurchflutete Wälder. Rund um den grünen Höhenzug finden sich zahlreiche Stauseen und der schönste Kiefernwald Gran Canarias. Ihm angeschlossen erstreckt sich das Erholungsgebiet mit schattigen Picknickplätzen. Kieferduft liegt in der Luft und im Frühling blühen hier rosafarbene und weiße Zistrosen.

● Maspalomas

Der Ort an der Südküste ist vor allem wegen der Dünen in seiner Umgebung bekannt. Sie zählen zu den eindrucksvollen Naturphänomenen der Insel. Das 400 Hektar große Gelände reicht von der Küste bis maximal 1500 Meter landeinwärts.
Begrenzt werden sie vom tiefblauen Meer und von einigen saftig grünen Golfplätzen, die hier vor einigen Jahren angelegt wurden. Zum Meer hin breitet sich die Playa de Maspalomas aus. Dieser eher ruhige Strand geht nach Osten in die Playa del Inglés vor dem gleichnamigen Ferienort über. Hier ist das quirlige touristische Zentrum von Gran Canaria, hier gibt es nicht nur Sonne im Überfluss (die Niederschläge fallen meist im Norden der Insel), sondern sind auch die Bedingungen für Wassersportarten wie Windsurfen hervorragend.

● Cumbre

Cumbre heißt das gebirgige Landesinnere von Gran Canaria: Im Barranco de Fataga kommt man durch malerische Dörfer wie Fataga und San Bartolomé de Tirajana. Die Obstbäume werden allmählich von Kiefern und Steineichen abgelöst. In schmalen Serpentinen fährt man zum markanten Roque Nublo (1803 Meter), über dessen Bergstock sich eine 80 Meter hohe Felsnadel erhebt, die den Guanchen einst heilig war. Von einer Aussichtsplattform hat man einen grandiosen Weitblick.
Eine schmale Straße führt weiter nach Osten zum Pico de las Nieves. Der Gipfel des mit 1949 Metern höchsten Berges der Insel ist oft von Wolken verhüllt, an klaren Tagen hingegen scheint Teneriffa zum Greifen nah. Nordwestlich des zentralen Massivs liegt Tejeda, einer der schönsten Orte der Insel, der mit seinen weiß getünchten Häusern und ihren grünen Fensterläden und Holzbalkonen malerisch in einer fruchtbaren Talsenke liegt.

ITALIEN

MONTE LABBRO UND MONTE AMIATA

Rund 20 Kilometer südlich von Montalcino zeichnen die Flanken des 1738 Meter hohen Monte-Amiata-Massivs, eines schon lange erloschenen Vulkans, ein spitzes Dreieck in die Hügellandschaft der südlichen Toskana. Eingerahmt zwischen den Flusstälern von Orcia, Fiora und Paglia findet man hier an den von Kastanien-, Eichen- und Buchenwäldern bedeckten Hängen eine Rarität in der Provinz Siena: fast noch unberührte Natur nämlich, die zu ausgedehnten Wanderungen sowie für Mountainbiker zu waghalsigen Exkursionen einlädt. Im Herbst findet man hier mit ein bisschen Glück Maronen und Steinpilze, im Winter kann man am Monte Amiata Ski fahren.

Nicht fern davon befindet sich der Monte Labbro im Naturschutzgebiet Parco Faunistico des Monte Amiata. In diesem geschützten Gebiet leben verschiedene Tierarten, darunter Hirsche, Wildschweine, Füchse und eine Vielzahl von Vogelarten, die in den Wäldern und Feldern der Region heimisch sind. Mit seinen 1.193 Metern Höhe ist der Monte Labbro zwar nicht der höchste Berg der Region, bietet jedoch spektakuläre Aussichten auf die sanften Hügel und Täler der Toskana, die sich im Wechsel der Jahreszeiten in verschiedensten Farben präsentieren.

Neben der vielfältigen Flora und Fauna des Gebiets ist der Berg aber auch von spiritueller und kultureller Bedeutung. Denn im 19. Jahrhundert wurde hier die sogenannte Giurisdavidica-Gemeinschaft durch den religiösen Reformator David Lazzaretti gegründet. Ihr Anliegen war es, sich auf soziale Gerechtigkeit, spirituelle Erneuerung und die Rückkehr zu ursprünglichen Werten des Christentums zu besinnen. Auf dem abgelegenen Monte Labbro baute Lazzaretti im Zuge dessen eine spirituelle Siedlung samt Kapelle und Turm. Die alten Bauwerke sind es auch, die eine pittoreske Kulisse in den Weiten des sonst unbewohnten Berggebiets schaffen. Diese kommt besonders nachts zur Geltung, wenn es hier dunkler ist als in weiten Teilen der sonst so quirligen und städtereichen Toskana. Wenn die Sterne hinter dem einstigen spirituellen Zentrum aufgehen und sich die Milchstraße funkelnd über den Himmel erstreckt, wird der Ort noch mystischer aufgeladen und lädt dazu ein, sich in den unendlichen Weiten des Kosmos zu verlieren.

Links: Die markanten Türme der mittelalterlichen Stadt San Gimignano bilden starke Kontraste zu dem lila-rosafarbenen Nachthimmel und der Milchstraße über der Toskana.

Rechts: Die Ruinen der einstigen Siedlung auf dem Monte Labbro bestehen auch heute noch auf dem Berg und ziehen alle Besucher in ihren Bann, wenn darüber der Sternenhimmel funkelt.

🌙 NACHTS ERLEBEN:

● Milchstraße über der Toskana

Ein besonderer Ort für Sterngucker ist der Monte Amiata. In seiner Abgeschiedenheit bieten sich nicht nur tagsüber atemberaubende Ausblicke. Die unberührte Natur ist auch eine perfekte Kulisse für nächtliche Himmelsbeobachtungen. Der Gipfel des Monte Amiata liegt häufig über den Wolken, was eine besonders spektakuläre Sicht auf die Milchstraße beschert. In klaren Nächten sind hier Millionen von Sternen sichtbar, und man kann leicht Sternbilder, Planeten und ferne Galaxien erkennen. In den ländlich geprägten Gebieten der Region, weit entfernt von den Lichtern der Städte, entfaltet sich die Milchstraße in voller Pracht über der Landschaft. Besonders in den Hügeln von Val d'Orcia oder den abgelegenen Teilen der Maremma kann man dieses Naturschauspiel in nahezu völliger Dunkelheit beobachten.

☀️ AM TAG ENTDECKEN:

● Montepulciano

Montepulciano ist eine Stadt des Weins und der Feste. Überall verleiten Weinstuben und unterirdische Weinkeller zum Probieren des berühmten Vino Nobile di Montepulciano. Kulturell ist viel geboten: Jeden Juli veranstaltet das Jugendstil-Café Poliziano ein Jazzfestival. Gleichzeitig findet der Cantiere Internazionale d'Arte mit klassischer und moderner Musik statt. Beim Bruscello-Festival Mitte August werden Szenen der Stadtgeschichte aufgeführt; der Bravio delle Botti ist ein traditionelles Fassrennen. Auch architektonisch hat Montepulciano einige Schätze zu bieten: An der Piazza Grande stehen zwei prächtige Palazzi und der frühbarocke Dom. Vor den Toren der Stadt findet sich die aus gelbem Travertin gebaute Kirche Madonna di San Biagio, entworfen im Stil der Spätrenaissance von Antonio da Sangallo d. Ä.

💤 Doch müde?

CASTELLO BANFI // Viele Besitzer sah das Schloss kommen und gehen – am längsten blieben die Grafen Placidi. Nach dem Zweiten Weltkrieg wurde das Castello in das heutige Weingut Banfi eingegliedert. Weinberg-Touren und ein eigenes Flaschen- und Glasmuseum, Pool und Lesesaal lassen keine Langeweile aufkommen. Und des Nachts schlüpft man in eines der vom italienischen Innenarchitekten Federico Forquet gestalteten Zimmer.
wwwbanfi.it

CASTEL PORRONA RELAIS & SPA // Jedes der 25 Zimmer versprüht einen ganz eigenen Charme, obwohl überall dunkles Holz, satte Farben und schwere Stoffe den Ton angeben. Moderne Kunst bilden dazu einen harmonischen Gegenpol und lassen diesen Ausflug ins Mittelalter zu einer märchenhaften Reise werden. Neben der Wellnesslandschaft lockt das Restaurant.
https://castel-porrona-relais-spa-hotel.hotel-mix.de

Das weitläufige und traumhafte Anwesen La Foce nahe Chianciano Terme wurde im Jahr 1924 von einem wohlhabenden Paar erworben und liebevoll restauriert. Zudem diente der Ort verschiedenen sozialen Projekten wie Schulen und Pächterwohnungen.

Neben landwirtschaftlich genutzten Flächen und Bauernhäusern im Val d'Orcia zählen Städte wie Pienza, Montalcino, Castiglione d'Orcia und ein Teil des Pilgerwegs Via Francigena zu der von der UNESCO ausgezeichneten Kultur- und Naturlandschaft.

● Chianciano Terme

Die Jod- und Schwefelquellen von Chianciano waren schon den alten Etruskern bekannt. Heute ist es einer der größten Kurorte der Toskana, in dem vor allem Leberleiden behandelt werden. Aber auch für gesunde Urlauber ist das Städtchen ein angenehmer Aufenthaltsort mit guter Infrastruktur, einem hübschen historischen Zentrum, zwei Kurparks und vielen Auflugsmöglichkeiten in die Umgebung. Zudem sollte man drei Gotteshäusern seine Aufmerksamkeit widmen: die Kirche Chiesa dell'Immacolata, dessen größter Schatz ein Luca Signorelli zugeschriebenes Fresko ist, die »Madonna della Pace«. Die Kirche Chiesa della Madonna della Rosa, deren Namen auf das Gemälde zurückgeht, auf dem die heilige Maria ihrem Kind eine Rose reicht. Die Kirche Collegiata di San Giovanni Battista beherbergt ein kleines Museum mit Kunstwerken aus anderen Kirchen der Region.

● Abbazia di San Salvatore

Die in 812 Meter Höhe an einem Südhang des Monte Amiata gelegene Abbazia di San Salvatore, die »Abtei des heiligen Erlösers«, gehört zu den ältesten Klöstern der Toskana. Ihr Ursprung reicht womöglich bis zum Jahr 743 zurück. Als gesichert gilt jedenfalls, dass um das Jahr 800 eine Epidemie die Truppen Karls des Großen zum Halt in der Abtei zwang. Die Mönche halfen – und heilten – mit Kräutern; später erhielten sie zum Dank dafür großzügige Privilegien und Ländereien vom Kaiser. Die Abtei war zeitweise die reichste der Toskana. Die aus dem 11. Jahrhundert stammende romanische Klosterkirche ist für das bunte Holzkruzifix über dem Altar bekannt, es stammt aus dem 12. Jahrhundert. Die unter der Kirche liegende Krypta ist aus langobardischer Zeit erhalten. Sie wird von einem wahren Säulenwald getragen. Die meisten der insgesamt 35 Stützen sind individuell gestaltet und tragen verschieden verzierte Kapitelle.

● Val d'Orcia

Das rund 25 Kilometer südöstlich von Siena gelegene Tal ist eine vom Menschen gestaltete Renaissancelandschaft, die in ihrer ästhetisch ansprechenden Gestaltung das Modell einer guten Regierung widerspiegeln sollte. Umgekehrt wurden aber auch Maler der Sieneser Schule vom Val d'Orcia zu harmonischen und wertvollen Landschaftsgemälden inspiriert – Mensch und Natur beeinflussten sich gegenseitig.

● Saturnia

Der im Hochtal des Flusses Albegna rund 25 Kilometer westlich von Pitigliano auf einem nach allen Seiten steil abfallenden Travertinfelsen an der antiken Via Clodia gelegene Thermalort Saturnia soll der Legende nach zur neuen Heimstatt von Saturn, dem römischen Gott des Ackerbaus und Vater Jupiters, geworden sein, als dieser nach seinem Sturz vom kapitolinischen Hügel eine andere Bleibe suchen musste.
Die Etrusker nannten den Ort »Aurinia«. In der Antike galt Saturnia als die älteste Stadt auf der italienischen Halbinsel, gegründet von Pelasgern, einer Urbevölkerung Griechenlands. Seit seinen Anfängen schätzt man vor allem die warmen Quellen, deren Heilkraft Rheuma und Atemwegserkrankungen lindern soll. Das Wasser fließt vom nahe gelegenen erloschenen Vulkan Monte Amiata in die Erde, wird dort mit Schwefel angereichert und in Saturnia an die Oberfläche gespült.

WELCHE PHÄNOMENE GIBT ES AM NACHTHIMMEL IM JAHRESVERLAUF ZU SEHEN?

Wenn im August die Perseiden zu sehen sind, blicken auch viele Menschen, die sonst wenig sternenaffin sind, erwartungsfroh in den nächtlichen Himmel. Früher nannte man diese Sternschnuppen Laurentiusträmen, weil sie am Gedenktag des heiligen Laurentius, dem 10. August, gehäuft auftraten. Tatsächlich kreuzt die Erde an diesem Tag eine Staubspur, die der Komet Swift-Tuttle hinterlässt.

Die in der Erdatmosphäre verglühenden Staubteilchen werden zu Sternschnuppen, die scheinbar im Sternbild Perseus (nahe dem Himmels-W Kassiopeia) entstehen. Andere, nicht ganz so markante Meteorenschauer sind Anfang Januar die Bootiden (gesprochen Bo-otiden) im Sternbild Bärenhüter und ein bis zwei Wochen vor Weihnachten die Geminiden im Sternbild Zwillinge. Weitere periodische Ereignisse sind die Sichtbarkeit von Sternbildern am Himmel. So sind etwa das Siebengestirn der Plejaden und der »wilde Jäger« Orion (der sie in den Mythologien verschiedener Völker verfolgt) im Sommer in unseren Breiten nicht zu sehen. Nicht im Jahreszyklus, aber periodisch und daher vorhersagbar sind die Bahn der Planeten, Transite von Himmelsobjekten vor der Sonne, (teilweise) Finsternisse und meist auch die Kometen. Letzere sind Eis- und Gesteinsklumpen, die man an ihrem Schweif erkennt.

PACKLISTE FÜR EINE NACHT UNTERM STERNENHIMMEL

Es ist ein bisschen paradox: Man begibt sich zum Sternegucken in eine möglichst dunkle Gegend, braucht aber selbst Licht, um sicher an seinen Beobachtungsplatz zu kommen. Damit stört man einerseits die Tiere, blendet andererseits sich selbst und braucht danach etwa eine halbe Stunde, um seine Augen wieder bestmöglich an die Dunkelheit zu gewöhnen. Deshalb benötigt man – egal ob zum Sternegucken oder einer anderen nächtlichen Aktivität in freier Natur – unbedingt eine Taschen- oder Stirnlampe mit rotem Licht. Sie stört die Tiere und andere Menschen weniger als eine mit gelbem oder weißem Licht. Gleichzeitig bietet sie auch ihrem Benutzer eine bessere Orientierung, weil sie weniger blendet und es keinen scharfen Kontrastbereich zwischen Lampenschein und umgebender Dunkelheit gibt. Weiter ins Gepäck gehören eine isolierende Unterlage, auf der man sitzen kann, eventuell eine Decke, ausreichend zu trinken, ein paar Snacks, ein Regenschutz für alle Fälle, ein kleines Erste-Hilfe-Set, Mückenschutz und ein aufgeladenes Handy – dass man, da leuchtend, aber nur im Notfall benutzen sollte. Zelt und Schlafequipment sollte man nur dort einsetzen, wo biwakieren auch erlaubt ist.

Der Balaton gilt seit Jahrzehnten als Urlaubsparadies für Badebegeisterte, jüngst wird der große, flache See in Ungarn zunehmend für die Beobachtung des fantastischen Sternenhimmels besucht und geliebt.

SÜDOSTEUROPA

Ungarn, Kroatien und Griechenland haben eine lange, teils wechselvolle Geschichte durchgemacht, und konnten dabei eine Historie bewahren, die heute den Charme vieler Orte ausmacht. Himmelsbegeistere Besucher haben indes die lichtarmen Landschaftsflecken für sich entdeckt.

UNGARN

NATIONALPARK BÜKK

Einzigartiger Naturraum und ein Sternenpark der Kategorie Silber: Mit seiner Fläche von mehr als 430 Quadratkilometern ist der Bükk im Norden Ungarns der größte Nationalpark des Landes. Sein Name leitet sich von dem ungarischen Wort für »Buche« ab, der in dem Gebiet vorherrschenden Baumart. Doch der Park hat noch viel mehr zu bieten als endlose Buchenwälder.

Der höchste Wasserfall Ungarns, der Lillafüred, befindet sich im Nationalpark Bükk, ebenso wie der Tar-kő, eine 949 Meter hohe Klippe, von der aus man einen herrlichen Blick auf die Alföld, die große ungarische Tiefebene, genießen kann. Ebenso wie im Pilis-Gebirge gibt es auch im Bükk-Nationalpark zahlreiche Höhlen zu bestaunen, darunter die István-Höhle, die als die tiefste Ungarns gilt, und die Istállós-Höhle, in der Spuren von Steinzeitmenschen gefunden wurden: Feuerstellen, Speerspitzen, Knochen- und Steinwerkzeuge und sogar eine Knochenflöte, die erstaunlicher Weise 45 000 Jahre alt sein soll.

Seit 2017 schützt der Nationalpark nicht nur die Natur auf der Erde, sondern auch den Himmel darüber. Unter anderem trug die besonders geringe Lichtverschmutzung in der Umgebung zur Zertifizierung als International Dark Sky Park bei. Die Höhenlage und die damit verbundene dünne Luftschicht sind ein weiterer Aspekt, warum sich astronomische Phänomene von hier aus besonders gut beobachten lassen. Vor allem in den Sommermonaten strahlen die weit entfernten Lichter der Milchstraße in der klaren Nachtluft. Wer zur Zeit großer Meteorschauer im Land ist, sollte genug Wünsche haben, denn Sternschnuppen fallen in dieser Zeit praktisch im Sekundentakt.

Sehr selten hingegen sind Polarlichter in der Region zu sehen. Sie entstehen bei starker Sonnenaktivität, die in diesem Teil der Erde weniger häufig auftritt. Dann jedoch ist das Ereignis spektakulär. Phänomene, die mit dem bloßen Auge nicht zu sehen sind, offenbart das Spezialteleskop der Sternwarte im Besucherzentrum, das erst 2022 feierlich eröffnet wurde. Nachts lassen sich dadurch Planeten und Sterne bestaunen, während man am Tag einen gefahrlosen Blick auf die Sonne werfen kann. Die Dauerausstellung des astronomischen Zentrums erzählt Wissenswertes rund um das Thema Sonne und Sterne und zeigt außerdem eine der größten Meteoritensammlungen in Ungarn.

Links: So interessant sich die unterirdische Welt im nördlichen Ungarn auch darstellt, der nächtliche Himmel mit dem endlosen Sternenzauber bleibt hier einzigartig.

Rechts: Auch die Abenddämmerung verbreitet hier eine fantastische Atmosphäre, der Blick vom Mátra-Gebirge auf den Bükk-Nationalpark zeigt zu dieser Stunde die Landschaft als ein pastellfarbenes Schattenspiel.

NACHTS ERLEBEN:

● **Observatorium**

Die Sternwarte empfängt Besucher auch zu nächtlicher Stunde. Bei günstigen Witterungsbedingungen besteht die Möglichkeit, den Himmel durch das Teleskop mit einem Durchmesser von 61 Zentimetern zu beobachten. Welche Planeten, Gravitationsnebel oder Sternenkonstellationen dort gerade zu sehen sind, hängt mitunter von der Jahreszeit ab. Experten vor Ort führen in den Nachthimmel ein, helfen bei der Orientierung und erzählen allerhand Wissenswertes rund um unser Sonnensystem. Eintrittskarten müssen vorab online gekauft werden und es gibt eine Mindestteilnehmerzahl. Sollten während der Veranstaltung Wolken aufziehen, lockt das Planetarium oder eine Live-Erfahrung mit VR-Brille, die den Eindruck vermittelt, man wäre auf einer Weltraummission.

AM TAG ENTDECKEN:

● **Mátrai Tájvédelmi körzet**

Eine Welt aus tiefen Tälern, steilen Berghängen und ausgedehnten Laubwäldern mit Buchen, Eichen und Kastanien: Das Mátra-Gebirge im Norden von Ungarn entstand vor Millionen von Jahren, als es hier noch vulkanische Aktivität gab. Heute ist die malerische Landschaft ein Schutzgebiet und beliebtes Ziel für Naturliebhaber. Ein dichtes Netz von Wanderwegen führt durch die artenreiche Region, in der Quellen, Bäche und Seen in den Sommermonaten für Erfrischung sorgen. Rund um den Sástó, ein ehemaliges Sumpfgebiet, führt ein Naturlehrpfad. Wer die Kühle unter Tage bevorzugt, kann mit der Csörgő-Lyuk bei Ágasvár die größte Höhle der Region besuchen und von den Legenden hören, die sich um ihre einstigen Bewohner ranken.

● **Eger**

Besucherattraktion der Barockstadt am Bükkgebirge sind die Bibliothek im Lyzeum, einem bedeutenden Bauwerk im Zopfstil, und die mittelalterliche Burgruine mit großartigem Stadtblick. In der Umgebung wächst die Traube des bekannten Rotweins »Erlauer Stierblut«.

● **Miskolc**

In Ungarns viertgrößter Stadt lebt die Tradition: Hier, wo die Flüsse Sajó und Szinva fließen, siedelt der Mensch schon seit der Bronzezeit. Im Mittelalter war Miskolc florierendes Handelszentrum, später litt die Stadt unter den Osmanen. Im 19. und 20. Jahrhundert erstarkte sie erneut, als Stahlbau und Schwer-

Rechts: Den schönsten Blick auf die Altstadt von Eger hat man vom Burgberg aus.

Unten: Das gigantische Baradla-Höhlensystem kümmert sich nicht um Ländergrenzen, und so erstreckt es sich von Ungarn bis unter die Slowakei.

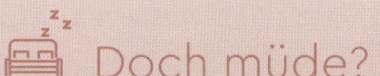
Doch müde?

BÜKK SZÍVE VENDÉGHÁZAK // Ein heimeliges Nachtquartier bieten die Holzhäuschen im Herzen des Nationalparks. Jeweils zwei Personen finden darin Platz, ausgestattet sind sie mit dem Nötigen wie Kühlschrank, Mikrowelle, Herdplatte, Wasserkocher, Bad mit Dusche. Das Bett ruft – doch vor der Tür lockt der Blick hinauf zur Milchstraße, die hier fern von städtischen Lichtern besonders gut zu sehen ist.
https://bukkszive.hu

Ganz unten: Der Elisabethplatz mit der Statue des ehemaligen Finanzministers Lajos Kossuth wird im Frühjahr von den prächtig blühenden Kirschbäumen gesäumt.

industrie sie zum Industriezentrum machten. Ihre lange Historie ist überall in der Stadt zu erkennen. So erzählt die Burg Diósgyőr aus dem 12. Jahrhundert. Das Nationaltheater von Miskolc wurde 1823 gegründet und ist damit das älteste des Landes.

Die Natur schenkt Miskolc eine in Europa einzigartige Thermalquelle, deren warmes Wasser unterirdisch entspringt und im Laufe der Jahrhunderte lange Kanäle in den Fels geschliffen hat. Besucher können diese entlang schwimmen, bis sie in der sogenannten Sternengrotte ankommen, einer kleinen runden Kuppel, die unter Tage den strahlenden Nachthimmel imitiert.

● **Nationalpark Aggtelek**

Der Nationalpark Aggtelek ist vor allem für seine Höhlen bekannt, die zur grenzübergreifenden Welterbestätte »Höhlen im Aggteleker und Slowakischen Karst« und somit zum UNESCO-Naturerbe gehören. Die Wälder, Wiesen und (mitunter seltenen) Pflanzen im Schutzgebiet bieten nicht nur vielen Insekten, sondern auch über 200 Vogelarten einen sicheren Lebensraum. Im Untergrund des Nationalparks verbergen sich knapp 200 spektakuläre Tropfsteinhöhlen, die zum größten Höhlensystem Mitteleuropas gehören. Die Baradla-Höhle mit ihrer fast schon unwirklich erscheinenden Welt aus Stalaktiten und Stalagmiten ist bei einer Gesamtlänge von 25 Kilometern die längste dieser Höhlen. In manchen Kammern wurden auch Spuren altsteinzeitlicher Bewohner gefunden, in anderen Fossilienvorkommen. Es empfiehlt sich an einer Führung teilzunehmen. Aber auch die Béke-Höhle (Friedenshöhle) oder die Imre-Vass-Höhle können dort besichtigt werden. Letztere gilt als die am besten erforschte Höhle des Landes und trägt den Namen ihres erfolgreichsten Forschers.

UNGARN

NATIONALPARK HORTOBÁGY

Hortobágy liegt in der ungarischen Puszta, dem größten zusammenhängenden natürlichen Steppengebiet Mitteleuropas. Rund ein Viertel der Fläche ist international als Lebensstätte der Wasservögel anerkannt und geschützt, weshalb zahlreiche streng geschützte Tierarten hier ungestört leben können. Bestimmend für das Landschaftsbild des Nationalparks und Biosphärenreservats sind auch die uralten Zackelschafe und Graurinder. Ebenso interessant ist die Tatsache, dass das Hortobágy im Jahr 2011 von der International Dark Sky Association als Lichtschutzgebiet anerkannt wurde – da hier kaum Menschen wohnen, bleibt der Himmel nachts dunkel.

Links: In der Steppe von Hortobágy findet man häufig diese historischen Ziehbrunnen der ungarischen Hirten. Noch beeindruckender ist natürlich der nächtliche Himmel mit den unzähligen Sternbildern.

Rechts: In diesem Vogelparadies befinden sich beispielsweise Trappen, Rotfußfalken, verschiedene Reiherarten, Kormorane, Moorenten, Brachschwalben, Seeadler und Kraniche. Insgesamt wurden rund 340 Vogelarten registriert.

Ein karges Landschaftsbild prägt die Puszta, die zum großen Teil landwirtschaftlich genutzt wird. Mithilfe des Hortobágy-Nationalparks soll ihr einzigartiger Charakter bewahrt werden. Die heute als Puszta, also als »verödetes, einsames Gebiet« bezeichnete Landschaft war einst bewaldet, bevor Mongolen und später dann Türken die Dörfer und Wälder niederbrannten. Die Wiedereinführung der Viehzucht führte zu Überweidung und Versalzung, wodurch das heutige Landschaftsbild entstand. Neben der Puszta von Hortobágy zählt auch ein großer Teil von Nagykunság zum Nationalpark.

Im 1973 gegründeten Park werden traditionelle Formen der Landnutzung betrieben. Das erfreut die natürliche Flora und Fauna, gleichzeitig trägt es einen Teil zum Lichtschutz bei. Denn so gibt es kaum Besiedelung, und keine lichtintensive Industrie oder Landwirtschaft. Nachtaktive Tiere und zahlreiche Vogelarten freuen sich über die tiefe Dunkelheit der Nacht ebenso wie die Menschen, denen eine bessere Schlafqualität ermöglicht wird – oder eben der faszinierte Blick in den Sternenhimmel. Kein Wunder also, dass bereits im Jahr 2011 die International Dark Sky Association dem Nationalpark Hortobágy den Silberstatus und das Zertifikat als Dark Sky verlieh. Messungen an verschiedenen Standorten innerhalb des Parks ergaben, dass der Nachthimmel überall einen Wert von über 21 mag/arcsec^2 erreicht. Bei guten Wetterbedingungen erreichte man teilweise sogar 21,6 mag/arcsec^2. Ein solch hoher Wert ist für den europäischen Nachthimmel eine wahre Seltenheit. Nachtwanderungen und gemeinsame Sternenbeobachtungen bilden die Gelegenheit zum gemeinsamen Staunen.

Ungarn – Nationalpark Hortobágy

🌙 NACHTS ERLEBEN:

● In der Tradition der Hirten

Weites, offenes Land und ein schier endloser Himmel: Seit rund 5000 Jahren weiden Hirten ihr Vieh in der Einsamkeit der Puszta. Sonne, Mond und Sterne dienen ihnen damals wie heute als Fixpunkte, um sich in Raum und Zeit zu orientieren. Im Hortobágy-Nationalpark leben und arbeiten noch heute traditionelle Hirten und bewahren ihre reiche Kulturgeschichte mit großem Stolz.

Der Nachthimmel spielt aber auch in vielen uralten Riten, überlieferten Geschichten und gehüteten Traditionen eine zentrale Rolle. Danach bieten des Nachts Himmelsphänomene für die Hirten nicht nur Orientierungshilfe, sondern offenbaren nach altem Glauben, was die Zukunft bringt: Anhand von den gesehenen Sternschnuppen oder Kometen beispielsweise ließen sich ihrer Ansicht nach die Lebensdauer eines Menschen oder kommende Ereignisse ablesen.

☀ AM TAG ENTDECKEN:

● Tokajer Weinregion

Das Weinbaugebiet Tokajhegyalja befindet sich am Fuß des Zempliner Gebirges in den nördlichen Ausläufern der Puszta nahe der Grenze zur Slowakei und zur Ukraine. Es umfasst insgesamt 26 Orte, deren größter und bekanntester das hübsche Städtchen Tokaj am Ufer der Tisza (Theiß) ist.

Das Gebiet trägt den Namen des Weins, den der französische Sonnenkönig Ludwig XIV. »vinum regum, rex vinorum« (Wein der Könige, König der Weine) genannt hat. Tatsächlich gehört der Tokajer, der aus der Rebsorte Furmint gekeltert wird, zu den ältesten, traditionsreichsten und wohl auch berühmtesten Weinen der Welt. Hier im Norden Ungarns ist seine Heimat. Der Weinbau wird hier schon seit etwa 1000 Jahren praktiziert und hat die gesamte Region geprägt, ihre Traditionen und

 Doch müde?

TISZA GLAMPING – THE BELGIAN HIDEAWAY // Die Glamping-Zelte bieten ein naturnahes Erlebnis, ohne auf Komfort wie stabiles, bequemes Bett, Couch, Licht, sowie privaten Sanitäranlagen verzichten zu müssen. Tipp an alle, die hier besonders entspannt in den Sternenhimmel blicken wollen: Neben Liegestühlen und Bänken, die auf dem Gelände verteilt sind, gibt es auch einen kleinen Pool – Treibenlassen und Sterngucken ist hier angesagt!
https://tiszaglamping.com

Von oben: Die raue Natur hinterließ ihre Spuren im Fell der Ungarischen Steppenrinder, die hier friedlich grasen, während das noch andersfarbige Kälbchen neugierig die Umgebung beobachtet.

In der reformierten Diözese der Tiszántúli beeindruckt das Museum in Debrecen mit der wundervollen Bibliothek.

Siedlungsformen. So entwickelte sich über die Jahrhunderte hinweg eine Kulturlandschaft, in der man vom und mit dem Wein lebt. Seit drei Jahrhunderten wird die Qualität der Tokajer Weinproduktion auch nach strengen Auflagen kontrolliert.

● Alföld

Das Alföld, die Große Tiefebene, erstreckt sich östlich der Donau über die Theiß hinaus. Endlos flaches Land – das ist die Puszta, viel besungen und von ganz eigentümlichem Reiz. Dazu gehören auch Städte, die mit exzellenten Beispielen des Sezessionsstils aufwarten, das ist eine besonders üppig geschmückte österreichisch-ungarische Ausprägung des Jugendstils.

● Debrecen

Auf einem Rundgang durch den Hauptort der Großen Tiefebene kann man das Alte Komitatshaus im Sezessionsstil, das Csokonai-Theater und die Reformierte große Kirche im klassizistischen Stil bewundern.

● Tisza-tó (Theiß-See)

Den nach dem Balaton zweitgrößten See in Ungarn gibt es erst seit den 1970er-Jahren. Damals wurde die reißende Theiß aufgestaut, um Überschwemmungen vorzubeugen. Als Fließgewässer verfügt der See über einen artenreichen Fischbestand, der einerseits Lebensgrundlage vieler Fischer ist und den See andererseits zum beliebten Ziel für Sportangler macht.

Wo viele Fische leben, sind auch Wasservogelarten gern zu Hause: Weißbart-Seeschwalben, Flussschwalben oder Rohrdommel lassen sich in ihrem natürlichen Lebensraum von einem der drei Aussichtspunkte rund um den See, per Boot vom Wasser aus oder von einem der Wanderwege durch das Naherholungsgebiet aus beobachten. Wer schneller vorankommen will, kann auf das Fahrrad umsatteln.

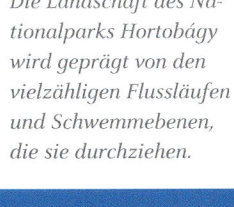
Die Landschaft des Nationalparks Hortobágy wird geprägt von den vielzähligen Flussläufen und Schwemmebenen, die sie durchziehen.

UNGARN

LANDSCHAFTS-SCHUTZGEBIET ZSELICI

Inmitten des Triglav-Nationalparks entspringt die Sava Dolinka und beginnt ihre Reise in Richtung Donau. Ihre Wasser verwandeln die hügelige Landschaft im südlichen Teil von Transdanubien in eine malerische Welt voller Üppigkeit: Kein Wunder also, dass der Name des Landschaftsschutzgebiets auf Slowenisch so viel wie »Grün« bedeutet.

Vor allem der große Quellsee, den der Fluss geschaffen hat, prägt mit seinem auffallend grünen Naturton die Landschaft. Eine unterirdische Mergelquelle hält sein kristallklares Wasser konstant bei einer Temperatur von 6 °C, weshalb es auch in den Wintermonaten nicht gefriert. Der See und das Feuchtgebiet aus Torfmooren, Feuchtwiesen und Wäldern rundherum sind Heimat einer artenreichen Flora und Fauna.

Seltene Orchideen- und geschützte Vogelarten, Amphibien und Insekten finden in dieser Abgeschiedenheit eine Heimat und leben im natürlichen Rhythmus von Tag und Nacht. Dass sie das können, liegt nicht zuletzt daran, dass 2009 hier einer der ersten Sternparks entstand: Der Schutz der nächtlichen Dunkelheit hat in diesem Gebiet seither oberste Priorität. Um unnötige Lichtemission zu vermeiden, gibt es innerhalb des Parks beispielsweise keine Siedlungen. Insektenpopulationen, deren Schwarm- und Paarungsverhalten von natürlichen Lichtquellen wie dem Mond gesteuert wird, können sich vom Menschen ungestört entwickeln. Ebenso wie nachtaktive Tiere, deren Tagwerk erst mit Einbruch der Dunkelheit beginnt.

Auch dem natürlichen Entwicklungsprozess von Pflanzen kommt der Schutz der Nacht zugute, denn falsche Lichtverhältnisse können zu gestörtem Wachstum führen. Mit Naturkundetouren, auch zu später Stunde, versucht der Park, Verständnis für diese sensiblen und störungsanfälligen Zusammenhänge zu schaffen. Allein mit bloßem Auge lassen sich vom 25 Meter hohen Aussichtsturm der Sternwarte oder einem der fünf Rastplätze des Parks astronomische Phänomene entdecken. Wer ein bisschen mehr Information sucht, kann das Vermittlungsangebot des Sternenparks nutzen und an einer der angebotenen Sternenbeobachtungstouren teilnehmen.

Links: Der Plattensee ist besser bekannt als Balaton und war Jahrzehnte lang der Inbegriff für Sommerglück und Badefreuden.

Rechts: Wo es nachts dunkel bleibt, kann der Himmel leuchten: Aufgrund der geringen Lichtbelastung ist die Region ein wahres Paradies für alle, die gerne in die Sterne sehen.

🌙 NACHTS ERLEBEN:

● Aussichtsturm Hollófészek

Am höchsten Punkt im Zselic-Gebirge kommt man dem Himmel noch näher, wenn man mal eben 119 Stufen erklimmt: Auf dem 358 Meter hohen Rabennestdach steht seit Oktober 2023 ein nach dem Gipfel benannter und 28 Meter hoher Aussichtsturm. Der Rundumblick reicht über die bewaldeten Ausläufer des Zselic und die Hänge der Drau. Bei guter Sicht lassen sich sogar das kroatische Papuk-Gebirge und die Ufer des Plattensees erkennen. In klaren Nächten könnte man fast meinen, von der aus Eichenholz gefertigten Konstruktion aus die Sterne berühren zu können. In dieser ganz besonderen Atmosphäre wächst in manchen ein Bewusstsein dafür, welchen Platz der Mensch im großen Gefüge des Universums einnimmt.

● Dreiecksgalaxie entdecken

Der Zselic-Nationalpark zählt zu den dunkelsten Orten in Mitteleuropa. Das macht ihn zum idealen Ort, um einen Blick auf unsere galaktische Nachbarschaft zu werfen: Die Dreiecksgalaxie ist etwa 3 Millionen Lichtjahre von der Erde entfernt und Teil der lokalen Gruppe von Galaxien, zu der auch die Milchstraße und der Andromedanebel gehören. Als eine der hellsten Galaxien lässt sie sich besonders gut von August bis Januar betrachten, wenn das Sternbild Triangulum hoch am Nachthimmel steht. In der Sternwarte des Parks stehen Astronomiefreunden professionelle Teleskope für die Betrachtung zur Verfügung, mit denen sich auch größere Bereiche der Galaxie und leuchtende Knotenpunkte erkennen lassen.

☀ AM TAG ENTDECKEN:

● Puszta-Kirche, Somogyvámos

Wer im Sommer hierherkommt, dem präsentiert sich dieses schmucke Überbleibsel aus längst vergangener Zeit inmitten tausender Sonnenblumen. Im Mittelalter befand sich rund um die heutige Kirchenruine noch ein kleines Dorf. Als dieses im Laufe der türkischen Besatzung erst zerstört und dann verlassen wurde, verfiel der mit romanischen und gotischen Elementen versehene Sakralbau zusehends. Erhalten sind nur noch der Turm, die Westwand und ein Teil des halbrunden Sanktuariums. Trotzdem strahlt dieser Ort bis heute Ruhe und Frieden aus und lädt nicht nur Sinnsuchende zum Verweilen ein. Einige Kilometer von Somogyvámos entfernt befindet sich mit dem Krishna-Tal übrigens ein weiteres Zentrum für Spiritualität.

Der Balaton gehört bekannterweise zu den beliebtesten Reisezielen Ungarns. Aber dass am Nordufer des Sees einer der schönsten Nationalparks des Landes beginnt, weiß fast niemand.

Eigentlich würde man auf so einer Weide Kühe erwarten, doch die Büffel im Reservat Balatonmagyaród fügen sich demütig in die Landschaft ein.

● **Balaton**

Im Westen Ungarns, eingebettet zwischen Bakony-Gebirge, dem Somogyer Hügellands und der Mezöföld, erstreckt sich der Balaton über 79 Kilometer. Weil der See ungewöhnlich flach ist und sich im Sommer schnell erwärmt, wird je nach Windstärke die Wellenbildung begünstigt. Zusammen mit der oft türkisblauen Farbe des Wassers entsteht dann die Illusion eines Meers. Mit seinen schönen Stränden und einer Wassertemperatur, die sogar 30 Grad übersteigen kann, ist der Balaton insbesondere bei Badegästen beliebt. Es gibt zahlreiche Surfspots, auch Segeln hat hier eine lange Tradition. Das Südufer des Sees ist flach, das Nordufer wird von Weinbergen gesäumt. Dort beginnt auch der Nationalpark Bakony Balaton mit seinen Sumpfgebieten, Schilfgürteln und einem Büffelreservat. Im Winter friert Europas größter Binnensee gewöhnlich für mehrere Wochen vollständig zu.

● **Balatonmagyaród**

Es ist nur eine kleine Gemeinde, doch sie lohnt unbedingt den Abstecher: Balatonmagyaród ist bekannt für sein Büffelreservat. Auf rund 30 Hektar lebt dort Ungarns größte Büffelherde zusammen mit Weißrindern. Zwar stammen diese Tiere ursprünglich aus Asien, zählten in Ungarn aber lange Zeit zu den wichtigsten landwirtschaftlichen Helfern. Wie sie zur Feldarbeit eingesetzt worden sind, dokumentieren Infotafeln entlang der Wege durch das Reservat. Besucher lernen dort außerdem, warum Büffel wichtige Lebewesen für die Natur sein können.

Die Wanderwege im Reservat sind großteils barrierefrei, nicht nur für Rollstuhlfahrer eine Erleichterung, sondern auch für Familien mit Kinderwägen. Aussichtstürme ermöglichen einen Überblick über die Anlage und an manchen Stellen lassen sich die Büffel sogar durch den Zaun streicheln.

● **Frühchristlicher Friedhof von Pécs**

Unter den in der römischen Provinz Pannonia gegründeten Städten entwickelte sich Pécs, das damalige Sopianae, zu einem wichtigen Handels- und Gewerbezentrum.

Das Friedhofsareal aus spätrömischer Zeit liegt im Südwesten der Innenstadt von Pécs. Bei archäologischen Ausgrabungen wurden hier bisher 16 Grabkammern, mehrere Tausend Gräber sowie zahlreiche in den Begräbnisstätten gefundene Gegenstände freigelegt. Die meisten der aus dem 4. Jahrhundert stammenden christlichen Bestattungsbauten standen einst über der Erde. Besonders eine bereits 1780 gefundene Grabkammer verdient Beachtung. Das zweigeschossige Gebäude schmücken gut erhaltene Wandmalereien, die neben den Aposteln Petrus und Paulus, der Muttergottes, Jonas, Noah sowie weiteren biblischen Personen eine der frühesten Aktdarstellungen von Adam und Eva nach dem Sündenfall abbilden.

Der architekturgeschichtlich wichtigste Fund sind bislang die Reste von zwei fabelhaft erhaltenen Gedächtniskapellen: eine mit Fresken ausgeschmückte Kapelle mit drei Apsiden und das Kleinmausoleum aus dem 5. oder 6. Jahrhundert. Der frühchristliche Friedhof von Pécs gehört seit 2000 zum Weltkulturerbe der UNESCO.

WELCHE MASSNAHMEN KANN ICH SELBST ERGREIFEN UM LICHTVERSCHMUTZUNG ZU REDUZIEREN?

Es ist eine Banalität, doch die erste Maßnahme gegen Lichtverschmutzung ist natürlich, alle nicht nötigen Lichtquellen erst gar nicht einzuschalten. Doch ein Großteil der nächtlichen Beleuchtung dient der Sicherheit und dem eigenen Wohlbefinden und erscheint schwer verzichtbar. Die gute Nachricht ist, dass die Wahl der richtigen Beleuchtung die negativen Auswirkungen von Licht gewaltig reduzieren kann, ohne die positiven zu schmälern. Eine wichtige Maßnahme ist, draußen nur Leuchten zu installieren, die ihren Lichtkegel genau dorthin richten, wo er gebraucht wird und nicht unnötig nach allen Seiten strahlen. Abgeschirmte Straßenlaternen mit einem Kegel von höchstens 140 Grad zum Beispiel leuchten die Wege perfekt aus, aber eben nur die Wege. Das Gleiche lässt sich bei privaten Wegen auf dem Grundstück erreichen. Werden dann noch Leuchten mit warmweißem Licht mit möglichst geringen Blauanteilen und einer Farbtemperatur von höchstens 3000 Kelvin eingesetzt, dann werden auch kaum Insekten angelockt. Selbst Menschen empfinden das Licht angenehmer und weniger blendend. LED-Technik macht das Ganze auch noch energiesparend.

KROATIEN

DARK SKY PARK VRANI KAMEN

In Kroatien ist die Lichtverschmutzung vielerorts sehr gering, weshalb das Land bei Astronomiebegeisterten und Astrofotografen immer beliebter wird. Ein ganz besonderer Ort liegt in der Nähe der Stadt Daruvar im westlichen Teil des Papuk-Gebirges.

Auf 8 000 Hektar Fläche erstreckt sich dort mit Vrani Kamen im Velebit-Gebirge, dem längsten Massiv der Dinariden, ein zertifizierter Dark Sky Park. Strenge Regularien sorgen seit 2019 dafür, dass es natürlich dunkel bleibt und kein Zivilisationslicht in diesen einzigartigen Naturraum eindringen kann. Die geringe Lichtverschmutzung macht es möglich, in klaren Sternennächten Außergewöhnliches zu erleben: Abgeschiedenheit, Stille und unberührte Natur des Nationalparks bilden eine perfekte Kulisse, um die Schönheit des Sternenhimmels zu bewundern. Hier heben sich gezackte Berggipfel dramatisch gegen das faszinierende Himmelsleuchten ab.

Zahlreiche Fotografien von spektakulären Himmelsphänomenen sind unter diesen idealen Voraussetzungen bereits entstanden. Über den Schutz dieser Natürlichkeit freut sich auch die hiesige Tier- und Pflanzenwelt. Der Vrani Kamen Dark Sky Park liegt eingebettet in den Naturpark Papuk, der eine reiche Biodiversität behütet. So streifen beispielsweise nachtaktive Räuber wie Dachs und Marder auf der Erde durch Wälder und Wiesen, während in den Baumkronen Greifvögel und Eulen ihrer potenziellen Beute auflauern. Letztere profitieren ebenso wie Fledermäuse von den dunklen und stillen Nächten und sind daher in großer Artenvielfalt vertreten. Und natürlich von einem vielfältigen Nahrungsangebot: Weil in der Region genauso viele Insekten, Reptilien und Amphibien ein geeignetes Habitat finden, steht diesen Tierarten ganzjährig ein reichhaltiges Nahrungsangebot zur Verfügung.

Links: Alle Besucher werden von dem nächtlichen Sternenhimmel über dem Dark Sky Park Vrani Kamen in den Bann gezogen.

Rechts: Die romantischen Straßenlaternen an der Fußgängerbrücke von Požega funkeln wie irdische Sterne unter dem Vollmond.

🌙 NACHTS ERLEBEN:

● 10 Tage Astronomie

Jedes Jahr im April stehen in der kroatischen Stadt Daruvar alle Zeichen auf Astronomie: Zehn Tage lang lockt mit dem Event »10 Dana Astronomije« Astronomiebegeisterte von nah und fern an. Ins Leben gerufen hat diese Veranstaltung die in Daruva ansässige Astronomische Vereinigung. Ihr Bestreben ist es, eine breite Öffentlichkeit für Astronomie zu begeistern. Das vielfältige Programm aus Vorträgen, Workshops, Sternenbeobachtungen, Ausstellungen oder Wettbewerben richtet sich daher auch nicht nur an ein Fachpublikum, sondern an alle, die ihren Blick gerne in den Himmel richten. Neben Wissensaustausch und Unterhaltung geht es zunehmend auch darum, ein Bewusstsein für die Folgen von zu hoher Lichtverschmutzung zu schaffen.

☀ AM TAG ENTDECKEN:

● Naturpark Lonjsko Polje

Das verzweigte Netz von Wasserarmen, das Kupa, Save, Lonja, Una und Strug zwischen Ivanić grad und der bosnischen Grenze bilden, ist eines der bedeutendsten europäischen Feuchtgebiete und mit 50 000 Hektar auch eines der größten. Über 240 Vogelarten halten sich in dieser Sumpflandschaft ganzjährig oder auf dem Durchzug nach Süden auf, darunter Reiher, Löffler und Seeadler. Wappentier des Naturparks sind allerdings die Störche: Aus Afrika kommend, beziehen sie ihre Nester im April und brüten bis Ende August die Jungen aus. Neben dem romantischen, mit verschwimmenden Grenzen von Wasser und Land geprägten Landschaftsbild ist die traditionelle Architektur der Bauernhöfe bemerkenswert. Die einstöckigen Holzbauten besitzen eine Außentreppe, damit man die Wohnräume auch im Falle einer Überschwemmung erreichen kann; das Erdgeschoss dient als Lagerraum. Malerisch wirken die beiden Dörfer Cigoč und Krapje: Cigoč verdankt sein Prädikat »Europäisches Storchendorf« den vielen Storchenpaaren, die alljährlich auf seinen Kirchtürmen, Hausdächern und Strommasten nisten. In Krapje stehen noch zahlreiche gut erhaltene Holzhäuser mit der charakteristischen »Schwarzküche«. Der Rauch zieht hier nicht durch einen Kamin ab, sondern dringt durch Ritzen in den Holzbalken in den Trockenraum darüber, in dem Würste und Schinken geräuchert werden. Im nahen Wildgehege Krapje Đol leben heimische Haustierrassen wie die Posavina-Pferde oder die wild in den Wäldern weidenden Turopolje-Schweine.

Von oben: Der Hauptplatz von Daruvar mit dem hübschen Springbrunnen weist schon auf die verborgenen Schätze, den Thermalquellen, der Stadt hin.

Virovitica liegt nahe an der Staatsgrenze zu Ungarn, das Gebiet nennt sich Slawonien.

● Daruvar

Die Stadt mit ihrem eleganten Thermalbad zählt zu den ältesten Siedlungen Nordkroatiens. Steinzeitliche Funde belegen die Besiedlung des Tals am Fuß des Papuk-Gebirges bereits vor 5000 Jahren; in der römischen Ära war Daruvar als Aqua Ballissae bereits ein beliebtes Heilbad. Nach einer kurzen Phase türkischer Besatzung kamen Siedler aus umliegenden Ländern in das fruchtbare Tal. Bis heute besitzt Daruvar mit über 20 Prozent einen hohen Anteil ursprünglich aus Tschechien stammender Einwohner, weshalb hier auch tschechisches Bier gebraut wird. Daruvars Heilbad Daruvarske Toplice zog nach seinem Ausbau im 19. Jahrhundert internationale Kurgäste an. Neben den Thermen spielt der Weinbau eine wichtige Rolle. Die Weinstraße von Daruvar führt durch malerische Weinberge zu Winzern und Gasthöfen, in denen der Weißwein Graševina ausgeschenkt wird.

● Orahovica

Das Städtchen unweit der Grenze zu Ungarn liegt an den Hängen des Papuk-Gebirges und wurde im 13. Jahrhundert erstmals in schriftlichen Quellen erwähnt. Heute ist der geruhsame Ort ein beliebter Standort für Ausflüge in die Umgebung. Hier locken der im Sommer beliebte Orahovica-See und die Ruinen der Festung Ružica, hoch an der Flanke des Papuk.

● Virovitica

Keine mittelalterliche Burg, sondern ein repräsentatives, im klassizistischen Stil um 1800 erbautes Schloss beherrscht das Ortszentrum von Virovitica. Die Grafen Pejačević ließen es anstelle der verfallenen mittelalterlichen Feste durch einen Wiener Architekten erbauen und den hübschen Park anlegen, der heute als Naturdenkmal gilt. Mehrere Besitzerwechsel später – auch die deutschen Grafen Schaumburg-Lippe kauften sich hier ein – gehört das Schloss der Stadtverwaltung, die darin ein tolles Volkskunstmuseum eingerichtet hat.

● Lipik

Seit dem 18. Jahrhundert ist die Kleinstadt für die heilende Kraft ihrer Thermalquellen bekannt. Mitte des 19. Jahrhunderts wurde sie europaweit berühmt, als Quellen und umliegende Wälder 1861 an das Unternehmen »Henry D'Heureux – Gibal« verkauft wurden. Als Teil der Erschließung errichtete Gibal nicht nur neue Bäder und Anlagen, sondern baute auch eine direkte Eisenbahnverbindung nach Wien. Heute erlebt der Kurgast nicht nur die wohltuende Wirkung des stark jodhaltigen Wassers, sondern schwelgt angesichts der klassizistischen Architektur der Badeanlagen in Nostalgie. Ein wunderschöner, 10 Hektar großer Park umgibt den historischen Kursalon im Stil der Neorenaissance sowie

● Požega

Das beschauliche Barockstädtchen lässt die Ära der Pferdekutschen und Krinolinen wieder erstehen, und das nicht nur, weil man als Besucher eventuell zu sehr dem lokalen Weißwein Graševina zugesprochen hat. »Vallis aurea«, goldenes Tal, heißt die von der Sonne begünstigte Weinbauregion rund um Požega. Der Wein scheint auch Dichter angezogen zu haben, denn im 18. und 19. Jahrhundert entwickelte sich Požega zum literarischen Zentrum Slawoniens. Die Kaiserin Maria Theresia verlieh den Status einer freien Stadt, die Jesuiten gründeten Schulen, und Požega erlebte im 18. Jahrhundert einen wirtschaftlichen und kulturellen Aufschwung.

Doch müde?

PLANINARSKI DOM PETROV VRH //
Die Berghütte lockt tagsüber Wanderer zu einer kleinen Stärkung und es lohnt sich, auch bewusst die Nacht dort zu verbringen. Denn hier auf dem namensgebenden Berg, inmitten der Natur auf einer Lichtung gelegen, bietet sich der beste Blick in den Himmel. Die Ausstattung und Schlafsäle sind typisch für eine Berghütte.
www.hps.hr/info/planinarske-kuce/planinarski-dom-petrov-vrh/

KROATIEN

GEBIRGE PETROVA GORA

Hier, inmitten der tiefen Wälder im Dinarischen Gebirge, soll der kroatische König Peter Krešimir IV. im 11. Jahrhundert nach einer verlorenen Schlacht gegen die Ungarn Zuflucht gefunden haben: Zumindest geht der Name der Region, die auf deutsch »Petersberg« bedeutet, auf dieses Ereignis zurück.

Die waldreiche Gebirgsregion Petrova Gora entfaltet zu Tages- wie Nachtzeiten ihren Reiz. Für einige Hobbyastronomen gehört der Besuch zu einem besonders spannenden Abenteuer, denn hier gibt es noch keine große Infrastruktur, um das Wunder der Sternenwelt zu beobachten.

Im Zweiten Weltkrieg spielte Petrova Gora erneut eine wichtige Rolle als Rückzugsort, als Partisanenkämpfer unter der Führung von Josip Broz Tito erbitterten Widerstand leisteten. Ein monumentales Denkmal mit ungewöhnlicher Architektur erinnert bis heute an diese Zeit. Wer es besucht, findet einen Ort, der zunehmend sich selbst überlassen wurde – die Natur erobert das unvollendete Bauwerk immer mehr zurück.

Vom höchsten Punkt der Region aus eröffnet sich ein spektakulär schöner Blick auf eine Landschaft, die ein dichter Wald aus Buchen, Eichen und Kastanien prägt. Hirsche, Wildschweine und Füchse durchziehen das Unterholz, während Bussarde und Eulen die Umgebung von den Baumkronen aus überwachen. Der Mensch besiedelt die strukturschwache Region nur wenig. Touristen freuen sich über Outdoorerlebnisse in einer unberührten Natur und nutzen Wander- und Trekkingwege, die durch das Gebirge führen. Für astronomische Beobachtungen ist der Landstrich geradezu prädestiniert, weil es kaum Zivilisationslicht gibt. Geeignete Plätze, um den Himmel zu beobachten, gibt es viele. Für die technische Ausrüstung müssen alle Astronomieenthusiasten allerdings selbst sorgen, denn astronomische Zentren gibt es bislang nicht.

 NACHTS ERLEBEN:

• Picknick unter dem Sternenhimmel

Was gibt es Schöneres, als gemeinsam den Sternenhimmel zu erleben? Ob als romantischer Ausflug oder aus Interesse an Sternenkunde, mit ein bisschen Vorbereitung wird ein nächtliches Picknick zu einem ganz besonderen Erlebnis. Eine Sitzgelegenheit, Decke und Kissen gehören ebenso zur Standardausrüstung wie ein kleiner Snack und etwas zu trinken (wenn es kühl ist, am besten Wärmendes aus der Thermoskanne). Eine Taschenlampe mit Rotlichtfilter empfiehlt sich, um möglichst wenig eigenes Licht zu produzieren und das Auge an die Dunkelheit zu gewöhnen. Mit Fernglas oder Teleskop lassen sich Himmelsphänomene noch genauer in Augenschein nehmen. Und wer genau wissen will, was er gerade im Fokus hat, sollte an eine Sternenkarte denken oder vorab hilfreiche Apps wie »SkyView« herunterladen.

 AM TAG ENTDECKEN:

• Sisak

Die Stadt mit keltischen Wurzeln war in der römischen Ära eine bedeutende Metropole, wovon noch einige antike Reste zeugen. Prägend war allerdings auch die Grenzlage von Sisak, das im Laufe seiner Geschichte immer wieder von feindlichen Armeen belagert, teils auch überrannt wurde. Berühmt ist insbesondere die »Schlacht von Sisak« (1593), in der die Habsburger Verteidiger erstmals der türkischen Armee eine empfindliche Niederlage beibrachten. In den Balkankriegen war Sisak wiederholt das Ziel serbischer Angriffe aus der benachbarten Krajina, wovon heute noch Schäden in der historischen Altstadt zeugen. Sehenswert ist die über dem Zusammenfluss von Save und Kupa thronende Burg Stari grad aus dem 16. Jahrhundert, ein wehrhafter Bau auf dreieckigem Grundriss, den mehrere Rundtürme bewachen. .

• Petrinja

Das nur wenige Kilomater von Sisak entfernte Petrinja ist einer der wenigen Orte an der ehemaligen Militärgrenze, dessen Festung nicht von kroatischen Fürsten, sondern von türkischen Militärs errichtet wurde. 1592 nisteten sich die Osmanen in der historischen Siedlung ein, deren Wurzeln in die römische Ära zurückreichen, befestigten sie mit dem Kastell, konnten den Ort aber nur wenige Jahre halten.

Durch die Grenzlage sah sich Petrinja auch in den Balkankriegen massiven Angriffen ausgesetzt, deren Schäden an den einstöckigen Altstadthäusern bis heute nicht ganz behoben sind. Petrinja entwickelte sich im 18. Jahrhundert dank eines Edikts von Kaiserin Maria Theresia zu einem wohlhabenden Handwerkszentrum. 1792 wurde in dem Ort eine erste Manufaktur für Salami gegründet; ihr Nachfolger, das Gastronomieunternehmen Gavrilović, produziert bis heute im ganzen Land beliebte Würste und Schinken.

Die Kirche der Heiligen Dreifaltigkeit von Slunj hat eine bewegte Geschichte. Ursprünglich entstand sie 1583 an Stelle eines zerstörten Franziskanerklosters. Im Kroatien-Krieg wurde sie 1991 komplett niedergebrannt und später wieder neu aufgebaut.

Hrvatska Kostajnica

Wahrzeichen der Stadt am Grenzfluss Una, der Kroatien von Bosnien und Herzegowina trennt, ist die mittelalterliche Zrinski-Burg auf einer Flussinsel. Sie wurde im 12. Jahrhundert zur Abwehr der Türken errichtet und widerstand mit anderen Festungsanlagen in der Umgebung den Attacken bis Ende des 16. Jahrhunderts, als die Region von Türken besetzt wurde. Erst 1688 gelang es, Kostajnica zu befreien. In den Auseinandersetzungen um den Zerfall Jugoslawiens in den 1990er-Jahren fiel Kostajnica an die Krajina-Serben. Zahlreiche historische Bauten wie das barocke Franziskanerkloster, die Pfarrkirche und eine noch aus dem Mittelalter stammende Apotheke wurden dabei schwer beschädigt. Nur die dreieckige Burganlage Stari grad Zrinski sowie einem fünf- und einem viereckigen Wehrturm blieben erhalten.

Karlovac

Der sternförmige Grundriss der einst mächtigen Befestigungsanlage um die Altstadt von Karlovac ist nur noch im Luftbild erkennbar. Heute vermitteln die begrünten Mauern und Wehrgräben ein friedliches Flair. Stadt und Festungswerk wurden erst Ende des 16. Jahrhunderts auf Initiative Erzherzog Karls II. gegründet, denn die Lage zwischen Zagreb und dem Adriahafen Rijeka galt als verkehrstechnisch und militärstrategisch ideal. In den Türkenkriegen leistete Karlovac einen wichtigen Beitrag zur Verteidigung; danach verlor es zwar militärisch an Bedeutung, entwickelte sich aber zu einem wichtigen Wirtschafts- und Verkehrsknotenpunkt. Ein Meilenstein im Zentrum der Altstadt erinnert daran: Hier begann die im 18. Jahrhundert ausgebaute Handelsstraße Josephina in Richtung Adriaküste mit Ziel Senj. Während des Balkankriegs wurde Karlovac lange belagert und die historische Bausubstanz durch Granatbeschuss schwer in Mitleidenschaft gezogen. Heute sind die Schäden behoben: Die Altstadt breitet sich idyllisch am Ufer des Flüsschens Korana aus. Niedrige Häuser des 18. und 19. Jahrhunderts säumen den zentralen Platz trg Bana Josipa Jelačića und die umliegenden Gassen.

Ogulin

Nach ebenfalls hart umkämpften Zeiten erfreut sich Ogulin wegen seiner Naturschönheiten großer Beliebtheit. Allen voran die Schlucht von Đula, die der Fluss Dobra tief in das Gestein gegraben hat. Eine Legende erzählt von der schönen Đula, die einem alten Kaufmann versprochen war, die sich aber in einen jungen kroatischen Offizier verliebte. Als dieser im Kampf gegen die Türken fiel, sah die junge Frau nur einen Ausweg: Sie stürzte sich in die Schlucht. Milan, der Soldat, ist am Rande der Schlucht verewigt: als menschenähnliche Steinformation, die suchend in den Abgrund blickt.

Slunj

Slunj, das ehemalige Slovin, war eine der bedeutendsten Festungen der Frankopanen im Kampf gegen die Türken. Heute zeigt sich der Ort recht unspektakulär und würde unter den vielen ähnlichen Dörfern in der Umgebung kaum hervorstechen, gäbe es vor seinen Toren nicht Rastoke und seine bezaubernde Wasserlandschaft: Sie gilt als kleine Version des berühmten, nicht weit entfernten Nationalparks der Plitvitzer Seen. Der Fluss Sljunčica verzweigt sich hier zu einem breiten Netz von Armen, Seen und Wasserfällen, das schließlich in den Fluss Korana mündet und eine Vielzahl von Wassermühlen antreibt. Einige dieser Mühlen bestanden bereits vor 300 Jahren.

Die »alte Brücke« Stari most über den Fluss Kupa in Sisak täuscht in ihrer historischen Anmutung, sie ist eine neuzeitliche Errungenschaft aus dem Beginn des 20. Jahrhunderts.

KROATIEN

DARK SKY COMMUNITY JELSA

Ein typisch dalmatinischer Hafenort und offiziell eine »Sternenstadt«: Pastellfarbene Häuser reihen sich entlang des Hafenbeckens aneinander, der schlanke Kirchturm der Kirche Sv. Marija spiegelt sich im Wasser, bewaldete Hänge rahmen die Stadt schützend ein. Als erste Gemeinde in Kroatien und als erste Stadt in ganz Südeuropa wurde Jelsa 2022 von der International Dark-Sky Association (IDA) offiziell als »International Dark Sky Community« anerkannt. Dafür wurde von einem Zusammenschluss von Kommunalverwaltungen im Vorfeld in den Astrotourismus investiert. Im Zuge dessen wurden zum Beispiel Außenbeleuchtungen hinsichtlich der Grundprinzipien Nützlichkeit, Fokus, schwaches Licht und warme Lichtfarbe überarbeitet.

Links: Die Milchstraße zeichnet sich mit ihrem weißlich-glitzernden Band am nächtlichen Himmel über Hvar ab, die Stadt selbst hingegen wird in sphärischen Grün-Orangetönen illuminert.

Rechts: Langsam zieht der Nachthimmel auf. Mit 628 Metern ist der Gipfel Sveti Nikola der höchste und damit aussichtsreichste Punkt der Insel Hvar.

Die Stadt Jelsa hat der Lichtverschmutzung den Kampf angesagt und leistet Aufklärungsarbeit in der Bevölkerung. In der Folge bleiben die Nächte ungewöhnlich dunkel, der Stromverbrauch ist erheblich gesunken und die Tierwelt wird geschützt vor störenden menschlichen Einflüssen. Für einen Blick in die Sterne sind die Voraussetzungen dadurch optimal. Über den abgelegenen Stränden und Hügeln rund um Jelsa entfaltet der Nachthimmel seine ganze Pracht. Zu den schönsten Orten zum Sternebeobachten gehören die Buchten von Zavala oder Vrboska. Im Gegensatz zu Vrboska beginnt Jelsas Geschichte bereits in der Antike: Illyrer siedelten hier, und griechische Einwanderer, die die Insel Hvar zur neuen Heimat erwählt hatten, errichteten, um das 4. Jahrhundert v. Chr. auf dem Hügel südlich der Bucht einen Beobachtungsposten, den später die Römer übernahmen. Die Siedlung unten am Meer ist seit dem 14. Jahrhundert beurkundet. Auch hier mussten sich die Bewohner Piratenattacken erwehren, weshalb sie ihre Kirche Sv. Marija mit einer zinnenbewehrten Mauer befestigten. Im Dorfkern an der Kirche Sv. Ivan aus dem 17. Jahrhundert lockt ein schöner Renaissance-Platz mit einigen Cafés. Eine ungewöhnliche archäologische Stätte verbirgt sich im Tal Starigradsko polje im Hinterland von Jelsa. »polje« heißt Feld, und auf diesem Feld beziehungsweise dieser Ebene betrieben bereits die ersten griechischen Siedler Landwirtschaft. Die Struktur dieser antiken Felder und einige Grenzmarken haben überdauert und werden von den Bauern bis heute genutzt.

NACHTS ERLEBEN:

• Schwimmen unter der Milchstraße

In ganz besonderen Nächten beginnt das Meer zu leuchten: Lebende Organismen setzen unter Wasser eine chemische Reaktion in Gang, in deren Folge Licht entsteht, Biolumineszenz genannt. Wer dann ein Bad im Meer nimmt, dem kommt es vor, als würde er in Goldstaub schwimmen. Ein nächtlicher Besuch am Strand lohnt sich aber auch in sternenklaren Nächten, wenn die Milchstraße zum Greifen nah erscheint und der Vollmond sich im Wasser spiegelt. In Ufernähe vom Wasser aus in den Himmel zu blicken, ist fantastisch.

• Sternenbeobachtung in Humac

Was früher bloß eine Hirtensiedlung war, ist heute ein Dorf in friedlicher Abgeschiedenheit. Nicht weit vom Meer und wenige Kilometer östlich von Jelsa gelegen, eröffnet sich von 350 Metern Höhe ein herrlicher Blick auf die umliegenden Orte, Buchten, die Insel Brač und die Riviera von Makarska. Weil es scheint, als sei die Zeit hier stillgestanden, fühlt sich der nächtliche Blick in den klaren Sternenhimmel an wie eine Zeitreise. Vieles von dem, was sich dort offenbart, war auch schon im 17. Jahrhundert zu sehen, als Humac entstand. Inmitten der traditionellen Steinhäuser und mit geringer Lichtversorgung fällt es leicht, sich in frühere Epochen hineinzufühlen.

AM TAG ENTDECKEN:

• Hvar

Lila Blüten, so weit das Auge reicht, dazu ein herb-süßlicher Duft: Lavendel. Im Juni werden die Felder geerntet, manchmal dürfen Feriengäste sogar dabei helfen. Dann werden die Blüten getrocknet und in kleinen Säckchen überall auf Hvar verkauft. Oder exportiert für Kosmetika und die Parfumproduktion. Doch wer denkt, dass er damit den Höhepunkt der Insel schon kennt, hat noch keinen Blick in die vielen Gärten mit Zypressen, Oleander, Orangen- und Zitronenbäumen geworfen. Feigenbäume runden das toskanische Flair der viertgrößten Adriainsel ab. Auch mit durchschnittlich 2718 Sonnenstunden im Jahr liegt Hvar in der Gunst der Touristen ziemlich weit vorn. Da das Gebirge der Nachbarinsel Brač das Eiland vor der Bora, dem böigen Fallwind, schützt, herrscht fast überall mildes Klima. Subtropische Vegetation verleiht den kleinen Buchten einen ganz besonderen Charme.

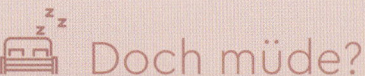

CAST AWAY // Umweltfreundlich und exklusiv gibt sich das Resort, das aus mehreren kleinen Spitzhütten besteht – fünf davon mit Meerblick, fünf in »zweiter Reihe«. Ihnen gemein ist die Ausstattung mit bequemen Betten, Schließfach und kleinem Regal. Pizzaöfen, Hängematten, Lounge und Bar stehen allen Gästen zur Verfügung und aufgrund der Lage ist gemeinsames Sterneschauen ein nächtliches Highlight.
https://castawayhvar.com/

Unten: Im Peristyl, dem rechteckigen Hof zu Zeiten der Antike, des Diokletianpalastes von Split kann man die historische Kulisse bestaunen, die bereits im Jahr 1979 zum UNESCO-Weltkulturerbe erklärt wurde.

Von oben: Tief eingeschnitten ist der Hafen von Hvar-Stadt Anlaufstelle für viele Jachten. Wer dann an Land geht, steht vor einer venezianischen Loggia aus dem 16. Jahrhundert, die heute der prachtvolle Vorbau eines Hotels ist.

Stari Grad bedeutet übersetzt »Alte Stadt« und in der Tat geht die ursprüngliche Siedlung hier auf das Jahr 384 v. Chr. zurück. Heute gilt sie als Perle der Insel Hvar.

● Hvar-Stadt

Auch wenn es um eine Stadt geht – den ersten Blick auf Hvar und seinen Hafen sollten Besucher vom Meer aus genießen. Palmen säumen die Uferpromenade am Hafen, oberhalb des Ortes ragen gleich zwei Festungen in den Himmel: Die erste ist die Burg Španjol, die »Spanische Festung«. Wie sie zu diesem Namen kam, weiß wohl niemand genau. Noch über ihr ist die Festung »Napoleon« errichtet, die während der französischen Herrschaft von 1806 bis 1812 erbaut worden ist. Der Ort hat ein autofreies Zentrum und ist mit seinen vielen Treppen in den Gassen, Familienwappen an den Häusern und Fassaden mit venezianisch-gotischen Fenstern ein wahres Kleinod.

● Stari Grad

Diese Bucht verspricht Geborgenheit und Schutz: Immer schmaler wird sie zum Ende hin, an ihren Seiten erstrecken sich terrassierte, grüne Hänge. Ein Anblick, dem auch die Griechen einst verfielen. Doch sie hatten nicht mit dem Widerstand der Einheimischen gerechnet – und eroberten erst nach schweren Gefechten und Schlachten auf See das heutige Stari Grad. Die Römer machten später alles dem Erdboden gleich, die Venezianer bauten den Ort dann wieder auf. Heute ist er ruhiger als Hvar-Stadt, aber ebenso schick.

● Vrboska

Die Stadt an der Nordküste der Insel Hvar besitzt ein eigenwilliges Gotteshaus, das wie ein steinernes Schiff mit Glockenturm wirkt: Zuerst stand die Kirche, dann baute man eine Festung um sie herum – gegen die türkischen Piraten. Die so entstandene Wehrkirche ist wegen ihrer eigentümlichen Architektur einmalig im Mittelmeerraum. Malerisch breitet sich die Altstadt entlang eines schmalen, tief ins Land greifenden Meeresarms aus, den mehrere Brücken überqueren. »Klein-Venedig« nennen die Einheimischen deshalb liebevoll das Städtchen. Früher spielte der Fischfang hier eine wichtige Rolle, woran das bescheidene Fischereimuseum mit historischem Fanggerät erinnert. Heute ist Vrboska Sitz mehrerer Winzer, die auf den fruchtbaren Hängen Wein wie den spritzigen weißen Bogdanjuša anbauen. Schöne Strände wie der Kiesstrand Soline liegen etwas außerhalb der Stadt.

● Split

Die historische Stadt Split ist mit ihren ungefähr 210 000 Einwohnern nach der Hauptstadt Zagreb die zweitgrößte Stadt Kroatiens. Größter Anziehungspunkt ist natürlich der antike Palast des Diokletian. In nur zehn Jahren ließ sich Kaiser Diokletian für die Zeit nach seiner Abdankung (305) einen Palast im Typus des römischen Castrums errichten. Sein Altersruhesitz nahe der römischen Stadt Salona umschloss eine Fläche von etwa 215 × 180 Metern und wurde mit turmbewehrten Mauern befestigt. Nach einem Einfall von Awaren und Slawen etwa 614/615 floh ein Teil der Bewohner Salonas in die Ruinen des altrömischen Palastes, dessen Areal auf diese Weise zur Keimzelle des heutigen Split wurde. In der ganzen Stadt finden sich noch Gewölbe, Säulen, Bögen und Fresken, die auf die Palastanlage zurückgehen. Sehenswert sind auch der spätgotische Papali-Palast sowie die prächtigen Barockpaläste Cindro- und Agubio-Palais.

KROATIEN

INSEL LASTOVO

Ihre Lage am 45. nördlichen Breitengrad macht sie vor allem für Astrotouristen zum beliebten Reiseziel, denn nun befindet man sich näher am Äquator als am Pol. Die Bedingungen, um astronomische Phänomene zu beobachten, sind damit ideal. Um die Dunkelheit zu erhalten und störende Lichtquellen zu minimieren, wurde die gesamte öffentliche Beleuchtung auf der Insel hinsichtlich ihrer Emissionen optimiert.

Lastovo gehört heute zu den dunkelsten Orten in Europa. Die Milchstraße lässt sich mit bloßem Auge erkennen, mit einem Teleskop reicht der Blick bis hin zu benachbarten Galaxien. Das Eiland, dessen von Aleppokiefernwäldern und Sandbuchten geprägte Landschaft durch die Ernennung zum Naturpark geschützt ist, fungierte lange Zeit als Piratennest, bis Venedig durch die Eroberung im 11. Jahrhundert dem Treiben ein Ende setzte.

Nach der Serenissima (Beiname der Republik Venedig) übernahm Venedigs Konkurrentin, der Stadtstaat Ragusa (heute Dubrovnik), die Kontrolle über das Eiland und behielt es bis Anfang des 19. Jahrhunderts. Dass Lastovo heute noch so wenig vom Tourismus berührt ist, verdankt es auch dem halben Jahrhundert als Teil des kommunistischen Jugoslawiens, währenddessen es militärisches Sperrgebiet war. Für eine Besonderheit in Lastovo lohnt es sich, die Dächer der steinernen Häuser im Blick zu behalten: Die Schornsteine sind in der Stadt nämlich speziell. Keiner gleicht dem anderen. In früheren Zeiten galten sie als Statussymbol, heute werden die »Fumari« durch ihr mitunter originelles Design zu kleinen Kunstwerken. Nach wie vor sind sie der ganze Stolz der rund 800 Inselbewohner, die sich in Größe und Gestaltung des Rauchabzugs gerne miteinander messen. Ebenfalls eine lange Tradition feiert man am Faschingsdienstag mit dem »Lastovski Poklad«. In einem bunten Faschingstreiben wird der erfolgreichen Verteidigung der Insel gegen einen Angriff der Katalanen gedacht, die im Mittelalter stattgefunden hat. In vielen Veranstaltungen werden an diesem Tag alte Traditionen lebendig.

Lastovo scheint zu allen Tages- und Nachtzeiten ein himmlischer Ort zu sein. Im Monat Mai zeigen sich oftmals sogar fantastische Lichter der Aurora Borealis, die dann die Milchstraße rosarot untermalen.

🌙 NACHTS ERLEBEN:

● Nächtlicher Blick von Galicine aus

Die Bedingungen für den Blick in die Sterne sind im Naturpark Lastovo ohnehin schon ideal. Dank der Entfernung zu größeren Städten gibt es hier beinahe keine Lichtverschmutzung. Noch näher kommt man dem Himmel vom Aussichtsturm Galicine aus, der auf der Südseite von Lastovo liegt. Von hier aus lassen sich die östlichen und westlichen Inseln des Parks sowie die Inseln Mljet, Korcula und die Halbinsel Peljesac überblicken. Bei klarer Sicht sieht man sogar bis zur italienischen Küste. Weil Lastovo zu den dunkelsten Orten in ganz Europa zählt, wird es in der Nacht besonders spektakulär. Dann erweitert sich der Anblick um die faszinierende Welt aus Sternen und Planeten.

● Unter den Sternen segeln

Je dunkler der Himmel, desto heller leuchten die Sterne. Wer unter den Sternen in der kroatischen Adria segelt, kann – notwendige Segelerfahrung vorausgesetzt – nach alter Tradition mit ihrer Hilfe navigieren. Eine mondlose Nacht eignet sich dafür am besten, denn die Region rund um Lastovo ist für ihre geringe Lichtverschmutzung bekannt. Je nach Jahreszeit weisen Sternbilder und astronomische Konstellationen den Weg. Ein Ankerplatz in sicherem Gewässer und abseits von künstlichen Lichtquellen ist die Krönung jedes nächtlichen Segeltörns: Für Segelfreunde gibt es wohl nichts Schöneres, als beim sanften Schaukeln der Wellen einen Himmel voller Sterne zu betrachten.

☀ AM TAG ENTDECKEN:

● Naturpark Lastovo

Odysseus wollte nur noch nach Hause, zu seiner Frau Penelope nach Ithaka. Doch der Held des Trojanischen Krieges musste sich gedulden. Sieben Jahre lang hielt die schöne Meer-

CAMP SKRIVENI // Ruhig gelegen, von Olivenbäumen umgeben und fußläufig zum Meer campt man hier entweder im mitgebrachten Zelt oder Wohnmobil oder leiht sich gegen eine kleine Gebühr ein Zelt aus. Das familiengeführte Camp bietet auch ein empfehlenswertes Restaurant und saubere Sanitäranlagen.
www.campskriveni.com

Von oben: Das Eiland wird auch gern als die »Grüne Insel« bezeichnet und verfügt über einige idyllische Buchten.

Wer Ruhe und Einsamkeit sucht, ist auf Lastovo genau richtig.

nymphe Kalypso den Schiffbrüchigen in einer riesigen Grotte auf ihrer Insel Ogygia gefangen, bis der Göttervater Zeus ihr befahl, Odysseus freizulassen. Endlich durfte er die Insel verlassen, die keine andere als Lastovo in der kroatischen Adria sein soll. Eine große Grotte gibt es dort tatsächlich, und auch sonst stimmt manche Beschreibung Homers mit der Topografie der Insel überein.

Da sie außerdem von Tito zum militärischen Sperrgebiet erklärt wurde, ist sie von einer touristischen Invasion verschont geblieben. So konnte Lastovo seine natürliche Unberührtheit bewahren – den Stammbaum der Weintrauben zum Beispiel kann man bis zur Antike zurückverfolgen.

● Korčula

Die Einwohner Korčulas bleiben dabei: Weltentdecker Marco Polo wurde auf ihrer Insel geboren. Dafür gibt es zwar keine Beweise, Historiker gehen aber davon aus, dass Marco Polo als Kommandant einer Kriegsgaleere an der Schlacht vor Korčula 1298 teilgenommen hatte und in Gefangenschaft geriet. Ob mit oder ohne berühmten Sohn – die kleine Insel und ihre gleichnamige Stadt sind unbedingt sehenswert. Auf einer felsigen Anhöhe thront die Altstadt, alle wichtigen Gebäude liegen in einer zentralen Achse.

Aus der Ferne betrachtet, scheint der Ort wie das Gerippe eines Blattes aufgefächert. Dahinter steckt ein Plan: Die Häuser sind so optimal gegen Sonne und starken Wind geschützt. Das Landtor, der Eingang zur Stadt, mit majestätischem Treppenaufgang und imposantem Turm Veliki Revelin ist ein beliebtes Fotomotiv.

● Pelješac

Ganze 70 Kilometer lang erstreckt sich die vegetationsreiche Halbinsel Pelješac zwischen der dalmatinischen Küste und den Inseln Mljet und Korčula. Schlauchförmig liegt sie da, an ihrer breitesten Stelle gerade einmal sieben Kilometer schmal. Eine Fahrt über die bergige Insel lohnt, wenn man genügend Zeit hat, um die fantastischen Ausblicke über Landschaft und Küste zu genießen.

An den fruchtbaren, aber steilen Hängen wächst einer der besten Weine Kroatiens: der violett-schwarze Dingač. Wo keine Reben stehen, findet sich lockeres Buschland aus Macchie, einige Steineichen oder Kiefern wachsen in den verkarsteten Bergen.

● Mljet

Der Legende nach soll Homer diese Insel gemeint haben, als er das bezaubernde Eiland Ogygia beschrieb und eine Geschichte von Odysseus und der Nymphe Kalypso erzählte. Gut möglich, denn Mljet ist ein stilles Naturparadies, teilweise zum Nationalpark erklärt und Heimat zahlreicher Pflanzenarten. Kiefern- und Steineichenwälder, Lorbeer-, Myrten-, Johannisbrot- und Olivenbäume geben der Insel ihr sattgrünes Kleid. Seltene Vögel, viele Eidechsenarten und Mungos sind hier zu Hause. Letztere wurden dorthin gebracht, um die Insel von giftigen Schlangen zu befreien. Das hat funktioniert, es gibt kaum noch Schlangen auf Mljet – weder giftige noch harmlose.

Mitten im Nationalpark liegen die zwei natürlichen Salzseen Veliko Jezero und Mali Jezero, in denen man herrlich baden kann. Auf der Insel Sv. Marija im größeren der beiden Seen steht ein Benediktinerkloster, das im 12. Jahrhundert erbaut wurde und heute noch einen blumenreichen Garten besitzt.

Im Osten der Insel Mljet liegt der traumhafte Sandstrand Saplunara, originelle Sonnenschirme aus Palmwedeln schützen vor zu viel Sonne, dahinter erstreckt sich aber auch ein natürlicher Kiefernwald, der bei Wandeurngen Schatten spendet.

GRIECHENLAND

NATIONALPARK ENOS

Wer in seinen Urlaub nur Flip-Flops mitnimmt, lässt sie lieber bleiben, die Wanderung zum höchsten Punkt des stolze 1628 Meter hohen, von dunklen Tannen gesäumten Enos-Berges. Das Gebiet rund um den Gipfel wurde zum Nationalpark erklärt und ist nur zu Fuß und mit passendem Schuhwerk zu durchstreifen. Die Wege sind steinig, teilweise recht steil und an vielen Stellen anspruchsvoll. Die Aussicht von ganz oben über die Hügel, Ortschaften und Wälder Kefalonias bis zum Meer und den benachbarten Inseln belohnt die Mühe. Vorsicht ist auch geboten, wenn man nachts den Nationalpark besucht – angelockt von einem prächtigen Sternenzelt, das den Himmel überspannt.

Die Kefalonia-Tanne kannte man bereits zu Zeiten des antiken griechischen Dichters Homer. Weil sie hier auf der Insel Kefalonia in den ausgedehnten Tannenwäldern wächst, ist das Gebiet seit 1962 Nationalpark und verleiht dem Berg Enos mit ihrer dunklen Färbung ein beinahe schwarzes Aussehen. Die Venezianer geben ihm deshalb einst den Beinamen »Monte negro«, schwarzer Berg. Früher bedeckten Wälder die Insel bis zur Küste, doch venezianische Seefahrer benutzten das Holz zum Schiffsbau und holzten große Teile ab. Glücklicherweise begann man bereits im frühen 19. Jahrhundert mit der Wiederaufforstung. Heute verhindern vor allem Ziegen, die die jungen Triebe anknabbern, einen gesicherten Bestand. Eine andere große Besonderheit sind die wild lebenden Ainos-Pferde, die einzige Wildpferderasse Griechenlands. Besucher können sie hier in freier Natur beobachten.

Auf dem Gebiet des Nationalparks befindet sich seit 2023 der erste International Dark Sky Park in Griechenland. Er wurde speziell dafür konzipiert, optimale Bedingungen für die Erforschung des Nachthimmels zu schaffen. Das Vermeiden von Lichtverschmutzung ist dabei ein zentraler Punkt: Wissenschaftliche Ergebnisse zeigen, dass die Lichtverschmutzung weltweit um zwei Prozent pro Jahr zunimmt. Dass zunehmend Dunkelheit fehlt, hat Einfluss auf die Lebenswelten von Tieren, Pflanzen und Menschen. Einen natürlichen Rhythmus aus Tag und Nacht für alle Lebewesen zu erhalten und den Nachthimmel für kommende Generationen zu bewahren, ist Anliegen und Aufgabe des Sternenparks. Um für dieses wichtige Thema zu sensibilisieren, öffnet der Park auch nachts seine Pforten und lädt alle Interessenten ein, einen Teil des uns umgebenden Universums in seiner ganzen Pracht zu erleben.

Reisende, die auf Kefalonia landen, sollten sich gut überlegen, wie viel Stunden sie in den Nächten mit Schlaf verbringen möchten. Man könnte einzigartige Naturschauspiele verpassen, wenn der Himmel wieder einmal mit Sternenstaub zu explodieren scheint.

Griechenland – Nationalpark Enos

🌙 NACHTS ERLEBEN:

• Aenos Dark Sky Park

Nebel, Sternhaufen, Planeten und andere Objekte am Nachthimmel lassen sich vom Areal des Sternenparks aus beobachten. Weil es hier besonders dunkel ist, leuchten astronomische Phänomene bei guten Wetterbedingungen besonders klar.

Im Park stehen Besuchern Teleskope zur Verfügung, um noch genauer hinsehen zu können. Astronomische Fachleute vermitteln Interessantes rund um die Welt der Sterne und zeigen via Laserpointer, welche Sternbilder sich gerade am Himmel zeigen. Besonders gesellig wird diese Erfahrung in der Picknick-Zone. Auf wärmende Decken, Snacks und Getränke sollte nicht verzichten, wer die Nacht zum Tag werden lässt.

☀ AM TAG ENTDECKEN:

• Kefalonia

Wir können froh sein, dass es Kefalonia noch gibt. Und zugleich fluchen, welche Ohnmacht doch immer wieder der Mensch gegenüber gewaltigen Naturereignissen spüren muss. Wie bei dem großen Erdbeben vom August 1953, als innerhalb weniger Stunden ein Großteil des kulturellen Schatzes der Insel zerstört wurde. Gebäude stürzten zusammen, Archive verbrannten, Menschen starben. Das gesamte Antlitz der Insel veränderte sich.

Und doch: Die Katastrophe hat aus heutiger Sicht auch etwas Gutes bewirkt. Nicht nur wurde die wunderschöne Melissani-Höhle gefunden, gegenwärtige Hauptattraktion der Insel. Es wurden auch viele Bauverbote erlassen, was verhinderte, dass beim Wiederaufbau die Ortschaften von Hotelburgen verschandelt wurden, wie auf vielen anderen griechischen Inseln. Und so ist es vor allem ihre Naturschönheit, die nun touristisch vermarktet, aber auch beschützt werden kann. Wie der sagenhafte Myrtos-Strand.

Von oben: Kefalonia ist die größte der Ionischen Inseln und trägt mit dem 1627 Meter hohen Enos auch deren höchsten Gipfel. Cineasten ist die vielfältige Insel als Schauplatz des Films »Corellis Mandoline« (2001) bekannt. Einer ihrer schönsten Strände ist der von Myrtos.

Glanzstück der geheimnisvollen Tropfsteinhöhle Melissani ist der funkelnden See in ihrer Mitte.

Argostoli

Bis zum 16. Jahrhundert Piraten-Ankerplatz, entwickelte sich die auf einer Landzunge im Südwesten Kefalonias gelegene heutige Inselhauptstadt spätestens seit dem Bau der zunächst hölzernen De-Bosset-Brücke zu einem wichtigen Warenumschlagplatz. Der knapp 700 Meter lange Steindamm ging inzwischen ins Guinness-Buch der Rekorde ein. Auch ein eigenes Theater und 1829 der klassizistische Leuchtturm brachten Argostoli weiteren Glanz. Heute sind es die neue Uferpromenade, von der man auch Meeresschildkröten beobachten kann, die parallele Flaniermeile Lithostroto, der gemütliche Valianou-Platz und das nahe Archäologische Museum sowie die Korgialenios-Bibliothek. Nördlich des Kreuzfahrthafens überrascht das Naturphänomen Katavothres. In diesen Felsspalten versickert Meerwasser und fließt kilometerweit unterirdisch bergauf bis in den Melissani-Höhlensee.

Assos-Festung

Die gewaltige Assos-Zitadelle wurde im 17. Jahrhundert von den Venezianern erbaut als trutziger Rückzugsort der Bevölkerung Kefalonias im Falle eines Angriffes durch Türken oder Piraten. Sie thront über dem beschaulichen Dörfchen Assos, wirkt ein wenig überdimensioniert mit ihrer dicken Mauer, den Wachtürmen und der Fläche, die sie einnimmt, in einer Landschaft, in der nur noch wenige Menschen wohnen. Ihrer langen Nutzung als venezianisches Verwaltungsgebäude ist der heutige Erhaltungszustand zu verdanken.

Melissani-Höhle

Höhlen haben schon immer die Fantasie der Menschen beflügelt, auch religiöse Kulte finden ihren bevorzugten Ort im Schutz einer Höhle. Wie auch immer dem Hirtengott Pan im 4. Jahrhundert v. Chr. in der Melissani-Höhle bei Sami gehuldigt worden sein könnte, es fand sich ein kunstvoller Widerhall des vom Olymp verbannten Flötenspielers an ihrem Grund. Die kleine Pan-Figurine ist in Argostoli, im Archäologischen Museum, ausgestellt. Der Name der Höhle wiederum stammt von einer Nymphe, Melissanthe. Sie sei so unwiderruflich in den bocksfüßigen Gott verliebt gewesen, der sie jedoch verschmähte, dass sie sich aus Kummer in dem unterirdischen See ertränkt habe. Das kleine Naturwunder wurde mit einem künstlich angelegten Tunnel zugänglich gemacht, und nun schippern in der Saisonzeit kleine Holzboote in die Grotte.

Drogarati-Höhle

Vielleicht sollten Konzerthallen wie Tropfsteinhöhlen gebaut werden. Der Klangeffekt im Inneren der Drogarati-Höhle jedenfalls ist erstaunlich und hat sogar zu Auftritten von Maria Callas geführt, neben diversen Orchestern, die hier schon gespielt haben. Das Hauptphänomen sind die uralten Tropfsteine, die jahrein, jahraus in majestätischer Unbekümmertheit Millimeter für Millimeter wachsen.

Myrtos-Strand

Die Versuchung liegt nahe, diesen weißsandigen Traumstrand mit seinem surreal blauen Wasser zu verschweigen, auf dass er nicht zu viele Menschen anlocke. Doch natürlich spricht sich überall herum, dass es ihn gibt. Kefalonia hat, anders als viele andere Traumorte auf der Welt, früh gemerkt, welches Potenzial in Unberührtheit liegt, und ein weites Schutzgebiet um den Strand herum errichtet. Es lässt sich also nicht in Strandnähe logieren.

Unten: Die Gassen in Argostoli wirken wie aus einem zauberhaften Bilderbuch, die Hausfassaden leuchten in knallbunten Farben.

REGISTER

A

Aachen	173
Aalborg	63
Abbazia di San Salvatore	247
Aberdeen	99
Abisko	40
Achill Island	84
Achter de Zwarten	128
Aenos Dark Sky Park	284
Albanyà	230
Alföld	259
Alnwick Castle	107
Ameland	133
Amrum	159
Arctic Snow Hotel	56
Arctic Treehouse Hotel	56
Argostoli	285
Aschau im Chiemgau	184
Assos-Festung	285
Astrotourismus	120
Aurora Borealis	55
Aurora Sky Station	40
Austvågøya	22, 24

C

Babastro	227
Bad Ischl	197
Bad Münstereifel	173
Balaguer	227
Balaton	250, 260, 263
Balatonmagyaród	263
Ballum	133
Balmoral Castle	98
Baltazar Mathias Keilhau	34
Bamburgh Castle	207
Bannau Brycheiniog Dark Sky Reserve	116 ff
Baradla-Höhle	254
Bardsey Chapel	110, 111
Bardsey Island	108 ff
Barragem do Alqueva	234
Beara-Halbinsel	88
Bearna an Choimín	87
Becerril de Campos	214, 220, 222
Benediktinerstift Admont	201
Bern	189
Besalú	231
Bielersee	188
Bielsko-Biała	212
Biosphärengebiet Schwäbsche Alb	178 ff
Biosphärenreservat Møn	78
Birch Tor	125
Blairquhan House	103
Blaubeuren	180
Boadilla del Camino	223
Brandenburg a.d. Havel	167
Buddelschiffmuseum Neuharlingersiel	164
Bukowiec	209
Bulbjerg	59

C

Caerlaverock Castle	103
Caernarfon Castle	115
Cahors	140
Cairngorms National Park	99
Canal de Castilla	222
Cardiff	118
Carolinensiel	164
Carreg Cennen Castle	118
Carrión de los Condes	223
Caspar David Friedrich	77
Castelo de Mourão	234
Cenobio de Valerón	242
Château de Castelnau-Bretenoux	141
Château de la Treyne	140
Chianciano Terme	247
Chiemgauer Alpen	182 ff
Cieplice Śląskie Zdrój	209
Cirque de Gavarnie	152
Col de la Bonette	146
Congost de Mont-Rebei	225
Corrubedo	216, 219
Culzean Castle	102
Cumbre	243

D

Dammastock	193
Dänemark	58 ff
Dark Sky Community Jelsa	274 ff
Dark Sky Community Sopotnia Wielka	210 ff
Dark Sky Discovery Trail	124
Dark Sky Festival	88
Dark Sky Island Sark	134 ff
Dark Sky Park Eifel	170
Dark Sky Park Vrani Kamen	266 fff
Dark Sky Reserve Alqueva	232 ff
Dark Sky Sanctuary Ynys Enlli	109
Dartmoor National Park	125
Daruvar	269
Debrecen	259
Deudraeth Castle	114
Deutschland	156 ff
Diamond Beach	14
Digne-les-Bains	149
Drogarati-Höhle	285
Drum Castle	99
Drumlanrig Castle	103
Dunnottar Castle	96

E

Eger	254
Eishotel Kirkenes	34
Eisinga Planetarium	129
Eismeerkathedrale	28, 30
England	104 ff, 122 ff
Ennstalerhütte	200

Eryri National Park	112 ff
Erzberg	201
Esbjerg	69
Évora	235
Exeter	124
Exmoor National Park	122 ff

F

Falster	79
Fanø	68
Figueres	230
Finnland	44 ff
Fjellheisen	29
Föhr	159
Fontburn Reservoir	104
Frankreich	138 ff
Fraser Castle	99
Frómista	222
Fuencaliente	239
Fulda	177

G

Galileo Galilei	116
Galloway Astronomy Centre	102
Genfersee	189
Gimsøya	24
Girona	231
Glastonbury	122, 124
Glenapp Castle	102
Glenbeigh	86
Glengorm Castle	93
Glyder Fawr	115
Gmunden	196
Gorges du Tarn	144
Gorges du Verdon	149
Gower-Halbinsel	119
Gran Canaria	240 ff
Griechenland	282 ff
Groningen	129
Grottes de Bétharram	153
Guernsey	137

H / I / J

Hadrian's Wall	105, 107
Halligen	159
Hamnøy	25
Harlingen	133
Hay-on-Wye	118
Henningsvær	23
Hetta	52
Höfn	16
Höhlen der Schwäbischen Alb	181
Holbæk	74
Hollófészek	262
Horná Orava	213
Hrvatska Kostajnica	273
Humac	276
Husky	34, 35, 52
Husøy	10
Hvar	276, 277

Icehotel Jukkasjärvi	42
Inarijärvi	44 ff, 47
Innere Hebriden	90 ff
Irland	82 ff
Island	12 ff
Isle of Coll	90 ff
Isle of Iona	92
Isle of Jura	93
Isle of Mull	92
Isle of Sark	134 ff
Italien	244 ff
Ivalo	48
Iveragh-Halbinsel	89
Jersey	137
Joulupukin	57
Jökulsárlón	13

K

Kabelvåg	24
Kakslauttanen Arctic Resort	46
Kanalinseln	134 ff
Karlovac	273
Kebnekaise	42, 43
Keem Bay	85
Kefalonia	283, 284
Kemijärvi	57
Kerry International Dark Sky Reserve	87 ff
Killarney National Park	88
Kirkenes	32, 36
Kiruna	40, 41
Køge	75
Kollumerwaard	128
Köngäs	53
Korčula	281
Kroatien	266 ff
Kvaløya	27, 31

L

La Palma	236 ff
Langeoog	161
Langley Castle	106
Las Palmas	242
Lastovo	278 ff
Leeuwarden	128, 129
Leoben	201
Les Avellanes	226
Levi	53
Lichtschutzgebiete	70, 94
Limfjord	62
Lindholm Høje	63
Lipik	269
Llanthony Priory	118
Lleida	227
Llŷn Idwal	112
Llŷn Ogwen	112
Llŷn-Halbinsel	108, 111
Lofoten	20 ff
Lourdes	152
Lynmouth	125
Lynton	125

286

Register

M

Mandø	64 ff
Mariazell	204
Marquartstein	184
Maspalomas	243
Mayo Dark Sky Park	82 ff
Melissani-Höhle	285
Mende	144
Menton	149
Miskolc	254
Mitternachtssonne	27, 38, 41
Mljet	281
Møn	77 ff
Monasterio de San Zoilo	223
Monsaraz	234, 235
Monschau	173
Mont Orgueil Castle	137
Montana de Tamadaba	242, 243
Monte Amita	244 ff
Monte Labbro	244 ff
Montepulciano	246
Montpellier	145
Montsec Astronomical Park	226
Moonlight Rafting	152
Morsø	62
Møs Klint	77, 79
Moskenesøya	25
Mullet Peninsula	83, 85
Muonio	53
Myrtos-Strand	285

N

Nachtaktive Tiere	114, 120
Nationalpark Aggtelek	255
Nationalpark Bükk	252 ff
Nationalpark Cévennes	142 ff
Nationalpark Eifel	170 ff
Nationalpark Enos	282 ff
Nationalpark Gesäuse	198 ff
Nationalpark Hortobágy	256 ff
Nationalpark Islas Atlánticas de Galicia	216 ff
Nationalpark Jökulsárlón	12 ff
Nationalpark Kalkalpen	200
Nationalpark Lauwersmeer	126 ff
Nationalpark Mercantour	146 ff
Nationalpark Øvre Pasvik	32 ff
Nationalpark Pallas-Yllästunturi	50 ff
Nationalpark Skaftafell	15, 17
Nationalpark Thy	59, 60, 61
Nationalpark Urho-Kekkonen	49
Nationalpark Vadehavet	69
Nationalpark Varangerhalvøya	34
Nationalpark Vatnajökull	14f
Naturpark Bayerische Rhön	177
Naturpark Causses du Quercy	139
Naturpark Gantrisch	186 ff
Naturpark Grands Causses	144
Naturpark Hohes Venn-Eifel	173
Naturpark Lastovo	280
Naturpark Lonjsko Polje	268
Naturpark Préalpes d'Azur	148
Naturpark Steirische Eisenwurzen	205
Naturpark Verdon	148
Naturpark Westhavelland	165
Naturreservat Kevo	47
Naturschutzgebiet De Boschplaat	130 ff
Nes	133
Newcastle upon Tyne	107
Niederlande	126 ff
Nîmes	145
Nizza	149
Nordschweden	38 ff
North Mayo Sculpture Trail	85
Northumberland National Park	104 ff
Norwegen	20 ff
Noulja	40

O

Oberservatorium Space Eye	188
Observatorium Alqueva	234
Observatorium Astronòmic d'Albanyà	228, 230
Observatorium Battlesteads	106
Observatorium Brorfelde	71 ff
Observatorium Kielder	106
Observatorium Roque de los Muchachos	236, 238
Oddesundbroen	62
Ogulin	273
Oostmahorn	126
Orahovica	269
Organyà	226
Österreich	194 ff
Ostheim vor der Rhön	177
Ounasjärvi	52

P

Papuk-Gebirge	267
Parc National Les Pyrénées	153
Parc Natural de la Zona Volcànica de la Garrotxa	231
Parc Natural Régional des Causses du Quercy	138 ff
Parc Naturel régional Pyrénées Ariégeoises	153
Parque Nacional de Caldera de Taburiente	239
Pécs	263
Pelješac	281
Pellworm	156 ff
Petrova Gora	270 ff
Pic du Midi de Bigorre	150 ff
Pico de las Nieves	241
Pielpajärvi	48
Polarkreis	27
Polarlichter	18, 20 ff, 44 ff, 46, 51, 52, 54 ff, 98
Polarmuseet	30
Polen	206 ff
Pontevedra	217, 218
Portugal	232 ff
Požega	269

R

Raphaël Bischoffsheim	146
Rathenow	167
Reit im Winkl	185
Ribe	66
Riesengebirge	209
Ringsted	75
Robert Lloyd Praeger	83
Rocamadour	141
Rømø	68
Roque de los Muchachos	238
Rorbuer	22, 23, 24
Roskilde	74
Rossbeigh	86
Rotes Moor	176
Rovaniemi	54 ff, 56
Ruhpolding	185
Ruinaulta	193
Rur-Stausee	173

S

Saariselkä	49
Saint-Cirq-Lapopie	141
Salvador Dalí	230, 231
Sámi	21, 41, 48
San Pedro de Cultural	220 ff
Santa Cruz de la Palma	238
Saturnia	247
Schiermonnikoog	129
Schleching	185
Schlesische Beskiden	213
Schleswig-Holsteinisches Wattenmeer	159
Schloss Hünigen	188
Schloss Lichtenstein	181
Schloss Schadau	188
Schmidt-Teleskop	72
Schöllenenschlucht	192
Schottland	90 ff
Schweden	38 ff
Schweiz	186 ff
Senja	10
Serra del Montsec	224 ff
Sisak	272
Skagen	61, 62
Skeiðarársandur	15
Skellig Islands	89
Slunj	273
Snowdonia	80, 112 ff
Somogyvámos	262
Sonderhø	69
Sorø	75
Souillac	141
Spanien	216 ff, 236 ff
Spiekeroog	160 ff
Split	277
St. Wolfgang	197
Stari Grad	277
Stege	79
Stendal	166
Sternenpark Rhön	174 ff
Sternegucker-Bänke	158
Stjernekigger-Shelters	74
Sternenfotografie	168
Sternenpark Albanyà	228 ff
Sternenpark Attersee-Traunsee	194 ff
Sternenpark Glenlivet	96 ff
Sternenpark Isergebirge	206 ff
Sternenpark Tomintoul	95 ff
Sternenpark Westhavelland	165 ff
Stokksnes	17
Storsteinen	29
Surselva	193
Svappavaara	43
Svartifoss	14, 16
Svolvær	22
Svolværgeita	22
Swansea	119
Świeradów Zdrój	208

T/U

Terschelling	130 ff
Tisza-tó	259
Tokajer Weinregion	258
Tornträsk	43
Traunkirchen	196
Triangle Noir	139
Triglav-Nationalpark	261
Tromsø	26 ff
Tschechische Republik	206 ff
Ungarn	252 ff
Uracher Wasserfall	181

V/W

Val d'Orcia	247
Valladolid	222
Varanger-Halbinsel	34, 35
Varangerfjord	36, 37
Vardøtunnel	36
Vestrahorn	16
Vestvågøya	25
Vierwaldstättersee	192
Vigo	218
Virovitica	269
Vlieland	132
Vlinderbalg	128
Vrboska	277
Wales	108 ff
Wangerooge	162
Wasserkuppe	176
Wattenmeer	65, 68
Wattwanderung	66
Weiße Nächte	38 ff
White Castle	116
Wild Nephin National Park	83, 84
Wildalpener Salzatal	204
Winklmoos-Alm	182 ff

Z

Zselici	260 ff
Zwiefalten	181
Żywiec	213

Bildnachweis · Impressum

G = Getty Images, M = mauritius images, Look = lookphotos

Cover: Analisisgadgets/Shutterstock.com; Alin Corneliu/Unsplash; Anibal Trejo/Shutterstock.com; Denis Belitsky/Shutterstock.com; Jose Manuel Perez/Shutterstock.com; UniqueLight/Shutterstock.com; Mike Pellinni/Shutterstock.com
Rückseite: G/Matt_Gibson

S. 2-3: Look/Andreas Strauß; S. 4-5: Look/Per-Andre Hoffmann; S. 6: M/Unai Huizi; S. 7: Look/Denis Feiner; S. 8-9: M/R. Riemer; S. 10-11: Look/Andreas Strauß; S. 12: G/William Yu Photography; S. 13: G/coolbiere photograph; S. 14: rubbble/Shutterstock.com; S. 14: Hasan Sumon/Shutterstock.com; S. 14: NickHeller/Shutterstock.com; S. 14: Look/Peter Schellig; S. 15: G/MB Photography; S. 15: G/Craig Boudreaux; S. 16: G/akegooseberry; S. 16: G/Andrey Bayda/Shutterstock.com; S. 17: Look/Daniel Schoenen Fotografie; S. 17: Irene Lorenz/Shutterstock.com; S. 18-19: G/Christophe Lehenaff; S. 20: Look/Andreas Strauss; S. 21: V. Belov/Shutterstock.com; S. 21: G/ElenaPueyo; S. 22: harsh.barala/Shutterstock.com; S. 22: rubbble/Shutterstock.com; S. 23: G/Roberto Moiola; S. 23: M/ClickAlps; S. 24: G/Sizun Eye; S. 24: G/Rainer Mirau; S. 24: M/John Warburton-Lee; S. 25: G/Andrea Pistolesi; S. 26: G/John Hemmingsen; S. 27: Look/Saga Photo; S. 28: M/imageBROKER; S. 28: M/Rolf Fischer; S. 29: M/Roberto Cornacchia; S. 29: Anibal Trejo/Shutterstock.com; S. 30: Mikhail Varentsov/Shutterstock.com; S. 30: G/Dave Stamboulis Travel Photography; S. 30: M/Alamy; S. 31: Chai_B/Shutterstock.com; S. 32: G/Vidar Fredheim; S. 33: G/Samuli Vainionpää; S. 34: M/Alf Jacob Nilsen; S. 35: M/Alf Jacob Nilsen; S. 35: G/Ingunn B. Haslekaas; S. 36: artincamera/Shutterstock.com; S. 36: M/Carolyn Jenkins; S. 37: Trond Olav Holmen/Shutterstock.com; S. 38: G/Steffen Schnur; S. 39: G/„Thulin, Lars"; S. 39: G/Scott Markewitz; S. 40: M/Arctic-Images; S. 40: G/Arctic-Images; S. 40: G/Mats Lindberg; S. 41: G/Busse & Yankushev; S. 41: G/Maria Swärd; S. 42: Look/Avalon.red2; S. 43: G/Anders Ekholm; S. 44: G/VW Pics; S. 45: M/Emmanuel Berthier; S. 46: G/Anna Mardo; S. 47: M/Mikko Karjalainen; S. 47: G/Anna Mardo; S. 48: Look/VWPics; S. 48: G/Roberto Moiola; S. 48: Look/VWPics; S. 49: G/Wolfgang Kaehler; S. 49: M/Hubertus Stumpf; S. 50: G/Jarmo Piironen; S. 51: G/Jarmo Piironen; S. 52: M/Oleksandr Korzhenko; S. 53: M/Jan & Nadine Boerner; S. 54: M/Mauro Sarno; S. 55: M/Tim Bossuyt; S. 56: M/Sergi Reboredo; S. 56: M/Markus Thomenius; S. 57: M/Arctic-Images; S. 57: Look/Sabine Lubenow; S. 58: M/C. Stenner; S. 59: G/Wirestock; S. 60: M/Aurélien Brusini; S. 60: G/frankix; S. 61: G/Aurélien Brusini; S. 61: G/frankix; S. 62: Look/Olaf Bathke; S. 63: M/Pavel Dudek; S. 63: M/Stuart Black; S. 64: Magnus1odk/Shutterstock.com; S. 65: Look/Stephan Schulz; S. 66: M/Wolfgang Diederich; S. 67: M/Volker Preusser; S. 67: M/Roland T. Frank; S. 68: M/Stephan Sühling; S. 68: M/Alamy; S. 68: Doin/Shutterstock.com; S. 69: M/Frank Bach; S. 70-71: G/Chris McLoughlin; S. 72: G/Stanley With - Stanley Photography; S. 73: G/Martin Llado; S. 74: G/Stig Alenäs; S. 74: G/Stig Alenäs; S. 75: M/Stig Alenäs; S. 75: M/Christian Hjorth; S. 76: KennethG/Shutterstock.com; S. 77: M/Andreas Vitting; S. 77: M/EastEnd72; S. 78: Look/Olaf Bathke; S. 78: M/Walter Bibikow; S. 79: M/Werner Dieterich; S. 80-81: Matt Gibson/Shutterstock.com; S. 82: M/James Brown; S. 83: M/James Brown; S. 83: M/Alamy; S. 84: Hasan Sumon/Shutterstock.com; S. 84: G/CEZARY ZAREBSKI; S. 84: rubbble/Shutterstock.com; S. 85: G/Matt Loughrey; S. 86: G/mariuskasteckas; S. 87: G/Silvester Kalcik; S. 89: G/Peter Zelei Images; S. 89: M/Christian Handl; S. 89: M/Benedict Lalove; S. 90: mountaintreks/Shutterstock.com; S. 91: Hugh McKean/Shutterstock.com; S. 92: G/Southern Lightscapes-Australia; S. 93: G/David Williams; S. 93: G/Alan Copson; S. 93: M/Alamy; S. 94-95: G/Golser; S. 96: G/Kenny McCartney; S. 97: G/Angus Clyne; S. 98: G/VWB photos; S. 98: M/John Stuart; S. 98: rubbble/Shutterstock.com; S. 99: M/Simon Price; S. 100: M/Alamy; S. 101: M/Alamy; S. 102: M/Alister Firth; S. 102: M/David Attenborough; S. 103: M/Alamy; S. 104: G/ijpears; S. 105: Dave Head/Shutterstock.com; S. 106: M/Ollie Taylor; S. 107: G/John Short; S. 108: M/Gareth Jenkins; S. 109: M/Wales Alan King; S. 110: G/Meryl Heath; S. 111: M/Joan Gravell; S. 111: M/Warren Kovach; S. 112: Matt Gibson/Shutterstock.com; S. 113: G/lloyd-horgan; S. 114: M/funkyfood London – Paul Williams; S. 114: M/Jeff Morgan; S. 115: G/Alan Novelli; S. 116: M/Matt_Gibson; S. 117: M/Phil Savoie; S. 118: G/Edward Bentley; S. 118: G/Adam Burton; S. 119: M/Chris Warren; S. 119: Look/age fotostock; S. 120-121: M/Sven Zacek; S. 122: G/Tony Howell; S. 123: Arthur Cauty/Shutterstock.com; S. 124: G/Katie Simmons; S. 124: G/Julian Elliott Photography; S. 125: G/Ben Ivory; S. 126: Fotografiecor.nl/Shutterstock.com; S. 127: M/Olha Rohulya; S. 128: G/SanderStock; S. 128: M/Ingo Boelter; S. 128: G/franswillemblok; S. 129: M/Frans Lemmens; S. 130: G/Wirestock; S. 131: M/Ingo Boelter; S. 132: M/Nico van Kappel; S. 132: M/Ingo Boelter; S. 132: G/TasfotoNL; S. 134: Look/Martin Siering Photography; S. 135: G/HoLam Cheung; S. 136: G/Clive Nichols; S. 136: G/Allard Schager; S. 136: M/Neil Farrin; S. 137: Look/robertharding; S. 138: M/Arnaud Spani; S. 139: Stephane Debove/Shutterstock.com; S. 140: M/Daniel Schoenen; S. 140: M/Jason Langley; S. 141: G/Daniele SCHNEIDER; S. 142: G/CreativeNature_nl; S. 143: M/Alamy; S. 144: M/Gareth Kirkland; S. 145: M/Pierre Jacques ; S. 146: M/Michel Cavalier; S. 147: Michel PERES/Shutterstock.com; S. 148: Sergey Dzyuba/Shutterstock.com; S. 148: Nella/Shutterstock.com; S. 149: G/Harri Jarvelainen Photography; S. 150: Look/Hemis; S. 151: Look/Saga Photo; S. 152: G/by-studio; S. 152: Look/VWPics; S. 153: Sergey Dzyuba/Shutterstock.com; S. 154-155: M/PHAT NGUYEN TIEN; S. 156: M/AkremaFotoArt; S. 157: Look/Heinz Wohner; S. 158: M/imageBROKER; S. 158: Look/Sabine Lubenow; S. 158: G/Andreas Blomeyer; S. 158: rubbble/Shutterstock.com; S. 158: rubbble/Shutterstock.com; S. 159: Look/Thomas Grundner; S. 159: Hasan Sumon/Shutterstock.com; S. 160: G/Wirestock; S. 161: Look/Heinz Wohner; S. 162: Look/Ulf Böttcher; S. 162: M/Christian Bäck; S. 163: M/Wilfried Wirth; S. 164: M/boxx-foto; S. 165: M/Stephan Schulz; S. 166: M/RODRUN/Knöll; S. 167: Look/Ulf Böttcher; S. 168-169: G/iiievgeniy; S. 170: M/Marc-Kevin Weber; S. 171: Sebastian Sonnen/Shutterstock.com; S. 172: M/Juan Carlos Munoz; S. 172: M/AntonyM; S. 173: M/Mieneke Andeweg-van Rijn; S. 173: Look/Heinz Wohner; S. 174: Look/LopaneDesign; S. 175: M/Dierk Boeser; S. 176: Look/Holger Leue; S. 177: M/Radius Images; S. 178: M/Arnulf Hettrich; S. 179: Look/Günther Bayerl; S. 180: Look/Günther Bayerl; S. 181: Look/Günther Bayerl; S. 181: Look/age fotostock; S. 182: M/Hans Mitterer; S. 183: G/Christian Peters; S. 184: M/Udo Siebig; S. 184: M/Prisma; S. 184: Look/N. Eisele-Hein; S. 185: M/Christian Bäck; S. 186: Miguel Lindo/Shutterstock.com; S. 187: M/Roland Gerth; S. 188: G/trabantos; S. 188-189: G/trabantos; S. 189: G/Westend61; S. 190: M/Roberto Moiola; S. 191: M/Roberto Moiola; S. 192: Look/ClickAlps; S. 193: G/Frank Lukasseck; S. 193: M/Wolfgang Weinhäupl; S. 193: G/Tobias Theiler; S. 194: G/Andy Dane Photography; S. 195: G/DieterMeyrl; S. 196: G/Dirschl; S. 197: M/Rainer Mirau; S. 197: Look/robertharding; S. 198: G/Matthias Ledwinka; S. 199: G/mrpluck; S. 200: G/Peter Giovannini; S. 200: M/Alamy; S. 201: M/Martin Siepmann; S. 201: M/Edwin Stranner; S. 202: M/Jürgen Weginger; S. 203: M/Jürgen Weginger; S. 204: Karl Allen Lugmayer/Shutterstock.com; S. 205: M/Jürgen Weginger; S. 206: M/Jiri Fejkl; S. 207: M/Pawel Brud; S. 208: G/pieotr borkowski; S. 209: M/SDR GmbH; S. 209: M/Mikolaj Gospodarek; S. 210: M/Simon Vasut; S. 211: M Milos Ruzicka; S. 212: M/Mikolaj Gospodarek; S. 212: M/Mikolaj Gospodarek; S. 213: M/Henryk Tomasz Kaiser; S. 214-215: Alberto Loyo/Shutterstock.com; S. 216: G/Wirestock; S. 217: G/Javier Perez; S. 218: rubbble/Shutterstock.com; S. 218: rubbble/Shutterstock.com; S. 218: RICARDO ALGAR/Shutterstock.com; S. 218: Hasan Sumon/Shutterstock.com; S. 219: G/Javier Perez; S. 219: Look/age fotostock; S. 220: G/Javier Rjn; S. 221: Alberto Loyo/Shutterstock.com; S. 222: G/R.Duran; S. 223: M/Cro Magnon; S. 224: G/Alberto Gonzalez; S. 225: G/Alberto Gonzalez; S. 226: milosk50/Shutterstock.com; S. 226: M/Alamy; S. 227: Marta navarroP/Shutterstock.com; S. 228: M/Alicia Ortego; S. 229: M/Juan Carlos Munoz; S. 230: Look/robertharding; S. 231: M/Lisa & Wilfried Bahnmüller; S. 231: Diana Leadbetter/Shutterstock.com; S. 232: M/Fotoeventis; S. 233: M/Fotoeventis; S. 235: G/mreisphotography; S. 235: G/J.M.F. Almeida; S. 235: M/Alamy; S. 236: M/Babak A. Tafreshi; S. 237: G/MichaelUtech; S. 238: G/zoom-zoom; S. 238: M/imagebroker; S. 239: Look/Rainer Mirau; S. 239: M/imagebroker; S. 240: G/LUNAMARINA; S. 241: G/Carmelo Ruiz; S. 242: G/Freeartist; S. 243: Balate Dorin/Shutterstock.com; S. 244: M/Scott Kemper; S. 245: G/ROBERT67; S. 246: M/Alex Ramsay; S. 247: M/Sergio Pitamitz; S. 247: G/Guido Cozzi; S. 248-249: M/Herbert Berger; S. 250-251: Leenart/Shutterstock.com; S. 252: M/Péter Soós; S. 253: lelezoli/Shutterstock.com; S. 254: M/Eric Nathan; S. 254: Hasan Sumon/Shutterstock.com; S. 254: rubbble/Shutterstock.com; S. 254: rubbble/Shutterstock.com; S. 255: G/Xantana; S. 255: parlanteste/Shutterstock.com; S. 256: M/Babak Tafreshi; S. 257: bieszczady_wildlife/Shutterstock.com; S. 258: M/Danita Delimont; S. 258: G/Arterra; S. 259: G/S.VANNINI; S. 260: NagyRobert/Shutterstock.com; S. 261: M/Mira Boswick; S. 262: Botond Horvath/Shutterstock.com; S. 263: Mayabuss/Shutterstock.com; S. 264-265: M/Thomas Haensgen; S. 265: G/Romulic-Stojcic; S. 267: M/Boris Lovric; S. 268: G/xbrchx; S. 268: M/Dalibor Brlek; S. 270: Wirestock Creators/Shutterstock.com; S. 271: Wirestock Creators/Shutterstock.com; S. 272: G/xbrchx; S. 273: M/Elena Elenaphotos21; S. 274: Daniel Pahmeier/Shutterstock.com; S. 275: M/bayazed; S. 276: Dave Z/Shutterstock.com; S. 277: M/Doug Pearson; S. 277: Look/Gerald Hänel; S. 278: M/Alamy; S. 279: rebekahajos/Shutterstock.com; S. 280: G/PATSTOCK; S. 280: Look/age fotostock; S. 281: G/Nino Marcutti; S. 282: M/Adriana Vamvoukaki; S. 283: G/Roberto Moiola; S. 284: G/Alika Obrazovskaya; S. 284: G/Piotr Krzeslak; S. 285: G/adisa.

© 2025 Kunth Verlag, München
MAIRDUMONT GmbH & Co. KG, Ostfildern
Kistlerhofstraße 111
81379 München
Telefon +49.89.45 80 20-0
www.kunth-verlag.de
info@kunth-verlag.de

ISBN 978-3-96965-199-5
1. Auflage

Printed in Italy

Verlagsleitung: Grit Müller
Konzept und Redaktion: Annika Voigt
Lektorat: Isabel Rößler
Grafik: Birte Schultze – Black Bird Designatelier
Text: Katinka Holupirek, Yasmin Lössl, Christa Pöppelmann, Mareike Seeger

Alle Rechte vorbehalten. Reproduktionen, Speicherung in Datenverarbeitungsanlagen, Wiedergabe auf elektronischen, fotomechanischen oder ähnlichen Wegen nur mit der ausdrücklichen Genehmigung des Copyrightinhabers.
Alle Fakten wurden nach bestem Wissen und Gewissen mit der größtmöglichen Sorgfalt recherchiert. Redaktion und Verlag können jedoch für die absolute Richtigkeit und Vollständigkeit der Angaben keine Gewähr leisten. Der Verlag ist für alle Hinweise und Verbesserungsvorschläge jederzeit dankbar.

In diesem Buch wird das generische Maskulinum angewendet. Die verwendeten Personenbezeichnungen beziehen sich – sofern nicht anders kenntlich gemacht – auf alle Geschlechter.